本书是国家社会科学基金项目"数据资产化缓解专精特新中小企业融资约束的机制研究"（22BGL070）最终研究成果，受泰山学者工程专项经费资助（tsqn202306222）。

SHUJU ZICHANHUA HUANJIE
ZHUANJINGTEXIN
ZHONGXIAO QIYE RONGZI YUESHU DE JIZHI YANJIU

数据资产化缓解专精特新
中小企业融资约束的机制研究

张鲁秀 ◎著

中国财经出版传媒集团

经济科学出版社
Economic Science Press
·北京·

图书在版编目（CIP）数据

数据资产化缓解专精特新中小企业融资约束的机制研
究/张鲁秀著．   – – 北京：经济科学出版社，2025.2.
ISBN 978 – 7 – 5218 – 6742 – 8

Ⅰ．F279.243

中国国家版本馆 CIP 数据核字第 2025ZS0514 号

责任编辑：刘　丽
责任校对：李　建
责任印制：范　艳

数据资产化缓解专精特新中小企业融资约束的机制研究

张鲁秀　著

经济科学出版社出版、发行　新华书店经销

社址：北京市海淀区阜成路甲 28 号　邮编：100142

总编部电话：010 – 88191217　发行部电话：010 – 88191522

网址：www. esp. com. cn

电子邮箱：esp@ esp. com. cn

天猫网店：经济科学出版社旗舰店

网址：http://jjkxcbs. tmall. com

北京季蜂印刷有限公司印装

710 × 1000　16 开　16.5 印张　260000 字

2025 年 2 月第 1 版　2025 年 2 月第 1 次印刷

ISBN 978 – 7 – 5218 – 6742 – 8　定价：88.00 元

（图书出现印装问题，本社负责调换。电话：010 – 88191545）

（版权所有　侵权必究　打击盗版　举报热线：010 – 88191661

QQ：2242791300　营销中心电话：010 – 88191537

电子邮箱：dbts@ esp. com. cn）

前言

专精特新中小企业作为中小企业的优秀代表，是解决"卡脖子"难题、填补技术空白、补短板锻长板的有力抓手，是落实科技强国战略的重要载体。但融资约束依然是制约其发展的"瓶颈"，根源在于未有效盘活数据资产，存在银企、政企、产业链内"大数据—小数据"等多重信息不对称。《中共中央关于进一步全面深化改革 推进中国式现代化的决定》明确指出，"完善民营企业融资支持政策制度，破解融资难、融资贵问题"，"构建促进专精特新中小企业发展壮大机制"。在数实深度融合发展背景下，企业的融资管理亟须在引入数据资产的基础上创新。《企业数据资源相关会计处理暂行规定》的实施，使得企业数据市场价值与业务贡献将在财务报表中得以"显性化"，有利于企业内外部发现并确认数据价值，但依然无法解决数据价值如何确定和发挥作用的问题。数据资产化是企业将数据标准化、结构化、价值化、资本化、资产化的过程，在数据资产化的过程中可以有效地向企业内外部利益相关者传递信息，提高信息透明度和数据颗粒度，为缓解融资约束提供可能。为此，本书以我国专精特新中小企业为研究样本，围绕数据资产化缓解专精特新中小企业融资约束这一核心问题，按照"是什么""为什么""怎么样""如何做"的逻辑顺承与内容递进原则，依次从以下三个方面展开探讨。

（1）数据资产化缓解专精特新中小企业融资约束的理论概述。首先，从理论和实践层面论证数据资产化与专精特新中小企业融资的"契合性"和内在作用机理逻辑，构建数据资产化缓解专精特新中小企业融资约束的理论框架；其次，运用 CiteSpace 文献计量工具，对相关文献进行综述和计量分析，为研究数据资产化缓解专精特新中小企业融资约束机制提供理论和方法基础。

（2）数据资产化缓解专精特新中小企业融资约束影响机制研究。首先，通过案例研究法，研究数据资源到数据资产的转化过程机制；其次，运用实证研究法探索数据资产化对专精特新中小企业融资约束的缓释机制；最后，分析数据资产化缓解专精特新中小企业融资约束的演化博弈过程，重点评估不同情境下的稳定策略，以达成各主体间的演化均衡，在此基础上进行仿真模拟，进一步验证了数据资产化能有效缓解专精特新中小企业的融资约束，为相关研究提供实证证据支持。

（3）数据资产化缓解专精特新中小企业融资约束的对策设计。运用政策文本分析方法研究专精特新中小企业相关政策发展演变特征，深入分析政策形成背景、政策出台目的、政策之间如何实现协同。基于政策工具和政策网络方法，从对策设计主体与工具相结合角度，将政策工具和执行主体建立合理关联，从供给型、需求型和环境型三个维度结合政府、企业及第三方三个主体，构建数据资产化缓解专精特新中小企业融资约束的策略体系。

本书的创新点主要体现在以下三个方面。

（1）明晰专精特新中小企业数据资产化的过程机制。运用双案例归纳式研究方法，探讨了专精特新中小企业数据资产化的过程机制和专精特新中小企业数据资产化的本质属性。将专精特新中小企业的数据资产化划分为"数据资源化""数据资产化""数据资本化"三个阶段，其间经历了"资产化"和"资本化"的两次跃升。此外，利用演化博弈理论阐述各主体间的关系和作用机制，用仿真模型模拟数据资产化对融资约束的缓释机制。

（2）检验了数据资产化缓解专精特新中小企业融资约束的实际效应。从内因和外因两方面分别探讨数据资产化缓解专精特新中小企业融资约束中产生的价值效应。其中，从内因的角度，以专精特新中小企业为研究样本，揭示数据资产化缓解专精特新中小企业融资约束产生的经济后果，为探索专精特新中小企业数据资产化实践提供理论指导；从外因的角度，对现有数据资产化和缓解融资约束等政策进行分析，研究政策基本特征、主题网络关系、发文机构网络关系等，为后续政策出台提供借鉴。

（3）提出数据资产化缓解专精特新中小企业融资约束的策略体系。在理论研究、实证研究、政策文本分析的基础上，基于政策工具和政策网络等分析方法，将数据资产化缓解专精特新中小企业融资约束策略体系的构建看成是通过数据连接的多元化共同体。从对策设计主体与工具相结合角度，将政策工具的使用和执行主体建立合理关联，构建二维分析框架并提出数据资产化缓解专精特新中小企业融资约束的策略体系。不仅能推动数据资产化助力专精特新中小企业缓解融资约束，还能促进实体经济和数字经济深度融合战略部署，为实现经济高质量发展提供参考借鉴。

本书在国家社科基金结题报告的基础上进行了修改完善及部分数据更新，是国家社会科学基金项目"数据资产化缓解专精特新中小企业融资约束的机制研究"（22BGL070）最终研究成果，也是山东省高等学校青年创新团队（2021RW036）"企业数字化与绿色技术创新团队"和山东省哲学社会科学青年人才团队（2023－zkzd－059）"数据资产化与经济高质量发展研究青年人才团队"在数据资产化领域的重要研究总结。本书受泰山学者工程专项经费资助（tsqn202306222），在此表示诚挚的谢意。

在我的主持下，本书自申报课题之初就开始谋划设计，经过多次实地调研和反复讨论最终成稿。齐鲁工业大学刘德胜教授、北京化工大学赵瑞瑞博士、中国海洋大学邢超博士、齐鲁工业大学赵志彬博士、山东浪潮科学研究院有限公司财务部部长刘伟、山东省数据要素创新创业共同体首席专家刘心田等作为主要成员参与了课题研究与相关成果的撰写工作。另外，山东师范大学惠朋博士、济南大学硕士研究生胡金金、肖颖、周大友、张骞文、刘童彤、顾一方、王雪杰、张正琦等也参与了本书前期资料搜集整理及相关成果的撰写工作。特别感谢恩师山东大学张玉明教授、中国社会科学院黄速建教授、南开大学张玉利教授、哈尔滨工程大学杨忠海教授、济南大学徐伟教授、山东财经大学苏昕教授等在课题论证、调查研究及最终写作和出版过程中的悉心指导、鼓励和帮助。基于课题研究完成的研究报告《关于加快推动数据链建设，驱动专精特新中小企业高质量发展的建议》《面向新质生产力的先进制造业集群数智化发展建议》受到现任山东省委书记、副省长的肯定性批示并被相关部门采纳。感谢为本研究提供支持的相关政府部门和受调企业。感谢我的家人、朋友和同事的大力支持和鼓励。此外，本书在写作过程中参考了国内外相关学者的研究成果，已在书中尽可能地标注引用，如果有遗漏或不妥之处恳请谅解。

　　由于本人学识所囿，书中或有欠妥之处，敬请各位专家、学者和同行不吝指正。以便使我们在今后的研究中不断成长和提高。

张鲁秀　博士

山东财经大学　教授、博导

2025 年 1 月于山东财经大学燕山校区

目 录

第1篇 理 论 篇

第2篇　实　证　篇

第3篇　仿真模拟篇

第4篇　对　策　篇

第1篇 理 论 篇

本篇通过梳理数字经济背景下专精特新中小企业融资约束的现实需求，发现数据资产化与专精特新中小企业融资约束之间具有的天然"契合性"。本篇重点解决数据资产化缓释专精特新中小企业融资约束"是什么"的问题，这也是研究的逻辑起点。本篇主要包括3章。第1章，数据资产化与专精特新中小企业融资概况。在对我国专精特新中小企业融资约束现状梳理的基础上，提出了专精特新中小企业在数字时代缓解融资约束的构想，并通过分析数据资产化的过程，揭示了数据资产化缓解专精特新中小企业融资约束的机理逻辑。进一步结合数据资产融资的典型案例，诠释数据资产化缓解专精特新中小企业融资约束理论内涵及其基本特征，从而构建数据资产化缓解专精特新中小企业融资约束的理论框架。第2章，数据资产化缓解专精特新中小企业融资约束的研究动态。本章主要根据界定的研究主题，利用CiteSpace文献计量工具，对数据资产化、专精特新中小企业融资约束等理论文献从研究内容、研究方法和实践应用等方面对数据资产化缓解专精特新中小企业融资约束的文献进行计量分析，进而提出数据资产化缓解专精特新中小企业融资约束的影响机理。第3章，理论基础。本章主要梳理了信息不对称理论、金融结构和金融发展理论、演化博弈理论、数字经济理论等理论，为之后的方法选取、内容设计和对策建议等方面提供理论和研究方法基础。

第1章 数据资产化与专精特新中小企业融资概述

　　中小企业发展迅速，是企业中规模最大、最具活力的群体，是中国经济和社会发展的主力军。从量的方面来看，根据工业和信息化部统计，截至2022年末，我国共有中小微企业5200多万户，2022年平均每天新设企业2.38万户。① 从质的方面来看，优质中小企业不断涌现。我国已经培育12.4万家专精特新中小企业。其中，专精特新"小巨人"企业数量达到1.2万家。② 然而，尽管国家出台了《关于支持"专精特新"中小企业高质量发展的通知》等一系列扶持政策，但融资约束依然是制约其发展的重要"瓶颈"，根源在于未有效盘活数据资产，存在银企、政企、产业链内"大数据—小数据"等多重信息不对称问题。这使得资金供给机构难以充分了解企业情况，致使企业陷入融资难的困境。解决中小企业融资难的问题一直是学术界和政府部门共同关注的焦点。

　　数据成为继劳动、资本、土地及技术之后又一不可或缺的关键生产要素。作为新的生产要素，数据能够通过降低融资成本和提高生产效率来减少外源性融资约束。在数字化转型的背景下，数据要素与中小企业的创新发展将不可避免地深度融合，而企业对外融资的情况将直接影响其发展速度。因此，作为中小企业的领头羊，专精特新中小企业应该善于利用数据资产化提升自身的融资能力和企业效率，充分发挥其竞争优势。

---

　　① 我国中小微企业已超5200万户 [N]. 人民日报海外版，2023 – 06 – 20.
　　② 工业和信息化部. 如何看待我国工业发展形势？怎样促进中小企业专精特新发展？工业和信息化部部长金壮龙"部长通道"上谈推进新型工业化 [EB/OL]. (2024 – 03 – 09) [2024 – 10 – 08]. https：//www.miit.gov.cn/xwdt/gxdt/ldhd/art/2024/art_88e9ea278cc5460fa9a4e922b4e2c267.html.

综上所述，本章将重点阐述我国专精特新中小企业的特征和数据资产化的过程，深入分析融资约束的现状及成因，并结合典型案例，构建数据资产化缓解融资约束的理论框架。

1.1 专精特新中小企业融资约束成因研究

专精特新中小企业聚焦主业、精耕细作、善于创新，为国内生产总值、税收及提供就业岗位等方面都作出了可观的贡献。而其融资难、融资贵等问题依然存在。本节通过对专精特新中小企业的特征、融资约束现状进行分析研究，对我国专精特新中小企业的基本特征、问题表现及融资难根源进行归纳总结，为探寻数据资产化缓解专精特新中小企业融资约束的关系机理提供现实依据。

1.1.1 专精特新企业发展现状分析

国家密集出台的系列政策措施，强调加快推动专精特新企业高质量发展，构建"创新型中小企业—专精特新中小企业—专精特新'小巨人'企业—制造业单项冠军企业—产业链领航企业"的培育体系。专精特新按照"中国制造2025"战略的十大重点领域进行布局，发展重点是突破"四基"发展瓶颈，[①] 聚焦产业链的某一具体环节，有针对性地开展核心业务，同时具有较强的创新能力、较强的创新活力和较强的风险承受能力。

1. 政府扶持发展，数量快速增长

（1）现有专精特新企业专项培育政策。为促进专精特新企业快速成长，国家和地方政府陆续制定并实施了一系列专门的扶持政策。艾瑞咨询研究院在2022年发布的《专精特新企业发展研究报告》对各地出台的专项政策进行了调研统计，如图1-1所示，共有32个省份参与了艾瑞的此次调研，各

---

① https://new.qq.com/rain/a/20230620A00YS400.

省份在资金支持、人才支撑、精准对接等领域均出台过相关专项政策。① 其中，资金支持和精准对接方面的政策出台相对丰富但并未完善，其他领域的政策大部分仍然处于缺失状态。专精特新企业中制造业企业和科技型企业居多，创新协同和企业转型的政策支持对于企业进行数字化转型及其发展起着至关重要的作用。

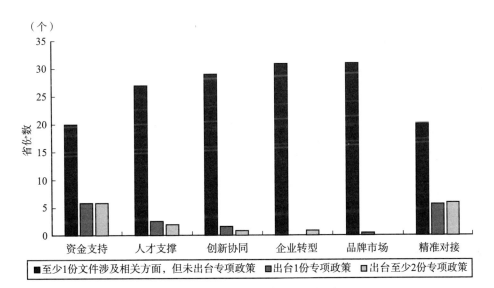

图 1-1　各省级行政区的政策支持情况

资料来源：根据公开政策文件、艾瑞咨询研究院发布数据整理形成。

（2）政府资金支持情况。政府部门设立了多元化的专项发展基金，通过政府产业基金的引领，带动社会资本及投资机构，共同为企业提供强有力的资金支持。此外，政府还从信贷与股权融资两大维度出台了系列扶持政策。在信贷领域，构建了完善的贷款风险共担体系，并加大了央行再贷款、再贴现等金融工具的利用力度，同时对因贷款产生的担保费用实施补贴措施，以减轻企业负担；股权融资方面，建立地方财政资金股权投资机制，在区域性股权交易市场创新设立专精特新企业培育板块构建"分层培育—精

---

① 中小企业高质量发展洞察专精特新企业发展研究报告 ［C］//艾瑞咨询系列研究报告（2022 年第 9 期）.艾瑞咨询产业数字化研究部，2022：46.

准赋能—转板衔接"的梯度培育体系，为中小企业提供全周期资本市场服务。另外，为加强投融资供需对接，政府还建立了信息共享机制以收集融资需求信息，开展需求调研，并与北交所、上交所、深交所合作共建服务平台。

（3）专精特新企业认定情况。自 2019 年培育工作以来，专精特新企业认定数量持续增多。尤其是专精特新中小企业的数量显著增长。如图 1 - 2 所示，截至 2022 年底专精特新中小企业的数量已达 67073 家。专精特新"小巨人"数量也突破了万家。这一方面反映了我国中小企业创新发展和高质量发展的步伐不断加速，另一方面也反映了中央和地方在培育专精特新企业发展方面的效果显著。

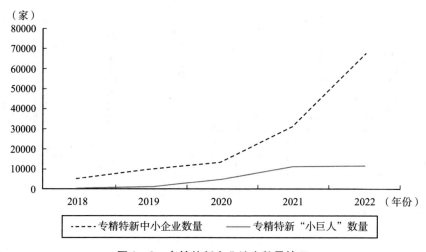

图 1 - 2 专精特新企业认定数量情况

资料来源：国泰安数据库。

2. 地域分布广泛，与经济发展趋势高度一致

（1）专精特新中小企业各省分布情况。各省份对专精特新中小企业的关注度日渐加强，其分布情况也逐渐从小范围向全国展开。根据国泰安专精特新数据库数据分析可知，各省份相继出台了专精特新中小企业倍增培育计划，大力推动企业创新、促进就业。然而，受行业和产业链分布情况的限制，广东、山东、浙江、上海等省份的专精特新中小企业发展更为迅速，凸

显了我国东部地区作为经济持续增长的核心引擎，在培育与扶持专精特新企业方面所具备的显著优势与坚实基础，如图 1 - 3 所示。

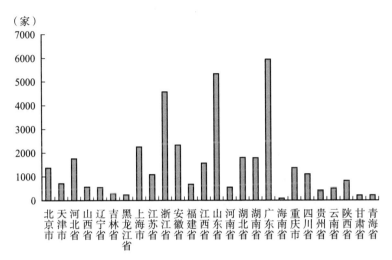

图 1 - 3 国家级专精特新中小企业地域分布统计

资料来源：根据国泰安数据库《专精特新基本信息表》等资料整理形成。

（2）各地区分批次"小巨人"企业数量占比情况。根据工信部已公布的四批次专精特新"小巨人"企业的省级行政区的分布来看，以北京、浙江、江苏、山东为引领的东部地区依旧是专精特新"小巨人"企业培育的主要阵地，获批数量及占比均领跑全国。各地区分批次"小巨人"企业公示数量占比情况如图 1 - 4 所示，中部地区专精特新"小巨人"企业有逐批递增的趋势，这与中部地区省份对专精特新企业推出的各优惠扶持政策密不可分。然而，东北地区作为我国的老工业基地，专精特新企业的发展形势依然受产业链分布和整体经济发展情况的限制。

3. 经营情况表现较好，凸显经济高质量发展卓越成效

（1）专精特新企业的资产规模情况。如图 1 - 5 统计显示，专精特新企业的资产规模大部分处于千万元级与亿元级之间，其资产规模这几年有明显上升趋势，究其原因，专精特新企业虽然以中小企业居多，但部分优质企业凭借自身突出的竞争力，将市场份额拓展到极致，甚至向上下游延伸，发展成经营规模较大的企业。随着其资产规模的不断扩张，融资压力也随之增大，部分科技型企业的流动资金难以维持其的研发投入。由于企业异质性因素，规模越小的专精特新企业面临的融资约束越明显。

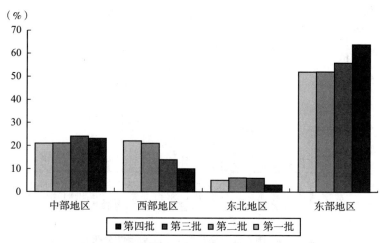

图 1-4　各地区分批次"小巨人"企业公示数量占比情况

资料来源：根据工信部官网、企查查等行业公开信息整理形成。

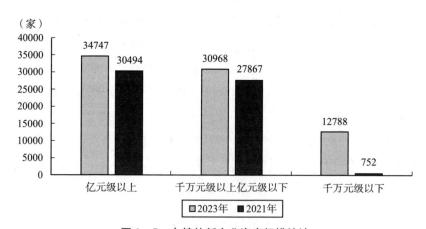

图 1-5　专精特新企业资产规模统计

资料来源：根据国泰安数据库《专精特新企业基本信息表》等资料整理形成。

（2）专精特新企业盈利规模情况。截至 2022 年底，参与国泰安数据库统计的 53928 家专精特新企业实现全年营业收入 2035.12 亿元，户均营业收入 10.237 亿元。如图 1-6 和图 1-7 所示，年营业收入在 1 千万（含）～

1 亿元的专精特新企业占比高达 60%。营业收入在 1 千万元以下的企业仅占 25%。从利润方面来看，2022 年年利润大于 1 千万元的专精特新企业数量占比为 49.51%，而 2023 年年利润大于 1 千万元的专精特新企业数量占比远远超过 50%。2023 年利润规模处于 1 亿（含）~3 亿元，3 亿~5 亿元以及 10 亿元以上的专精特新企业数量占比较 2022 年均有增长。这意味着大部分专精特新企业的营业规模不断扩大，经营水平持续提升，有效带动经济持续发展。

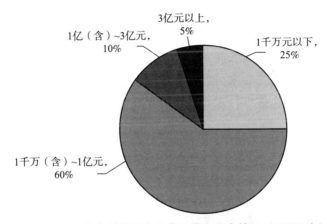

图 1-6 2023 年专精特新企业营业收入分布情况（53928 家）

资料来源：根据国泰安数据库《专精特新企业主要财务信息表》等资料整理形成。

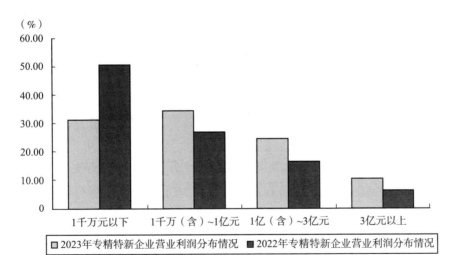

图 1-7 2023 年专精特新企业营业利润分布情况（2031 家）

资料来源：根据国泰安数据库《专精特新企业主要财务信息表》等资料整理形成。

4. 创新投入和创新绩效表现良好

（1）专精特新企业研发投入情况。国泰安数据库统计显示，2022 年底被统计的 7963 家专精特新企业年平均研发费用投入为 5475.39 万元，企业研发强度（研发费用占营业收入比重）的平均水平为 9.42%。如图 1-8 所示，研发强度处于 3% 以下仅占 8%，24% 的专精特新企业研发强度超过 10%。由此可见专精特新企业对技术创新高度重视。这与专精特新类企业的行业分布特点密不可分，不论是机械制造、生物技术、计算机通信还是其他新兴产业均要求企业保持较高的创新能力。专精特新企业作为行业中翘楚，更要聚焦主业、扎根产业细分领域，专注经营主导产品，提升市场竞争力，成为提高产业链供应链韧性和竞争力的重要主体。

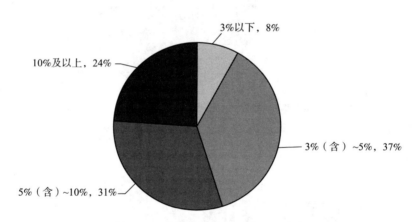

图 1-8　专精特新企业研发强度分布

资料来源：根据国泰安数据库《专精特新企业基本信息表》等资料整理形成。

（2）专精特新上市企业数字化转型情况分析。随着数字经济的发展，企业数字化转型也重塑了传统行业的格局，"实体企业深度融合数字化"的模式为专精特新企业注入了强劲的创新活力。本研究将企业整体的数字化转型指标降维分解至两大层面，一是"底层技术层面"，二是"实践应用层面"（吴非，2021），基于 Python 提取年报文本形成数据池，进行特征词的搜索、匹配和词频量化。然后，将样本企业分为低度数字化转型、中度数字化转型、高度数字化转型 3 大类。具体分类如下，将数字化指标体系中，数值小于 2 的企业定义为低度数字化转型企业；数值介于 2 ~ 4 的企业定义为中度数字化转型企业；数值大于 4 的企业定义为高度数字化转型企业。如图 1 - 9 所示，截至 2022 年底，在全国范围内，低度数字化转型的企业占比 68%，中度数字化转型的企业占 26%，高度数字化转型的企业仅占 6%。同时，全国仅有广东省一家数字化转型程度数值大于 6 的企业。可见，全国专精特新上市企业的数字化转型程度普遍偏低。

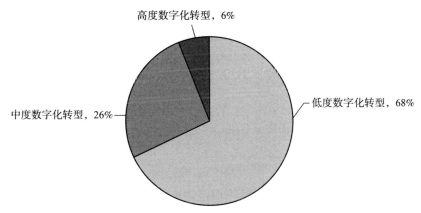

图 1 - 9　国家级专精特新上市企业数字化转型程度

资料来源：根据 2022 年国家级专精特新上市企业年报、工信部公布的五批国家级专精特新企业名单等资料整理形成。

（3）专精特新企业专利申请现状。专精特新企业在专利研发和创新领域具有较强的优势。企业可以利用发明专利进行质押融资，但专利和知识产权作为重要的资产依然存在估值标准不统一、公允价值难确定等问题。如图 1 - 10 所示，截至 2022 年底，外观设计类专利总量和发明类专利总量均已超过 40 万件。相较于 2021 年，D（实用型专利）增长 13.93%，U（外观设计专利）增长 13.28%，I（发明专利）增长达 17.33%。根据工信部统计发布，第四批专精特新"小巨人"企业创新强，研发投入高，企业平均研发经费占营业收入比重 10.4%，平均拥有 I 类知识产权 16 项、发明专利 14 项，整体体现出较强的"专业化""精细化"特点。

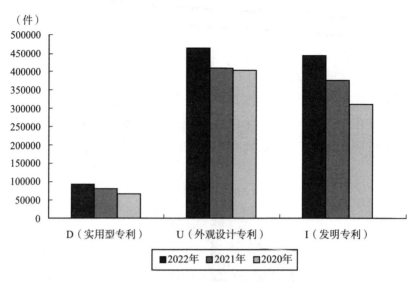

图 1−10　专精特新专利数量统计

资料来源：根据国泰安数据库《专精特新企业专利情况表》等资料整理形成。

此外，根据智慧芽发布的《2023 专精特新"小巨人"企业科创力报告》，五批总计 1.2 万家专精特新"小巨人"企业平均拥有约 115 件专利申请量。其中，发明专利占比近一半，累计得到 200 余次专利引用，并有 1～2 件走向海外的 PCT 专利。从发明专利密度来看，"小巨人"企业每千人掌握 78.9 件有效发明专利，分别是科创板和北交所上市企业的 1.1 倍和 3 倍。从技术规模来看，专精特新"小巨人"企业仅占全国市场主体总量的 0.04%，却贡献了全国授权发明专利的 4.64%，表明规模不足万家的创新型中小企业群体，凭借 0.04% 的体量规模撬动了超过全国 4% 的技术创新能效（张军红和马明，2023）。

5. 在行业和资本市场板块中分布较为集中

（1）专精特新"小巨人"上市企业重点行业分布。专精特新"小巨人"企业作为发展体系中承上启下的角色，通常有较强的创新能力，产品质量过硬，深耕专业领域，具有良好的效益。相较于普通专精特新中小企业，上市专精特新"小巨人"企业的规模更大，专业性更强，行业分布特点更具代表性。如图 1 - 11 所示，上市专精特新"小巨人"企业普遍活跃在新一代信息技术产业、生物医药及高性能医疗器械、先进轨道交通装备、新材料等领域。其中制造业占公示企业总数的一半以上。

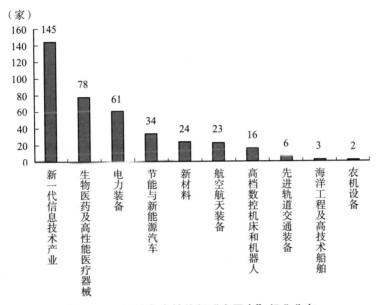

图 1 - 11　2023 年专精特新"小巨人"行业分布

资料来源：根据《2023 中国专精特新企业发展白皮书》公开发布数据整理形成。

（2）专精特新企业在资本市场分布情况。根据科技创新服务商智慧芽旗下智慧芽创新研究中心发布《2023 年专精特新"小巨人"企业科创力报告》显示，截至 2023 年 7 月，1.2 万家专精特新"小巨人"企业中共有852 家企业成功上市，占比约 7%。其中 A 股上市企业共 843 家，赴中国香港和新加坡上市的分别有 12 家和 1 家（含双重上市等情况）。在 A 股各板块中，"小巨人"的上市情况如图 1 - 12 所示。科创板的"小巨人"含量最高，550 家上市企业中高达 49.8% 都来自专精特新"小巨人"企业。在北交所上市的专精特新企业较少，但其"小巨人"企业数量占比逐年攀升，已达 46.2%。

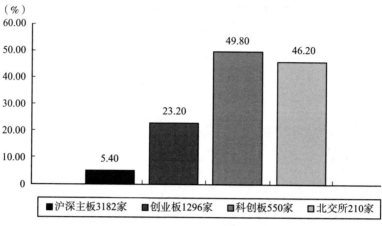

图 1-12　专精特新"小巨人"企业 A 股各板块贡献率

资料来源：根据企查查、智慧芽创新研究中心等行业公开数据整理形成。

1.1.2　专精特新中小企业融资约束现状

通过对专精特新企业的特征分析，可以发现融资约束是影响专精特新企业发展的重要的因素之一。本节将对专精特新中小企业的融资约束现状进行分析和研究，并对我国专精特新中小企业的融资制约因素进行总结。

1. 宏观融资环境分析

专精特新中小企业作为中小企业的支柱，其融资问题得到广泛关注，政府和社会都希望推动专精特新中小企业的数字化转型来实现国民经济的转型发展，提升创新型经济在国民经济中所占的比例。有关融资政策汇总如表 1-1 所示。

表 1-1　　　　　　　　　2019—2023 年部分中小企业融资政策汇总

发布日期	政策文件	内容
2019 年 4 月	《关于促进中小企业健康发展的指导意见》	进一步落实普惠金融定向降准政策。加大再贴现对小微企业支持力度，重点支持小微企业 500 万元及以下小额票据贴现。将支小再贷款政策适用范围扩大到符合条件的中小银行（含新型互联网银行）。将单户授信 1000 万元及以下的小微企业贷款纳入中期借贷便利的合格担保品范围

续表

发布日期	政策文件	内容
2021 年 4 月	《关于继续实施小微企业融资担保业务降费奖补政策的通知》	新一轮奖补政策结合新冠疫情和经济下行压力对小微企业造成的影响以及原政策具体实施情况,对原政策进行了适当完善,主要通过增设奖励系数等,对于在降低费用方面取得显著成效的地区,将大幅提升奖励标准,以此作为正向激励,鼓励这些地区将小微企业的年化担保费率进一步压降至 1.5% 或更低水平。同时,为了体现对中西部地区的政策扶持与倾斜,设定区域补助系数,确保这些区域的小微企业能够获得更多的政策支持和帮助
2021 年 4 月	《关于 2021 年进一步推动小微企业金融服务高质量发展》	进一步强化供给侧结构性改革,在确保小微企业金融供给总量持续稳健增长的同时,将重心聚焦于显著提升供给的质量、效率与综合效益。坚定不移地推动创新驱动发展战略,灵活调动现有金融资源,扩大高质量的金融供给增量,优化小微企业金融服务的地域布局、产业结构及行业配置,通过多元化的供给方式,为小微企业在科技创新和产业结构优化升级过程中提供更加坚实有力的金融支持,助力其充分发挥潜能,引领经济高质量发展,实现小微企业金融服务高质量发展与银行业保险业自身高质量发展的相互促进、有机统一
2021 年 12 月	《加强信用信息共享应用促进中小微企业融资实施方案》	为进一步发挥信用信息对中小微企业融资的支持作用,推动建立缓解中小微企业融资难融资贵问题的长效机制。具体措施包括:健全信息共享网络、扩大信息共享范围、优化信息共享方式、优化信用信息服务、完善信用评价体系及强化风险监测处置等
2021 年 12 月	《"十四五"促进中小企业发展规划》	培育壮大市场主体,健全政策支持体系,建立高效服务体系,完善公平竞争环境,提高中小企业的融资可得性,提升创新能力和专业化水平,推动形成一百万家创新型中小企业、十万家专精特新中小企业、一万家专精特新"小巨人"企业。培育 200 个中小企业特色产业集群和 10 个中外中小企业合作区
2022 年 10 月	《关于知识产权助力专精特新中小企业创新发展若干措施的通知》	基于专精特新中小企业的独特属性及其对知识产权的实际需求,制定并实施了一系列既务实又高效的新策略,旨在全方位加强对这些企业的政策导向、工作协助与服务支撑体系。最大化利用知识产权的作用,有效促进专精特新中小企业的创新发展与核心竞争力提升

发布日期	政策文件	内容
2022 年 11 月	《关于高质量建设区域性股权市场专精特新专板的指导意见》	为了推动专精特新企业蓬勃发展，积极整合各方资源，逐步构建一套贴合场外市场特性与优质中小企业实际需求的基础服务体系、综合金融服务框架及上市规范化培育机制。这一系列举措旨在充分发挥区域性股权市场的功能优势，增强多层次资本市场对专精特新中小企业群体的服务能力，促进其快速成长与壮大
2023 年 7 月	《关于开展"一链一策一批"中小微企业融资促进行动的通知》	聚焦于制造业的关键产业链环节，构建"政府—企业—金融机构"三位一体的协同合作框架，细致排查，掌握产业链中涉及的中小微企业名录，深入调研以明确这些企业的具体融资需求与诉求，鼓励金融机构结合产业链特点，立足业务特长，"一链一策"提供有针对性的多元化金融支持举措，优质高效服务一批链上中小微企业，持续提升中小微企业融资便利度和可得性，加大金融支持中小微企业专精特新发展力度
2023 年 8 月	《企业数据资源相关会计处理暂行规定》	关于数据资源会计处理适用的准则，企业应当按照企业会计准则相关规定，根据数据资源的持有目的、形成方式、业务模式，以及与数据资源有关的经济利益的预期消耗方式等，对数据资源相关交易和事项进行会计确认、计量和报告
2023 年 12 月	《关于加强数据资产管理的指导意见》	依法合规管理数据资产，明晰数据资产权责关系，完善数据资产相关标准
2024 年 1 月	《国家金融监督管理总局关于加强科技型企业全生命周期金融服务的通知》	深化金融供给侧结构性改革，把更多金融资源用于促进科技创新，不断提升金融支持科技型企业质效，推动创新链产业链资金链人才链深度融合，促进"科技—产业—金融"良性循环，助力高水平科技自立自强和科技强国建设

资料来源：根据工业和信息化部、国务院、中国人民银行等公开发布资料整理形成。

早在 2018 年以前，金融部门就相继推出支持政策，以加大银行对中小企业的信贷投入。各银行推出了针对中小企业的信用型贷款，对中小型企业的融资起到了关键的推动作用。金融部门针对中小企业的金融服务水平进一步提高，不仅设立中小企业信贷部，很多银行还设立了科技银行专门针对科技型中小企业发放贷款。另外，全国各省相继建立多个信用担保机构，设立多个中小企业技术创新基金以支持中小企业向专精特新发展。国家针对中小企业"融资难、融资贵"的问题频繁推出相应制度政策给予支持。2017 年

1月发布《中国人民银行关于全口径跨境融资宏观审慎管理有关事宜的通知》，通过多种融资模式借入境外低成本资金，增强市场竞争力。2018年11月，中国银行发布《支持民营企业二十条》。短期内，要着力为民营企业"输血"，通过续贷风险控制、债务重组等再融资手段，救助暂时陷入困境的民营企业，要进一步加大信贷支持力度，降低企业融资成本；中长期内，要着力提高民营企业的"造血"能力，这是企业发展的重要保障，各方面都十分重视和支持作为民营经济代表的中小企业的发展。2019年4月发布的《关于促进中小企业健康发展的指导意见》提出就"进一步落实普惠金融定向降准政策"。此次降准政策放宽融资门槛，将更多符合条件的企业囊括进来，帮助更多中小企业进一步破解"融资难、融资贵"问题，在金融政策方面给予支持，促进中小企业健康发展。

2021年4月，财政部发布《关于继续实施小微企业融资担保业务降费奖补政策的通知》，引导地方支持扩大实体经济领域小微企业融资担保业务规模，降低小微企业融资担保成本，着力缓解小微企业融资难融资贵问题。充分发挥奖补资金的激励作用，因地制宜通过直接补助、绩效奖励等方式，促进融资担保机构（含再担保机构）扩大小微企业融资担保业务。同一时期，银保监会办公厅在《关于2021年进一步推动小微企业金融服务高质量发展的通知》中提到，银行保险机构要充分认识科技型小微企业前瞻性、高风险、高成长的特点，联动科技主管部门、科技融资担保机构、科技金融服务中介机构，全面分析、研判、评估企业核心技术、创新能力和潜在风险，针对性地开发金融产品和服务模式，满足企业技术研发、成果转化、装备购置、产能扩张等融资需求。2021年12月，国务院办公厅印发《加强信用信息共享应用促进中小微企业融资实施方案》，强调要加快信用信息共享步伐，深化数据开发利用，创新优化融资模式，加强信息安全和市场主体权益保护，助力银行等金融机构提升服务中小微企业能力，不断提高中小微企业贷款可得性，有效降低融资成本，切实防范化解风险，支持中小微企业纾困发展。

2022年11月，为加强直接融资支持，中国证监会办公厅与工业和信息化部办公厅联合印发《关于高质量建设区域性股权市场专精特新专板的指导意见》，以促进建设符合需求的基础服务体系、综合金融服务体系和上市规范培育体系，提升多层次资本市场服务专精特新中小企业的能力。2023年7月，工业和信息化部、中国人民银行、国家金融监督管理总局、中国证监会、财政部下发《关于开展"一链一策一批"中小微企业融资促进活动通知》，聚焦于制造业核心产业链，构建起政府、企业及金融机构之间的高效合作的平台。通过深入调研与细致分析，全面掌握了产业链中广大中小企业的运营现状与具体的融资诉求，精准对接并有效满足这些企业的资金需求，从而促进整个制造业产业链的稳健发展与优化升级。2023年8月，为规范企业数据资源相关会计处理，强化会计信息披露，《中华人民共和国会计法》和企业会计等相关规定对企业数据资源的相关会计处理制定了详细严格的处理标准。同年12月《关于加强数据资产管理的指导意见》中重点强调要建构"市场主导、政府引导、多方共建"的数据资产治理模式，推进数据资产全过程管理以及合规化、标准化、增值化。

这些政策的发布及实施都为科技型中小企业融资难问题的解决提供了制度保障和政策支持，也体现了国家层面的重视。但是，在政策的具体实施过程中依然缺乏可操作性规范，使其实施效果无法达到预期。

2. 实际融资状况分析

（1）专精特新企业融资需求现状。专精特新企业融资需求呈现"三大一长"的特点。一是资金需求量更大，专精特新企业受创新发展研发费用投入大、研发成果转化周期长等因素影响，资金需求量明显高于传统中小企业；二是对专利权质押、信用贷款等产品需求大，部分企业特别是处于初创期或成长期的企业，在向商业银行申请贷款时更倾向于专利权质押贷款或信用贷款。根据《金融支持专精特新企业发展调查》（黄涛，2024），58%的专精特新企业希望获得专利权质押或信用贷款；三是对多元化金融服务需求大，除银行信贷支持外，专精特新企业还提出需要投融资服务与咨询、财务提质增效和流动性管理、供应链金融服务、企业高管和职工财富管理等方面的金融支持；四是资金需求期限较长，专精特新企业由于从新产品研发到应用再到实现盈利周期较长，部分企业还存在设立研发机构需求，企业希望用中长期信贷资金来匹配研发生产的回款周期，对中长期资金供给的需求较普通中小企业更明显。

（2）专精特新上市企业主要融资方式比较。近年来政府合理微观调控企业创新活动政策，加快专精特新企业的资质认定，加大补贴力度，有效缓解专精特新企业的融资约束，促进企业技术创新；同时金融市场不断完善合理的多层次融资体系，优化资源配置。对于不同方式的融资形式依然存在不同的局限性，如表 1-2 所示，处于不同发展阶段的专精特新企业在融资方式的选择上具有较大差异。

表 1-2　　　　　　　　专精特新上市企业主要融资方式比较

融资方式	主要优点	主要局限性	使用企业阶段
扶持性银行信贷	办理速度快	需要抵押或质押物	初创期及成长期企业
税收优惠	普适性、无偿性	条件多	企业所有阶段
财政补贴	普适性、无偿性	资金有限	企业所有阶段
资本市场融资	资金量大，改善治理	条件高、周期长	成长期及成熟期企业

资料来源：王雨平．"专精特新"上市公司融资扶持政策及优化建议［J］．会计之友，2023（14）：60-67．

（3）专精特新上市企业融资约束程度分析。专精特新企业多为新兴科技型企业，对其融资约束的研究和统计相对较少。国内外学者运用定性和定量方法度量融资约束。常用的方法有问卷调查法（Westhead et al.，1997）、单变量指标法和多变量指数法等。本研究用 SA 指数来对专精特新上市企业的融资约束程度进行分析统计。SA 指数是在 KZ 指数的基础上剔除了部分内生性指标，仅使用企业规模和年龄两个指标（Hadlock & Pierce，2010）。

$$SA = -0.737Size + 0.043Size^2 - 0.04Age$$

其中，Size 为企业规模，取企业资产（单位：百万元）的对数；Age 为企业年龄，为当年日期减去企业上市日期；SA 指数为负项指标，其绝对值的增长直接反映企业融资受限程度的加剧。根据国泰安数据库的原始数据，本研究匹配分析得到 2116 家专精特新上市企业 SA 均值为 -3.57436，标准差为 0.259714，中位数为 -3.57104。可见专精特新企业普遍存在较强的融资约束问题，如图 1-13 所示，处于 -4 ~ -3 的企业占比为 94%。

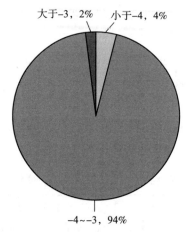

图 1 - 13　专精特新上市企业 *SA* 指数频率分布

资料来源：根据国泰安数据库《专精特新企业基本信息表》《融资约束——SA 指数详表》等资料整理形成。

1.1.3　专精特新中小企业融资约束问题根源

通过对专精特新中小企业的特征与融资约束现状的分析，可以看出导致专精特新中小企业融资难的因素较多。为了更好地揭示问题产生的根源，在分析专精特新中小企业融资特征、现状的基础上，将进一步对融资难问题产生的原因进行分析。

1. 专精特新中小企业融资约束成因分析

多数专精特新中小企业在初期发展阶段由于规模较小、实力较弱，其主要资金来源为自有资金，或者是内源融资，但整体融资约束较强（罗福凯等，2023），无法满足研发投入需求，从而导致企业的技术创新活力不足，专精特新中小企业仅凭借自身专业实力很难实现持续性成长（姜忠辉等，2024）。但是多数专精特新中小企业对相关的融资优惠政策并不了解。即使了解政策，银行及金融机构依然会依据严格的审核机制对他们的贷款资格进行审查，且能够拿到贷款的速度相对较慢。到发展后期，他们才开始考虑直接在资本市场上寻求直接融资的机会。因此，专精特新中小企业融资难的原因有以下几个方面。

（1）资金周转需求规模大而急。专精特新中小企业多数规模较小，且具有"两高一轻"的特点，即高技术投入、高人力资本投入和轻资产，[①] 需要大量长期性资金投入（孙佳和吴小萌，2024）。由于专精特新中小企业在细分领域多具有较强的竞争力，容易接到产业链内大的订单，但是多数订单是后付款形式，需要专精特新中小企业垫付大量资金投入生产，使其经常面临较大的资金周转需求，资金需求也比较急，加剧了融资约束困境。

（2）可抵押物少，无形资产与数据资产价值难以评估。专精特新中小企业可抵押的固定资产较少，专利、技术及知识产权等无形资产是专精特新中小企业创造价值的核心资产，但其价值难以评估和交易。比如，中小企业知识产权价值存在低估现象，知识产权评估机制和规范的评估流程还未健全（严鸿雁等，2024）。另外，我国知识产权交易不活跃，变现时间长，价值波动大，企业违约时金融机构抵押物变现难度大，变现价格难以确定，给金融机构和抵押物提供者带来较大的转让风险。除此之外，数据资产的确权、价值评估一直是亟待解决的问题（严鹏等，2023），目前比较常见的方法是将数据资产当作无形资产进行评估（苑秀娥和尚静静，2024）。

（3）融资模式创新意识薄弱。多数专精特新中小企业的融资约束存在较大问题，其主要原因还是融资创新意识薄弱。部分企业并不了解国家支持专精特新企业发展的优惠政策，或者完全依赖于自身资金的流动性。对于企业来说，资金是命脉，仅仅依赖原有资金会大大降低企业的盈利能力，会逐渐影响企业的长期发展机会，使其逐渐落后于其他企业的发展步伐。多数专精特新中小企业有不少产品交易和生产经营各环节的数据，但不知如何正确发挥其应有的价值。尽管已有一些专精特新企业成功获得"数易贷""数据资产贷""专精特新企业贷"，但是多数专精特新中小企业仍然依赖传统融资模式，不敢迈出融资模式创新这一步伐，导致其错失获得融资的良好机会。

（4）管理水平普遍较低。我国多数专精特新中小企业更注重经济效益，而忽视了经营管理效益的重要作用。很多专精特新中小企业没有完善的经营

[①] http：//finance.people.com.cn/n1/2022/0516/c1004-32422089.html.

管理体系，有的甚至没有专门的经营管理部门和职业经理人。一些中小企业只看到短期效益，对企业的长远发展方向没有清晰的认识，没有制定明确的管理规划。中小企业受资金限制，无法对企业管理进行投资。人员专业性参差不齐、复合型人才资源不足，规模效率较低等也限制了管理水平较低的因素的提升（王海花等，2023），进而影响企业经营、管理和创新能力，加剧融资约束困境。

（5）金融机构无法有效识别具有发展前景的专精特新企业。随着专精特新中小企业数量的逐渐增多，有融资需求的专精特新中小企业也随之增多。银行等金融机构需要对这些企业进行评估和识别，但是无法获取准确的企业内部信息，无法对其未来前景进行科学判断。加之，有一部分企业采用各种手段骗取资金支持，存在逆向选择问题。在这种情况下，金融机构可能会谨慎授信，导致真正有融资需求的优质企业也有可能被拒之门外。

（6）融资信用担保体系不完善。由于我国的机构和担保机制不健全，专精特新中小企业的融资和发展受到限制。我国的金融机构普遍实力弱、规模小、数量少。融资担保机构覆盖面小，地区分布不均，欠发达地区融资担保机构发展十分缓慢，外部融资环境不利。银行担保融资门槛高，担保风险控制不到位，缺乏风险分担机制，导致担保机构风险过大。

（7）政府融资政策未形成有效合力，各部门间存在信息壁垒。专精特新中小企业扶持是一个复杂的系统性工程，涉及工信、发改、大数据等多个部门。各部门围绕各自领域出台的政策措施，往往协同性不高，整体合力有待进一步加强，缺乏专门针对专精特新重点企业的培育政策和梯度化的精准支持。政府部门之间对企业的征信信息共享程度较低，市场化的征信机构和政府部门之间也存在较大的信息壁垒，这些都加剧了信息不对称程度。

2. 专精特新中小企业融资约束根源分析

融资困境存在的根本问题依然是信息不对称问题。专精特新中小企业内部及其与银行或者其他金融机构之间存在多重信息不对称，缺乏全国性的由众多参与者组成的数据交易和信息共享系统，缺乏运用大数据技术等对企业数据的挖掘和处理。

首先，企业内部各部门之间的信息不能有效共享，导致决策层不能快速作出最优决策，在对外融资过程中会降低外界对企业的综合评价。其次，银行等金融机构无法事先充分了解专精特新中小企业的信息，也无法预测专精特新中小企业发展前景及判断公开信息的可靠性，信息不对称导致的逆向选择和道德风险问题降低了银行和金融机构的融资意愿（Innes，1993），增加了金融机构投资专精特新中小企业的交易成本以及风险溢价（高瑜等，2024）。最后，数据孤岛现象加剧了信息不对称。专精特新中小企业大多缺乏对数据价值的挖掘与应用，仍停留在业务监控等初级数字化阶段，不同部门之间的数据共享程度较低（陆岷锋，2024），数据间的互不相通不仅影响了专精特新中小企业数据的整合和利用，还限制了企业的协同合作与融资发展。数字经济时代数据资源利用效率较低也在一定程度上加剧了信息不对称。即使专精特新中小企业积累了大量的过程信息，但是不能被各利益性相关者有效识别和传递，依然无法从企业外部获取发展需要的资金。

1.2 数据资产化为缓解专精特新中小企业融资约束创造了机会

数据作为数字经济时代新生产要素，厘清数据要素在专精特新中小企业融资约束中"被使用"的过程，对化解企业融资约束和增强竞争优势具有重要意义。

1.2.1 生产要素的转变：数据要素

20 世纪 90 年代以来，数字技术不断发展，与生产经营活动深度融合，积累了海量数据。数据的广泛使用和有效应用，使资源配置得到优化，资源利用效率得到提高，并且改变了生产、生活和消费模式。数据日益成为重要的战略资源和新的生产要素，在经济发展、社会生活和公共管理中发挥着越来越重要的作用。

我国对此高度重视，不断推动生产要素理论的创新和发展。2020 年 4

月，中共中央、国务院发布《关于构建更加完善的要素市场化配置体制机制的意见》将数据视为第五大生产要素，要求"加快培育数据要素市场"。数据要素是推动数字经济发展的"燃料"，对创造价值、提高生产力具有深远影响，引领人类社会进入网络化、互联化、数据化、融合化的数字经济新时代。不同社会阶段的生产要素见表1-3。

表1-3 不同社会阶段的生产要素

历史阶段		生产要素	代表人物/事件
农业时代		土地、劳动	威廉·配第、庞巴维克
工业时代	第一次工业革命	土地、劳动、资本	亚当·斯密、萨伊、约翰·穆勒
	第二次工业革命	土地、劳动、资本、企业家才能	马歇尔
数字时代		土地、劳动、资本、企业家才能、数据	党的十九届四中全会《关于构建更加完善的要素市场化配置体制机制的意见》

资料来源：根据腾讯研究院，数据何以成为新的生产要素（https://www.tisi.org/14408）等内容整理形成。

1. 数据是一种新的"资源"

在物理域与信息域的交互层中，数据是现实世界实体状态与动态过程的数字化映射（于英香等，2024）。其实很早的时候，数据就以间接、隐性的方式作用于人类的生产和经济活动，比如我国的二十四节气就是一种"数据"，几千年来，我国劳动人民运用这个"数据"来指导农业生产活动，取得了惊人的成就。随着数字技术的进步，数据成为一种新型生产资料，推动经济社会飞速发展。数据对提高生产效率具有乘数作用，比如数控机床的生产效率就比传统机床要高出数量级。数据是可再生、无污染而且无限的，比如数据获取和使用过程中不会污染环境、数据可以循环使用、数据会越用越多、老数据经过加工后可以变成新数据等。数据和土地、劳动力、资本、技术等其他生产要素一起，相互配合、相互融合（谢康等，2020），成为重要的基础性战略资源。在数字空间中，数据是构成、生成虚拟世界里事物和事件的基本元件（张夏恒和刘彩霞，2024）。数据不仅仅是生产资料，更是"生命"基础。没有数据，数字空间、虚拟世界就无从谈起。

2. 数据是一种新的"资产"

根据 ISO 55000 资产定义标准，数据资产本质上是具有权属界定、价值密度和收益预期的数字资源集合。企业经营活动中形成的多维信息流，涵盖用户画像、运营流程、知识产权等多元维度，通过数据要素乘数效应可产生持续经济价值。如今，数据已经成为企业不可或缺的战略资源，一个企业所掌握的有价值数据的规模、鲜活度，以及其采集、整理、分析、挖掘这些数据的能力，决定了企业的核心竞争力。对于个人而言，一个人在学习、工作、生活中形成的经验、知识、人脉等，乃至在个人同意前提下的个人信息，这些数据实质上也是个人的重要"资产"，是一个人生存、发展的保障和动力。对于国家而言，数据已经逐渐渗透到国家经济社会中的每一个角落，关乎国家发展与安全，是一国的重要国家资产。

3. 数据是一种新的"资本"

互联网从消费互联网的上半场进入到产业互联网的下半场，数据价值及其应用更为重要。数据要素与技术融合驱动下，组织架构与运营流程的重构正推动产业生态系统性变革，催生价值创造模式的指数级跃迁。数据作为核心生产要素的崛起，叠加土地、资本等传统要素的数字化转型，标志着新型生产力的形成，推动数字经济进入高阶发展阶段。这种生产力迭代必然触发生产关系变革，既是社会演进的历史规律，更是中国把握数字文明时代发展主动权的战略支点。

经过多年的发展，我国在数据储量和数据使用上已经取得了长足发展，在体量上已经走在了世界的前列。全社会数据产量已从 TB 时代迈入了 ZB 时代。根据《国家数据资源调查报告》及中央网信办发布的新闻报道，我国数据产量已经从 2018 年的 3.0ZB 提高到 2022 年的 8.1ZB（见图 1－14），2022 年增幅达到 22.7%，并且我国数据产量在 2022 年已位居世界第二，约占到全球数据总产量的 10.5%。海量的数据储备以及持续的数据产量增长，为不断地开发利用和深挖数据价值提供了新可能，同时为发挥和释放数据的生产要素作用创造了基础条件。从而推动中国在数字经济新时代实现新跨越和弯道超车，成为新的引领者。

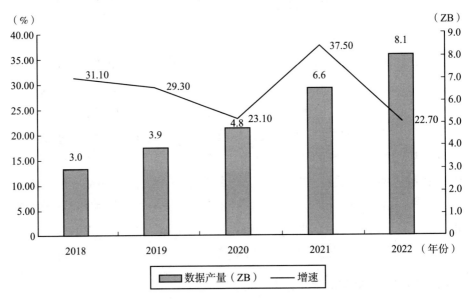

图 1-14　2018—2022 年我国数据产量情况

资料来源：根据《国家数据资源调查报告》以及中央网信办发布的新闻报道等资料整理形成。

1.2.2　数字经济成为新经济形态

党的十八大以来，党中央作出一系列重要决策部署，高度重视数字经济发展，做强做大数字经济已上升为国家战略。党的十九大报告明确提出加快建设"数字中国"的目标，推动"互联网、大数据、人工智能与实体经济深度融合"，并将数字经济纳入"新兴产业"之内。2020 年 4 月中共中央、国务院首次将数据纳入生产要素的范畴，提出加快培育要素市场的要求，激发数据要素价值，充分发挥数据作用。2020 年 7 月，《"十四五"规划》强调发展数字经济，继续坚持推进数字产业化和产业数字化转型。2020 年底的中央经济工作会议提出，要"大力发展数字经济"，使数字经济从"发展"转向"壮大"。

2022 年，中共中央、国务院对构建数据基础制度作了全面部署，明确提出推进数据资产合规化、标准化、增值化，有序培育数据资产评估等第三方专业服务机构，依法依规维护数据资源资产权益，探索数据资产入表新模式等要求。① 2023 年，中共中央、国务院进一步指出要加快建立数据产权制度，开展数据资产计价研究等。② 党中央、国务院的部署要求，为数据资产管理研究工作的开展指明了方向。

2022 年，数据价值持续释放，我国数字经济规模达到 50.2 万亿元，同比增加 4.68 万亿元，数字经济规模不断增加，如图 1 – 15 所示。

（万亿元）

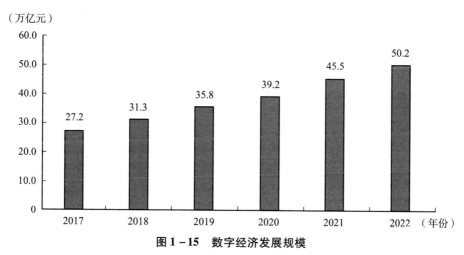

图 1 – 15　数字经济发展规模

资料来源：根据《中国数字经济发展研究报告（2023）》及中国信息通信研究院资料整理形成。

数字经济在国民经济中发挥着越来越重要的作用。数字经济占 GDP 比重进一步提升，超过四成，占比达到 41.5%，这一比重相当于第二产业占国民经济的比重（2022 年，我国第二产业占 GDP 比重为 39.9%）③，数字经济作为国民经济的重要支柱地位更加凸显（见图 1 – 16）。

---

① 中共中央　国务院关于构建数据基础制度更好发挥数据要素作用的意见［EB/OL］. https：//www. gov. cn/zhengce/2022 – 12/19/content_5732695. htm.
② 数字中国建设整体布局规划［EB/OL］. https：//www. gov. cn/xinwen/2023 – 02/27/content_5743484. htm.
③ 《中国数字经济发展研究报告（2023 年）》。

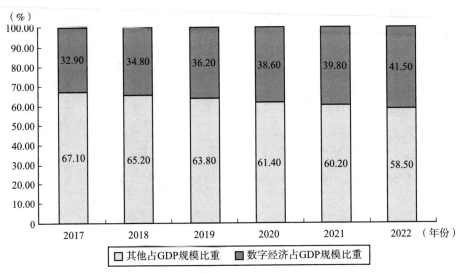

图 1－16　我国数字经济占 GDP 比重

资料来源：根据中国信息通信研究院及中央新闻网站发布的新闻整理形成。

1.2.3　数据资产化逐渐成为专精特新中小企业必选项

数据作为数字经济时代的关键生产要素，全面向生产、分配、流通、消费等环节渗透成为推动各行各业变革的重要技术手段和基础，对生产、生活、社会治理等都产生了深远影响，也是驱动经济社会高质量发展的关键力量。2023 年，中共中央、国务院印发《关于构建数据基础制度更好发挥数据要素作用的意见》，为数据在数字经济时代发挥生产要素作用提供了重要制度基础。对于中小企业，充分激发数据要素潜能，不仅要激活内部数据还要利用好外部数据，实现数据资产化。加速推进数据资产化是缓解企业融资约束的基础，也是驱动专精特新中小企业发展的关键，二者具有契合性（见图 1－17）。

具体来说，数据资产化逐渐成为专精特新中小企业必选项主要体现在三方面。

一是顺应全球发展大势。以大数据、物联网、云计算、人工智能等为代表的数字技术，已经成为一系列新的产业革命和科技革命的技术中心，促进数字经济的快速发展，使其成为继农业经济和工业经济之后的又一种新的经济形式。如今，促进数据发展正逐渐成为全球经济增长的新动力，成为改变中国企业竞争力的变革力量，是百年不遇的大变革。目前，专精特新中小企业数量众多，种类繁多，对经济社会发展的重要性不言而喻。推动这些企业开展数据资产化工作，不仅符合大势所趋，也是经济高质量发展的基础。

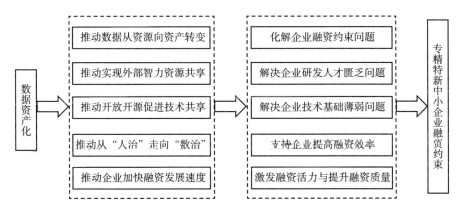

图 1 - 17　数据资产化与专精特新中小企业融资约束之间的契合逻辑

二是政策层面大力推进。近十年来，我国从一开始就重视并大力推进企业数字化建设。"数字中国""数字经济与实体经济融合""中国制造2025"等一系列战略，为中国企业实现信息化、数字化、智能化目标，提高成本、效率和质量，搭建了重要的制度框架。《"十四五"数字经济发展规划》《关于构建数据基础制度更好发挥数据要素作用的意见》《关于加强数据资产管理的指导意见》《数字中国建设整体布局规划》为我国专精特新中小企业激发数据要素价值指明了方向、确定了目标、提出了根本遵循（何伟，2020），明确提出推进数据资产合规化、标准化、增值化的目标，将中小企业数据资产化过程上升到国家战略层面，为我国中小企业进行数据资产化搭建了制度框架。

三是专精特新中小企业发展需要。专精特新中小企业发展既要摆脱资源约束的困境，也要不断应对环境变化的严峻挑战。当前，中小企业面临劳动用工成本增加、资源利用效率低以及资金不足的内部约束，加上贸易保护主义、市场预期持续走弱和全球经济增长乏力等不利因素，专精特新中小企业如何通过数据资产化，应对融资约束的挑战逐渐成为企业必选项，而不是

"可选项"。从当前我国企业发展实践看，企业所能获得或使用的数据的"量"和"质"对数据资产化的决定性作用越来越大。因此，专精特新中小企业进行数据资产化，利于提高数字技术在融资流程中的应用，不仅是发挥数据在融资约束过程中作用的基础，也是中小企业提高竞争优势的关键所在。

1.3　数据资产管理的典型案例

充分发挥数据要素价值，发展数字经济，是构建国家竞争新优势的重要举措。近年来，多部门发布促进数据产业发展的政策。中共中央、国务院印发的《关于构建数据基础制度更好发挥数据要素作用的意见》以及财政部印发的《关于加强数据资产管理的指导意见》《企业数据资源相关会计处理暂行规定》等明确指出，利用数据资产作为融资媒介，显著增强了企业的内在价值，对新兴中小企业的茁壮成长与未来发展具有不可估量的重要意义。对商业银行而言，数据资产融资的引入，不仅是对传统业务模式边界的有效拓宽，更是金融服务创新的一大步。依托数据资产的精准估值，商业银行能够识别并优先支持那些掌握高价值数据资源的企业，从而在贷款审批过程中实施更为灵活的政策，为具备巨大潜力的新兴科技创新型企业提供更加及时、有力的资金支持，助力其快速成长。根据工信部公布的中小企业数字化转型案例，并结合调研获取的部分信息，本书分别从银行、企业、数据资产作价入股三个角度选取案例进行分析。梳理数据如何从资源转化为资产、数据资产如何增加企业价值，以及数据资产的价值如何进行准确地认定等问题，分析数据如何作为核心要素，推动中小企业实现创新与可持续发展。

1.3.1　"数易贷"加速数据资产创新应用落地

1. 发展背景

近年来，党中央、国务院高度重视发挥数据要素作用，积极推进数据资产基础制度建设工作，数据资产入表和评估相关政策、数据资产管理指导意见相继发布。逐渐激发数据要素在金融服务领域的重要作用。中央金融工作会议提出，要做好科技金融、绿色金融、普惠金融、养老金融、数字金融。[①] 在业内看来，这为未来金融支持实体经济的重点工作指明了方向，其中数据资产将是金融服务新的基础，是数字金融的重要组成部分。

数据交易所作为连接数据供方和需方的桥梁，在推动数据资产业务创新化、案例化、标准化发展的过程中扮演关键角色。为贯彻落实中央金融工作会议精神，特别是在数据资产领域的重要指示，上海数据交易所创新性地推出了名为"数易贷"的数据资产服务产品，其核心目标在于深度激发数据要素的内在价值，助力构建起值得信赖的金融级数据资产体系。通过无缝连接信贷市场与丰富的金融资源，推动资本要素与数据要素之间的深度融合与高质量发展，共同开创数字经济的新篇章。

2. "数易贷"——数据资产抵押贷款

"数易贷"是上海数交所联合多家银行共同推出的数据资产信贷服务产品，具有独特的五大创新特色——标的新、模式新、运营新、处置新和基础设施新。数据资产作为新型标的物，对于银行端而言，需要一个全新的授信审查审核流程和风控管理；就风控而言，数据要素型企业相比于传统企业而言，更需要动态风控管理。"数易贷"产品最重要的就是在基础设施上的创新，上海数交所提出数据资产架构（Data–Capital Bridge，DCB）能够实现全面、动态、实时、准确的数据资产披露方式和风控方式。

DCB 技术构建起数据资产全生命周期管理体系：企业端实现产品、合约等全要素登记，形成结构化资产台账；评估端依托场内交易数据流构建参数化估值框架，建立动态价值评估体系；金融机构端创新数据资产质押融资模式，基于可信凭证实施授信决策，并通过智能合约实现信贷全流程穿透式监管。从数据资产登记、数据资产评估，到数据资产真实动态披露，最后到风险管控和数据资产处置等，都会在 DCB 数据资产凭证上有一

---

① https://www.gov.cn/yaowen/liebiao/202310/content_6912992.htm.

个非常好的描述和体现，实现数据要素和资本要素之间的链接和桥梁功能
（见图 1 – 18）。

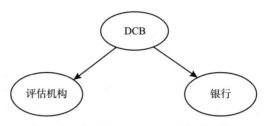

图 1 – 18　"数易贷"资本要素之间的链接

"数易贷"产品下一步将与保险担保公司进行更多合作，在数据资产的
处置和持续运营方面取得突破。未来，"数易贷"产品的一个重要目标就是
能够将企业的数据资产批量化、可复制或者标准化地对接给银行，银行通过
上海数交所出具的 DCB 数据资产凭证，对符合标准和要求的企业批量放贷，
实现"今天入表，明天放款"。上海数交所将制定发布一整套标准、规范和
指引，针对不同类型的数据要素企业设定相对应的业务规则。

3. 案例启示

"数易贷"产品首个贷款案例企业据悉已在上海数交所完成了数据产品
的挂牌并实现场内交易，不仅为数据资产的登记认证与价值评估构建了稳固
的基石，同时也为金融机构在审批贷款时提供了至关重要的参考信息。数据
资产作为新型标的物，在贷后风险处置上也需要一个全新的处置路径。数交
所承担这个职能可以帮助银行在未来数据资产领域实现更多操作。例如，数
据资产未来可以在场内进行处置拍卖和动态披露，与担保公司、保险公司及
金融机构联合成立一些全新的担保方式，探索与资本要素市场结合，实现数
据资产的处置流转。

在推动数据资产创新应用上，除了质押、增信、保理和保险等各个角
度，未来还有一个非常重要的方向，即数据资产证券化。同时，还将推动数
据要素与 REITs、金融衍生品等更多资本要素对接，与银行、券商和投行等
多类型金融机构进行合作。

1.3.2　华傲数据数据资产融资

1. 发展背景

为贯彻落实数字经济发展战略，助力数据要素流通与交易，创新数据要素价格形成机制，2023 年 11 月，根据国家发展改革委《价格监测规定》，国家发展改革委价格监测中心正式印发《数据要素价格监测报告制度（试行）》。深圳数据交易所成为首批获授牌的数据类全国价格监测定点单位，并按照要求将其上架发布的优质数据产品有序纳入全国数据要素价格监测报告制度，将产品取得数据价格监测凭证作为数据资产评估授信的前置条件之一。

在深圳数据交易所的平台上，深圳市华傲数据技术有限公司（以下简称"华傲数据"）携手光大银行深圳分行与同致诚评估公司等合作伙伴，成功将其多款数据产品进行了展示与上架。经过严格的资产评估流程，这些数据产品得到了光大银行深圳分行的高度认可，最终获得了 1000 万元人民币的授信额度。本次数据资产授信业务首次探索引入国家发展改革委价格监测中心牵头制定的数据要素价格监测机制，是对数据资产增信融资业务的又一次模式创新和迭代升级。

2. 数据资产融资过程

作为国内领先的大数据企业，华傲数据自 2011 年成立以来一直致力于为政企客户提供覆盖数据要素全生命周期的产品及服务。面向数据要素市场，华傲数据基于 12 年公共数据治理和城市数据资源体系建设的经验，研发了公共数据授权运营和数据入表的产品及方案，包括数据标准符合性测试、数据质量评测、数据安全分级分类检测、数据目录有效性检测四类测试工具，数据产权登记、数据成本计量、数据产品超市等产权及流通工具，数据授权运营域建设、区块链、数据空间等安全工具，帮助客户快速高效实现公共数据和企业数据的授权运营，落实数据资源入表政策，发挥数据要素在企业经营、数据产业、数字经济中的作用。

依托深数所产品上架审核证明和数据价格监测凭证的有效支撑，经评估机构同致诚的价值评估，华傲数据的产品交易合规性与价格公允性评估得到全方位认定，将企业数据资源化、资产化以及资本化，同时以"科技金融＋数据＋增信"为利器，为银行授信的获得以及后续实现数据资产入表提供充分支撑和可靠依据。

本次授信的评估机构同致诚评估公司顺应市场发展需求，于 2023 年成立"数据资产评估中心"，依托 20 多年的行业服务经验以及自身强大的技术力量，根据数据资产的特点，制定出新的评估思路及报告规范，在本次评估中，同致诚评估公司深入挖掘被评估标的的用途和应用场景，客观展示其价值内涵，为授信提供专业参考。

3. 案例启示

完善的价格监测网络，能更好地服务国家的宏观经济调控，促进形成全国统一数据大市场；同时也能为纳入监测的数商企业在数据资产评估、数据资源入表、获取授信等方面提供支持。数据交易所作为数据要素价格监测定点单位，应积极为客户提供数据资产化、价值评估、交易流通等更为丰富的服务方案。

对商业银行而言，伴随着企业数据资源的入表，商业银行可以为数据要素相关企业提供更全面的一站式综合金融服务，丰富基于数据资产的金融业务场景，创新数据资产衍生的金融产品和服务，拓展客户，为数据要素市场企业发展提供更多的资金支持。

在贷后风险处置方面，商业银行联动地方大数据交易所或交易中心等机构，根据企业数据产品的特点，制定专项风险缓释措施，做好风险处置的准备。例如，贵阳分行的"贵数贷"产品是依托于"贵阳市中小企业风险资金池"的贷款风险分担机制，围绕数据商企业在贵阳数交所挂牌可交易的数据产品，向数据资产拥有方提供融资服务。

1.3.3　数据资产作价入股

1. 发展背景

在数据交易所的成立和运营的推动下，全国数据资产交易呈现出爆发式增长趋势，据报道，由政府发起、主导或批复的数据交易所达到 40 余家。以深圳数据交易所为例，截至 2023 年 8 月底，其累计汇聚数据产品超 1800 个，累计完成数据交易超 1000 笔，交易总额超 30 亿元。种种迹象表明，在不远的将来，数据资产将迎来巨大的活跃交易市场。因数据资产入股的有益效应，国内各地方近几年陆续制定数据经济发展的政策，开始数据资产入股方面的探索。其中，北京市人大常委会于 2022 年 11 月 25 日通过、2023 年 1 月 1 日起施行的《北京市数字经济促进条例》明确提出促进数据资产的获取和估值机制，支持数字经济中商业创新的发展，如数据入股、数据信贷、数据信任和数据资产证券化。"全国数据资产登记服务平台"于 2022 年 11 月 4 日正式发布，该平台明确了数据资产评估的应用场景之一便是"数据资产入股"，即"以数据资产作为数据股东投入资本，在成立公司时其初始资本占比"。

根据《中华人民共和国资产评估法》，对不动产、动产、无形资产、企业价值、资产损失或者其他经济权益进行评定、估算。就数据资产评估业务而言，可能是基于数据资产出资、数据资产融资、数据资产交易等，也可能是企业合并过程中对合并对价的分摊时涉及数据资产评估。2023 年 8 月 30 日，青岛华通智研院把基于医疗数据开发的数据保险箱（医疗）产品，以作价 100 万元入股的方式，其中就涉及对数据资产的价值评估。青岛的三家企业，即华通智研院、北岸数科和翼方健数以数据资产作价成立了合资公司，成为全国首例数据资产入股的案例。

2. 数据资产作价入股的过程

该案例中的数据资产转化为股本投资的过程精心设计了四个关键步骤（见图 1－19）：登记、评价、评估与入股，每一步均严格遵循既定的标准和指导文件执行。首先，对合规审查后的数据资产进行正式登记；其次，依据《数据资产价值与收益分配评价模型》构建科学的评价模型量化数据资产的质量与潜力；再次，评估数据资产价值，为后续的资本化奠定坚实基础；最后，在华通智研院、北岸数科及翼方健数三方的紧密合作下，共同推动数据资产成功作价入股，并促成合资公司的成立，实现了数据资产向资本的有效转化。

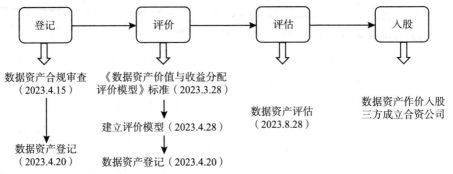

图 1 – 19 数据资产作价入股的过程

3. 案例启示

此次数据资产作价入股是青岛市将数据要素与技术和资本三种生产要素紧密融合，实现数据资产更大价值和更多模式的有益尝试，对深入推动数据要素市场化配置具有重要意义。签约三方将结合各自产业生态资源优势，依法安全合规推动公共数据开发利用，为"公共数据运营全国统一大市场"建设贡献力量。

当前，数据资源与产品的市场化为数据资产化提供了坚实的基础，让数据能以资产形式进行交易。这将为企业及其他组织提供强大的经济驱动力，促使它们积极整合与治理庞大的数据资源，进而探索数据作为新企业设立时除货币外的另一种出资形式。一旦新企业的投资者接纳了数据资产可以作价入股，他们将不遗余力地挖掘数据的内在价值，无论是直接应用于内部运营，还是转化为创新的数据产品推向市场进行交易，都将加速数据的流通与共享。因此，数据资产入股机制不仅是对企业和组织进行数据深度治理的有效激励，也是激发数据价值潜力、推动数据市场繁荣流通的积极举措。

1.4 数据资产化缓解专精特新中小企业融资约束的理论框架

本节通过解析数据资产化内涵与特征，构建数据资产化缓解专精特新中小企业融资约束的理论框架，为后续研究奠定基础。在数字经济时代，数据作为价值创造的核心要素，其资产化过程通过贯通企业研发、生产、销售等全流程的数字化管理，成为破解该类企业融资难题的关键路径。从理论层面看，数据资产化不仅重构了传统生产要素的价值实现方式，更通过数据要素的市场化配置机制，形成"数据积累—价值转化—信用增值—融资优化"的传导链条，为破解信息不对称、抵押物不足等融资痛点提供创新范式。

1.4.1 数据资产化缓解融资约束的演进路径

数据资产化对融资约束的缓解效应需经历"原始数据—数据资源—数据资产—数据价值"的链式转化过程，包含资源化、资产化与资本化三个阶段（见图 1-20）。该过程以企业全要素数字化为基础，最终实现数据价值释放。具体而言，企业通过构建覆盖研发设计、生产制造、供应链管理、市场销售等全流程的数据采集体系，形成海量异构数据池；继而通过多阶段价值提炼，使原始数据逐步具备资源属性、资产属性与资本属性，最终在融资场景中实现价值变现。

图 1-20 数据资产化缓解融资约束的演进路径

1. 数据资源化：数据价值奠基阶段

数据资源化作为基础环节，通过采集、清洗、标准化等处理手段，将分散于内外部系统的原始数据转化为结构化数据集。根据胡伟（2024），该阶段构建了跨部门、跨企业的标准化数据接口，显著提升信息传递效率与分析能力。具体而言，企业通过多元渠道获取原始数据后，经筛选提炼形成可复用、可整合的规范化数据资源，为后续价值开发奠定基础。在操作层面，需要完成三项关键任务：其一，构建多源异构数据采集系统，覆盖企业 ERP、CRM、SCM 等内部系统及政府平台、行业协会等外部数据源；其二，建立数据治理体系，通过数据清洗消除冗余信息，借助数据标准化处理统一格式规范；其三，搭建分布式存储架构，运用云计算技术实现数据资源的安全存储与高效调用。此阶段形成的结构化数据集，既包含企业生产经营的动态运营数据，也涵盖行业趋势、市场需求等环境数据，为后续资产化处理提供高质量"原料"。

2. 数据资产化：价值转化关键阶段

该阶段实现数据资源向数据资产的质变。现有研究指出，数据资产是具有经济价值的网络空间数据集，可分为资源型与交易型两类（朱晓琴等，2023；黄丽华等，2022）。前者源于企业生产经营过程，后者需通过专门化加工满足特定需求（陆岷峰等，2022）。徐涛等（2022）强调，两类资产均具有价值创造功能。通过资产化管理，企业能有效整合内外部数据资源，为创新活动与融资决策提供支撑。具体转化路径包括：其一，构建数据资产目录体系，对数据资源的权属关系、使用范围、价值维度进行确权登记；其二，建立数据资产评估模型，结合成本法、市场法与收益法对数据资产进行价值量化；其三，开发数据资产应用场景，通过机器学习算法挖掘数据资产在信用评价、风险预警、供应链金融等融资场景的应用价值。值得注意的是，资源型数据资产更侧重内部价值挖掘，如通过生产数据优化库存管理降低运营成本；交易型数据资产则注重外部价值变现，例如将用户行为数据加工为商业洞察报告进行市场化交易。

3. 数据资本化：价值实现终极阶段

此阶段通过三方面实现数据价值：其一，专精特新中小企业依托数据管理平台优化融资流程效率，通过区块链技术实现融资单据的自动核验与智能合约执行，可以压缩传统融资审批周期；其二，专精特新中小企业运用智能分析工具驱动融资决策，借助知识图谱技术构建企业多维画像，通过深度学习模型预测融资风险，提高金融机构授信准确率；其三，通过场景化应用激活数据资产流动性，例如将设备运行数据、订单数据等接入工业互联网平台，生成可信数字信用凭证用于供应链融资。该过程充分发挥数据乘数效应，最终达成融资约束的实质性缓解，提高融资可得性，降低融资成本。

综上所述，数据资产化呈现递进式演进特征：资源化阶段构建标准化数据基础，资产化阶段形成应用价值，资本化阶段实现价值倍增。这种三阶段转化机制，为专精特新中小企业破解融资困境提供了系统性解决方案。从实践维度看，专精特新中小企业需要建立"数据采集—治理—确权—评估—应用"的全生命周期管理体系，金融机构则需创新"数据资产质押融资""数据信用贷款"等金融产品，共同构建数据要素驱动的产融结合新生态。

1.4.2 数据资产化缓解专精特新中小企业融资约束的机理逻辑

基于数据资产化过程的运行机理，实现数据资产化的基础条件在于全要素数字化转换，即将实体资料记录转化为电子化原始数据，而数据流动性构成数据资产化的核心支撑。如图1-21所示，数据价值转化过程包含四个递进环节：其一，原始数据数字化，通过数字技术对接企业融资场景，实现多元生产资料的全域数字化采集与交互记录数字化呈现，为数据资源转化奠定基础；其二，数据资源结构化，通过建立采集、清洗、归集与存储的标准化流程，将非结构化数据转化为可计算、可分析的结构化形态，结构化处理显著提升数据接口的兼容性；其三，数据资产标准化，通过统一数据格式与接口规范，破除内外部数据壁垒，实现跨系统数据贯通与共享应用，推动数据资源向高价值资产转化；其四，数据价值显性化，运用智能分析工具融合数据运营技术与资产管理方法，构建数据驱动的价值创造机制，最终实现数据要素的资本转化。这四个层级递进的转化过程，系统性提升数据资产利用效能，为破解专精特新中小企业融资约束提供完整解决方案。

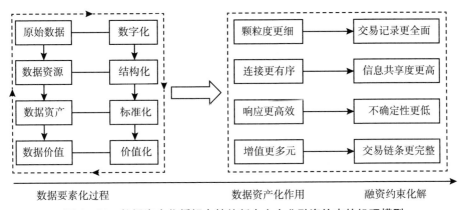

图1-21 数据资产化缓解专精特新中小企业融资约束的机理模型

综上所述，专精特新中小企业需通过构建"原始数据—数据资源—数据资产—数据价值"的全链条数据价值体系以缓解融资约束。这一过程需分阶段实施数字化、结构化、标准化与价值化处理：通过系统性采集分散于企业内外部系统、用户等环节的数据资源，经分析整合形成完整交易链条，提升交易记录完整性、信息共享度及确定性，降低融资约束过程中的信息摩擦；通过优化数据资源配置效率，充分释放数据要素在融资活动中的赋能价值。基于上述逻辑，本书构建数据资产化缓解专精特新中小企业融资约束的机理模型（见图 1–21），为后续实证检验数据资产化缓解专精特新中小企业融资约束的作用机制以及数据资产化缓解专精特新中小企业融资约束的价值效应提供理论基础。

1.4.3　数据资产化缓解专精特新中小企业融资约束的研究框架

在对数据资产化理论框架分析基础上，按照"是什么""为什么""怎么样""如何做"的逻辑顺承与内容递进原则，将本书的内容分解如下。

第一部分，数据资产化与专精特新中小企业融资理论概述，涵盖专精特新中小企业融资约束成因研究、数据资产化的概念及特征、研究动态及理论基础。其中，关于专精特新中小企业融资约束成因研究重点阐述专精特新企业特征与融资约束现状以及成因分析、数据资产化的概念及特征。然后提出数据资产化缓解专精特新中小企业融资约束的机理逻辑奠定本书的理论基础，以及关于数据赋能专精特新中小企业融资约束研究动态及理论基础，并在利用文献计量方法对数据资产化、专精特新中小企业融资约束研究文献梳理分析基础上，总结数据资产化对专精特新中小企业融资约束影响机理分析的重点理论，进而为揭示数据资产化缓解专精特新中小企业融资约束的机理研究提供理论铺垫。

第二部分，数据资产化对融资约束影响逻辑研究，涵盖专精特新中小企业数据资产化本质属性以及数据资产化对专精特新中小企业融资约束的过程机制。通过分析数据资产化本质属性，基于数据金字塔模型探究了数据资产化缓释专精特新中小企业融资约束的内在机理，以探索从原始数据到融资约束化解的过程。本部分采用双案例归纳式研究方法进行深入分析，探索数据资源到数据资产的转化过程机制，为数据资产化缓释专精特新中小企业融资约束提供理论逻辑。

第三部分，数据资产化对融资约束影响机制及化解效应研究，涵盖数据资产化缓释融资约束的机制研究、机制的效应检验以及数据资产化缓解融资约束的演化博弈分析。从两个方面研究数据资产化对专精特新中小企业融资约束的影响：一方面，从资源视角回答数据资产化缓释专精特新中小企业融资约束的内在机理，以探索从原始数据到融资约束化解的路径，为数据资产化缓释专精特新中小企业融资约束提供理论参考。主要在理论分析基础上构建研究假设，并通过现场访谈等方式对专精特新中小企业进行调研，基于所获取的数据和固定效应模型实证检验数据资产化缓释专精特新中小企业融资约束的作用机制，为拓展和丰富数据资产化缓释专精特新中小企业融资约束的作用机理研究提供经验证据。另一方面，探究了数据资产化缓解融资约束的演化博弈模型，通过演化稳定分析证明了引入数据资产化可以缓解专精特新中小企业融资约束。

第四部分，数据资产化对专精特新中小企业融资约束的对策设计，通过探讨专精特新中小企业融资约束政策发展演变及特征分析，深入分析政策的形成背景、政策出台的目的、政策之间如何实现协同，即通过政策文本解读政策意图和形成政策落实建议，从而为本书在前述理论分析和实证检验基础上，提出数据资产化缓解专精特新中小企业融资约束的对策体系，为我国政府出台相关政策提供理论依据和参考借鉴。

第2章 数据资产化缓解专精特新中小企业融资约束的研究动态

本章对数据资产化、中小企业融资约束，以及数据资产化缓解融资约束的相关文献进行梳理。一是梳理国内外数据资产化、中小企业融资约束的文献，包括研究方法、研究问题和研究结论三方面，可以为研究方法选取等方面提供铺垫；二是利用文献计量软件 CiteSpace 对国内外关于数据资产化以及中小企业融资约束方面的文献进行计量分析，包括关键词共现分析、关键词聚类分析和热点方向演化趋势分析，为掌握本领域内研究动态提供分析基础；三是从研究内容、研究方法和应用实践方面对数据资产化与中小企业融资约束的研究进行梳理，为研究数据资产化对中小企业融资约束的影响机理问题，在研究方法选取、研究内容设计和对策建议等方面提供相应的理论和方法基础。

2.1 数据资产化的研究现状与动态

随着大数据在各行各业的逐渐普及，数据在企业管理中地位不断提升，在企业的实际经营与管理中，数据已经具备成为企业资产的基本条件，数据资产化概念一经提出，便引起了学界和企业的广泛关注。本节主要是对数据资产化的研究现状及发展动态进行梳理。一是对数据资产化的相关研究文献进行概述，从数据资产化的内涵研究、数据资产化自身特征及治理研究、数据资产在具体应用场景的计量评估等方面展开文献梳理；二是追踪数据资产化的热点与趋势，分别采集中国知网（CNKI）的 CSSCI 数据库和 Web of Science（WOS）核心集数据库中的中英文文献作为数据来源，构建基于 CiteSpace 的多维计量图谱，通过共现网络解析、聚类拓扑识别及时序演进轨迹图谱绘制，提炼领域知识结构特征与演进规律，为研究提供理论框架建构基础；三是对数据资产化研究情况进行总结，为后续深化数据资产化的理论研究和实证检验提供必要的分析基础。

2.1.1　数据资产化的相关研究概述

1. 数据资产的概念界定

数据的存在形式从以前的较为单一分散到现在向集约化、规范化方向发展。随着技术手段不断进步，海量的数据逐渐向数据资源转化，尽管数据资源日益丰富，但是还未形成真正的数据资产。理查德·彼得森（Richard Peters）于 1974 年提出数据资产的概念，认为数据资产包括政府债券、公司债券和实物债券等资产。随着数字经济的发展，学者们从多个视角对数据资产进行界定：从供给角度将能够在未来生产中重复使用的数据界定为数据资产（Rassier et al.，2019）；从过程角度将数据资产化界定为赋予数据市场价值的过程，也是使数据增值的过程（李琳，2021；黄丽华等，2021）；从场景角度将数据资产定义为拥有应用场景且在生产过程中被反复或连续使用一年以上的数据（许宪春等，2022）。朱扬勇等（2018）认为，一个数据集要成为数据资产，必须满足四个基本条件：权属清晰、价值、成本或价值可计量性和可读取性；侯彦英（2021）区分管理学意义上的数据资产和会计学意义上的数据资产，并对两者的定义和应用进行了深入剖析，前者主要关注数据的整合与确权工作，后者还强调数据的价值创造。

一般来说，数据资产的权属主要包括数据的所有权和使用权。这两种权利均具有财产属性，由于数据产生的场景各异且大多数情况下是多主体共同作用产生，这在实际操作中给数据资产所有权的确定带来了一定挑战。数据所有权与数据使用权是相辅相成的关系，数据所有权是使用权的基础，只有所有权得到确定后，使用权才显示其价值所在，才可以被行使或转让。由于使用权二次行使几乎没有成本，因此一般情况下不允许二次转授。数据所有权的确认是进行数据资产化的前提条件，是对数据资产确认、计量的基础。

2. 数据资产化的概念界定

数据资产化是实现数据价值的核心，是通过将数据与土地、技术等其他传统生产要素结合，赋能企业生产、销售、投资、融资等多个场景，从而实现数据资源向数据资产的转换过程。

通过检索中国知网（CNKI）的 CSSCI 数据库，按研究文献的被引频次、被检索文献的影响因子等，对相关文献进行梳理分类，与数据资产化相关研究主要集中在数据资产方面，可简要概括为数据资产财产权的法律构建、价值评估和定价，以及数据资产作为生产要素及管理、政企不同领域的认定处理，相关的代表性文献如表 2 - 1 所示。

表 2 - 1   **数据资产化的部分代表性研究文献**

文献	研究方法	研究问题	主要结论
龙卫球 （2017）	理论研究	数据作为资产对个人和企业的法律建构及权益配置	提出有必要区分个人信息和数据资产并进行财产权化的双阶段构建
尹传儒等 （2021）	理论研究	数据资产的价值管理	提出数据资产价值指数概念，衡量数据资产相对价值
欧阳日辉等 （2023）	案例研究	公共开放数据价值评估方法	建立"数据赋智"框架，探索更科学的价值评估模型
李春秋和 李然辉 （2020）	案例研究	基于业务计划和收益的数据资产价值评估研究	评估判别核心资产，有针对性地制定相应数据资产管理策略
赵丽和李杰 （2020）	案例研究	大数据资产的定价问题	提出用重置成本法、收益现值法等构建三阶段讨价还价模型，进而完成数据资产定价
张俊瑞和 李文婷 （2023）	实证研究	客户集中度对数据资产信息披露的影响	客户集中度通过恶化企业信息披露质量、降低企业创新能力两个渠道导致数据资产信息披露水平降低

通过梳理数据资产概念界定的文献可以发现，数据资产化的相关研究从研究方法来说既有理论研究也有案例研究，实证研究很少。虽然学者们研究

数据资产的视角不同，但在概念定义上存在共同点，即都从资产的定义以及数据的特征出发。因此可以借鉴王勇等（2023）的研究，对数据资产进行定义，认为数据资产是能够给企业带来未来的经济利益，且能够被反复和连续使用一年以上的具有明确的经济所有权归属和收益性的数据资源。

2.1.2 数据资产化的研究热点和趋势

1. 数据采集与研究方法

以中国知网（CNKI）的 CSSCI 数据库作为文献数据源，选择"数据资产""Data asset""Data valuation"作为文献检索主题词，按主题相关性程度高低排序，采用 Refworks 文献格式，导出的文献信息包括作者、机构、关键词、摘要、发表时间等。数据要素的制度搭建是数据资产化的基础环节，虽然明确提出探索数据资产"入表"新模式是在 2022 年底，即《中共中央　国务院关于构建数据基础制度更好发挥数据要素作用的意见》（以下简称"数据二十条"）正式出台，但是数据资产研究在 2012 年开始出现。具体做法如下：从数据库获取 2012—2024 年初的文献数据，文献检索日期为 2024 年 2 月。通过阅读文献检索记录结合 CiteSpace 软件去重功能，剔除非正式发表文献，以及会议综述、书评等非学术文献。最终得到 648 条有效文献记录数据资产化。通过对词频统计、关键词共现，以及时间线聚类，归纳数据资产化研究的焦点和研究的热点。

2. 数据资产化研究领域关键词共现分析

关键词共现分析是根据关键词共同出现情况，分析某一领域的研究方向与研究趋势（陈悦，2015）。将有效文献数据导入 CiteSpace 软件，设置时间切面为 1，选择剪切关系中的最小生成树选项，生成中文和英文的关键词共现图谱（见图 2−1）。在数据资产化为主题词的关键词共现分析中，圆形文献节点的大小反映了关键词的频次，圆形越大说明该关键词出现频次越高。文献节点之间的连线表示关键词之间的共现频次，连线越粗说明两个关键词之间共现频次越高。在关键词共现图谱中，连线的深度代表文献的年份信息。

图 2 - 1　数据资产化研究领域关键词共现图谱

　　根据对关键词的词频统计，排名靠前的高频关键词主要涉及：数据资产、数字经济、数据治理、大数据、数据要素、数据资源、区块链、价值评估、数据交易、数据中台等，结合发文量统计结果，可知有关数据资产化的研究热点主要集中于数据资产定义以及数据资产在市场中的地位和管理方式等方面。

3. 数据资产领域关键词聚类分析

　　由关键词聚类分析结果可知，数据资产化中文研究的演变路径为数据自身的治理及特征问题到数据资产在具体情景中的应用。据此，本节将数据资产化中文文献的具体研究内容归纳为以下两大研究主题。

　　（1）数据自身特征及治理。国内对于数据资产化研究起步较晚，目前的研究成果集中讨论了大数据、数据资产、数据治理、区块链等关键数据问题。"大数据"覆盖的研究主题有柔性治理、数据仓库、数据管理、平台技术等。从数据资产的产生、使用直到最终归档与销毁，是一个完整的生命周期，在其中的每一个环节都会涉及管理，以便清晰地掌握数据资产在每一阶段的真实情况，并利用好数据资产创造出最大价值（穆勇等，2017）。数据治理中，由于不同行业数据资产存在明显价值鸿沟（严鹏等，2023），因此数据治理没有形成统一的方案，需要具体问题具体分析。目前关于数据治理的研究主要集中在两个方面：一个是政府数据治理（陈天祥等，2021）；另一个是社会各领域各行业的数据治理，如教育数据治理（周炜，2021）、网络平台治理（汪旭晖和张其林，2017）、金融数据治理等（夏诗园和尹振涛，2022）。数据作为新型生产要素具有独特特性：一是非排他性，不同的人可以同时使用同一份数据；二是规模效应，随着技术水平的增长，数据的规模呈指数型增长；三是可再生性，几乎没有损耗，使用量越大反而会越增加其价值；四是渗透性强，与其他生产要素结合都能产生价值（陆兴凤和曹翠珍，2022）。这些特性决定了数据治理的高难度和复杂度，也是未来数据资产化研究的重难点方向。数据化的生产要素可沿着企业生产链条流动，并与价值创造过程相伴而动，能够有效突破企业组织边界限制（李晓华和王怡帆，2020），具有促进企业生产要素配置的双重创新性，对经济增长具有直接效应和溢出效应（徐翔和赵墨非，2020）；数据资产信息的共享性和零成本复制性使得数据资产的管理和在传统会计体系中的地位还尚有争议，未来相关的研究会越来越多。

（2）数据资产在具体应用场景的计量评估。数据资产的测量方法有传统测量方法和博弈法、实物期权法、多层次分析法等衍生测量方法。郑世林和杨梦俊（2020）认为成本法是将数据生产过程中的各项成本加总，包括劳动成本以及使用成本等。许宪春等（2022）考虑到数据资本化的供给和使用两个阶段，对成本法进行调整，得到"调整的成本法"的数据资产的估值公式。雷小乔和张芳（2023）认为收益现值法能更好地反映数据资产的收益性，更好地推动数据资产的合理定价和收入分配。黄乐等（2018）则结合了成本法、市场法和收益法的特点，构建了平台数据资产价值评估模型，充分考虑到了数据资产的总收益、数据商品成本、数据经营成本等因素，较全面体现了数据资产的价值。欧阳日辉和杜青青（2022）基于数据要素的特性，提出了重点考虑数据质量、数据量、数据集、客户感知和价值等方面的测量方法。孙俐丽和袁勤俭（2019）通过德尔菲法和层次分析法构建了数据质量评价指标体系。尽管众多学者提出了自己的观点，但是学术界未形成统一的测量方法，数据资产化作为企业未来发展的必然走向，加强数据资产未来评估测量方法的研究也越来越重要，但现阶段的数据资产化的政策体系建设以及评估方法完善有待进—步优化。在具体的数据资产化实践中，有学者从草地资产管理实践中，通过建立数据中心推动数据资产化（简帅等，2023），医疗行业中，构建医疗健康大数据资产价值实现模型，从技术上推进数据资产化（翟运开等，2023）。

在对关键词共现分析基础上，使用 LLR 聚类算法进行聚类分析，即对数极大似然率算法，以寻找最适合的聚类标签。选择其中的聚类功能，CSSCI 文献自动识别出 11 个聚类标签（见图 2 - 2），即大数据（#0）、数据资产（#1）、数据治理（#2）、区块链（#3）、数据交易（#4）、价值评估（#5）、会计计量（#6）、数字经济（#7）、数据资源（#8）、数据安全（#9）、银行业（#10）等。

图 2 - 2　数据资产化研究领域关键词聚类图谱

由图 2-2 可知，通过比较聚类形成的主题关键词和高频关键词，各个聚类整体十分清晰，结合关于数据资产化的文献，数据资产化领域研究主要有以下关注点。

#0 大数据。"大数据"覆盖的研究主题有柔性治理、数据仓库、数据管理、平台技术等，随着数据保持高速增长，大数据在经济社会中的热度也是居高不下。如何管理庞大的数据，利用大数据更好地为数据资产化服务是近年来的研究热点问题。

#1 数据资产。"数据资产"相关主题词包括数据要素、企业档案、会计信息、高质量发展等。数据资产信息的共享能够显著促进医疗、项目管理及科技服务企业高质量发展，进而获得良好的融资绩效（Wang et al.，2018；孙颖等，2021），还可以使中小企业租用平台企业数字化生产资料，降低运营成本，减少融资约束（叶秀敏等，2021）；数据资产具有"类知识产权"的金融属性，可作为质押物进行融资，也可通过数据资产投资信托基金进行证券化（曹硕等，2021），也可采用区块链通证发行、交易和流通（郑磊等，2020）进行融资。未来相关的研究会越来越多。

#2 数据治理。"数据治理"涉及的研究主题包括企业、高校、主数据、元数据等。可以看出在数据治理方面研究重点在于在不同环境下，如何为组织提供最大价值。数据治理项目本身不直接产生收入或直接降低成本、风险，但它通过影响其他事务的输出来创造价值。

#3 区块链。"区块链"涉及的研究主题包括数字技术、数据中台、去中心化、价值链等。区块链本质上是共享数据库，也是去中心化的数据库，区块链是数据资产管理的重要工具，凭借技术原生特性，在信息安全、信用建设以及监管革新等方面凸显着优势，实质上是对数据资产化在具体企业流程中的数字化重构（马治国，2023）。目前区块链技术在城市政务数据（李国良等，2023）、交通大数据（肖枫等，2023）、NFT 数字藏品（张丰合等，2022）等领域都有较好的应用。作为底层技术，其对于数据资产化的工具作用十分重要，因此区块链也是当今的研究热点。

#4 数据交易。"数据交易"相关主题词包括数据定价、公共数据、数据流通、数字政府等。我国数据交易市场的发展目标是实现场内外市场的融合和互联互通，促进数据流动和价值发现。数据资产化是推动数据交易的一个

重要环节。考虑行业发展阶段和政策环境等利好因素，中国数据交易市场仍能保持较快增长，因此也是学者专家们研究的重点。

#5 价值评估。"价值评估"相关主题词包括信息生态、智能决策、价值挖掘、评估方法等。数据资产的价值评估方法目前尚未统一，随着各地持续从数据资产流通等方面入手推进布局数据要素市场，未来价值评估依然会作为数据资产化的重难点被专家学者们所研究。

#6 会计计量。"会计计量"相关主题词主要包括信息披露、会计确认、文本分析、业财融合等。数据资产的确认时点的特殊性决定了只有在数据加工彻底完成后才能进行确认，数据资产的会计计量过程需要考虑信息披露、业财融合的多个方面，学者们认为数据资产兼有无形资产和有形资产、流动资产和长期资产的特征（朱扬勇等，2018；张俊瑞等，2020），其测度方法主要有市场法、成本法、收益法及基于大数据的评估模型（赵丽和李杰，2020）。许宪春等（2022）基于数据价值链对数据生产活动的成本进行了解析，认为数据支出资本化核算要考虑供给和使用两个阶段，应采取调整的成本法进行核算。未来对更加科学的计量方法的探索是很重要的研究方向。

#7 数字经济。"数字经济"相关主题词包括数据、税收治理、可税性、税收制度等。数字经济发展当前面临大量机遇，数字经济的发展将给数据资产化提供更加规范合理的市场服务体系以解决数据资产的封装、确权、追踪、税收等问题。

#8 数据资源。"数据资源"覆盖的研究主题有数据要素、数据资本、价值化、金融属性。数字经济时代，数据资源的来源渠道更加丰富，不仅包括企业内部数据，还包括外部市场调研数据、用户生成数据等。对数据要素的整合处理形成数据资源，然后将数据资源价值化形成数据资本和数据资产，数据的金融属性也日益强化，未来数据资源也会成为研究的热点。

#9 数据安全。"数据安全"涉及的研究主题包括数据共享、数据管理、数据标准、金融数据等。数据安全是数据资产化的重要保障，没有数据安全的强大背书，数据资产化是难以推进的，由此可以看出数据安全在未来一段时间内会保持较高热度。

#10 银行业。"银行业"相关主题词包括数据质量管理、商业银行、

数据标准化、防范金融风险等。商业银行在数据资产新时代更需要银行业的数智化转型，推动数据标准化，加强数据质量管理，防范金融风险，因此，在未来较长时间里，数据资产化在银行业的发展也会是学者们研究的热点。

4. 数据资产化研究领域热点研究方向的演化趋势分析

利用关键词的时间线聚类方式来探索数据资产化研究领域的研究方向的演化趋势，选择 CiteSpace 软件中的时间线视图，较为直观地展示数据资产化研究领域关键词的演变。使用 CiteSpace 软件分析的基础参数设置与关键词共现分析保持一致，图 2-3 展示文献主要研究方向的不同关键词随时间线的动态变化过程，各聚类时间线长度代表该聚类的活跃持续时长。

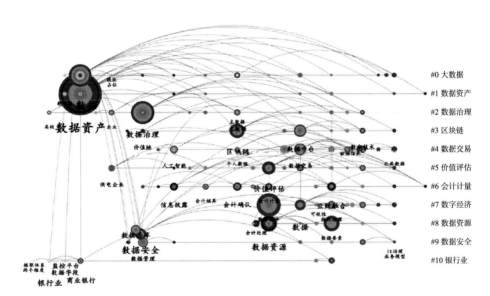

图 2-3　数据资产化研究方向主题热点演化图

结合本研究主题，主要针对文献中有关大数据、数据资产、数据治理等热点方向的演化趋势展开分析，具体如下。

以#1 为主的数据资产研究方向，自 2012 年开始一直持续到 2024 年。

大数据与数字化是活跃期内讨论的核心主题，随着数字技术的进一步发展，越来越多的学者对大数据和数字化在经济发展和国家治理中的作用展开研究。数字化的理论研究已成为学术文献关注较多的领域，旨在为经济高质量发展问题的研究寻找新切入点。同时，对企业数字化解决方案、平台企业的相关研究也开始逐渐增多。数据资产的研究热点有定义和确认以及问题，数据资产概念尚未统一，研究者们大多根据不同视角和方式进行定义，目前较为科学合理的是从资产视角和资源视角。资产视角是从传统资产的定义出发，指的是采用电子方式记录的、由企业过去的交易或事项形成的、并被企业拥有或者控制的、预期会给企业带来经济利益的资源。这种定义方式忽视了数据资产的社会属性，而只注重了经济价值，不能更全面地反映数据资产的整体价值。资源视角是把数据资产看作较为一般的数据，需要加工成不同的形式以适应不同主体的需求进而发挥数据资产的资源价值属性。这种定义方式兼顾了数据资产的经济属性和社会属性，使得数据资产在不同数据主体中的价值能被更客观地反映。因此，本研究认为数据资产是组织或企业拥有或控制的，以网络为载体的兼具经济价值和社会价值的资源。

以#2 和#3 为主的数据治理方向，该聚类研究持续时间较长。2012—2024 年的研究主题关注数据治理的领域主要包括高校、企业等，数据治理的主要内容涉及主数据和元数据等一些数据专有名词细分。现有文献对数据资产化的影响研究大多集中于企业治理，如企业高质量发展、企业的运营效率以及企业价值等方面。孙颖和陈思霞（2021）以科技服务企业为样本，发现数据资产能降低企业发展的不确定性和企业试错成本，通过对发展领域的精准定位，能有效提高企业发展水平，实现企业的高质量发展。俞林等（2021）指出数据既是基础性的战略资源又是关键性生产要素，其能够对其他生产要素产生倍增作用，通过对数据的精准对接，能够促进要素流动，有利于实体经济与数字经济的融合贯通，实现经济高质量发展。

以#4 和#5 为主的数据价值和交易方向，该方向的主题研究自 2019 年开始活跃，一直持续到 2024 年。2020 年，数据交易、人工智能、数据信托等新一代数字化相关概念在研究中被广泛讨论，2021 年更加重视数字信托在数字金融中的作用机制的研究，2022 年关注重点延伸到数字技术对数据资产化等方面的理论研究，这与近年来我国数据市场化相关政策息息相关。数据资产交易方法都针对具体的应用情景，缺少统一的数据标准规范。而数据交易平台则提供了一个相对统一的市场规范。目前主要有第三方数据交易平台和综合数据服务平台，如何发挥平台作用是数据采集准确度提高的关键（王卫等，2019）。在数据交易市场中，应按照数据资产定价和数据市场成熟度采用不同的定价策略（黄倩倩等，2022）。

以#6、#7 和#8 为主的会计计量方向，该方向的主题研究持续时间至2024 年。比起其他方向，对数字技术的探讨相对较少。该方向在数据资产价值评估方法、数据治理方式和数据的选择、各种数据治理运营模式如集中式、分散式、联邦式，在哪种情形下选择哪种数据运营模式更能发挥数据资产的真实价值尚未有明确结论。传统的测量方法主要包括成本法、收益法以及市场法，衍生的测量方法主要包括博弈法、实物期权法、基于 AHP 的评估法以及人工智能法等。有的学者从数据特征的角度入手，提出了包含价值的指标、数据属性指标、固定和边际成本指标等维度的价值评估体系（许宪春等，2022）。目前对于数据资产尚没有统一的测量方法，而数据资产化作为数据市场发展的大势所趋，加强对数据资产价值以及评估方法的研究也越来越重要，但现阶段仍面临缺乏对相关政策体系的研究、数据资产应用型研究相对较少、评估方法仍有提升空间等问题（尹传儒等，2021）。当前，随着云计算、区块链等新一代信息技术的不断创新应用和各行各业发展衍生出对新的数据需求，如何在业财融合基础上实现数据资产会计确认、计量的科学化仍是需要解决的难题。

以#9、#10 为主的数据安全和数据管理方向，该研究方向活跃时间在2015 年。2015 年主题词拓展研究相比起其他年份较为丰富，如数据共享、数据安全，这与共享经济、平台经济等新模式的研究紧密相关，但在 2016年以后研究热度有较明显的下降，这可能与数字经济新的研究热点形成有一定的关系。随着数字经济与实体经济融合发展，保障数据资产化的安全和可信度相关研究将可能成为这一方向的新趋势。

2.1.3 数据资产化研究小结

综上所述，主要得出以下结论。

　　当前对数据资产化的研究主要集中在数据分析、数据决策、数据编排、数据资产评估等方面。学者在研究数据资产化问题时，更加聚焦在不同类型、不同产权性质的企业，如专精特新企业、民营企业等。从不同主题热点的演化图谱来看，随着数字经济发展以及数据资产化的不断深入，对中小企业这一主题的关注度将会继续增加。同时，新一代数字技术的发展在中小企业数据资产化方面的研究热度呈现出增长趋势，尤其是对数字资产化如何结合传统生产要素赋能企业发展将是研究的重点领域。

　　对于数据资产化的理论研究，需要结合具体的场景在理论基础、研究方法和理论模型等方面进行拓展，尤其是应结合具体研究场景，明确数字技术等因素在数据资产化过程中发挥作用的边界条件，以更好地认知数字经济背景下影响企业数据资产化的前置因素，揭示不同因素的复杂作用关系，探索形成数字经济背景下企业数据资产化的路径。

2.2　中小企业融资约束的研究现状与动态

　　自法扎里等（Fazzari et al.，1988）正式提出融资约束后，该问题得到广泛关注，主要从资本结构、企业规模及政治关联等方面研究融资约束对企业经营的制约及如何缓解融资约束（邓可斌等，2014）。中小企业融资约束问题长期存在，专精特新中小企业同样面临众多中小企业融资共性难题（董志勇等，2021），原因主要是信用缺失、硬信息不足造成的信息不对称（朱武祥等，2020；Mittal et al.，2021），学者们主要从知识产权质押融资、专利融资、项目融资、供应链融资等方面破解其融资约束。数字化时代基于数据的决策逐渐成为主流（徐宗本等，2014），数字化能增加信息的可获得量、提高信息获取便捷度和准确率、降低信息不对称（罗斌元和王芳铃，2021）。数据资产化成为数字经济资本深化的标志，数据资产有"类知识产权"的金融属性，可被有偿共享、作为融资凭证或者证券化，为破除信息不对称，破解融资约束提供了新的可能。本节重点对中小企业融资约束现状，以及数字经济下融资约束相关研究动态进行梳理。具体涉及：一是数字背景下中小企业融资约束文献梳理，从融资现状、融资理论、融资渠道等方面展开。二是追踪中小企业融资约束的热点和趋势，采集 WOS 核心集数据库的英文文献作为文献计量数据来源，选择文献计量工具 CiteSpace 对关键词共现分析、聚类分析，以及时间线聚类分析，总结归纳研究的焦点和热点。三是对中小企业融资约束研究情况总结，为后续深化中小企业融资约束的理论研究和实证检验提供必要的分析基础。

2.2.1　中小企业融资约束的研究热点与趋势

1. 数据采集与研究方法

以 CSSCI 数据库和 WOS 数据库作为文献数据源，"中小企业融资""中小企业融资约束""Financing Constraints""Financing Restriction"作为文献检索主题词，按主题相关性程度高低排序，采用 Refworks 文献格式，导出的文献信息包括作者、机构、关键词、摘要、发表时间等。自 2014 年以来，国务院多次提到中小微企业，9 月发布《关于多措并举着力缓解企业融资成本高问题的指导意见》，首次有针对性和具体化地提出了缓解中小企业融资难的十条意见，之后有关政策也开始大量涌现，形成缓解中小企业融资约束的组合拳。因此本研究从数据库获取 2014—2024 年的文献，文献检索日期为 2024 年 3 月。通过阅读文献检索记录和 CiteSpace 软件去重，剔除非正式发表和非学术文献，最终得到来源 CSSCI 期刊的 537 条有效文献记录和来源 SSCI 期刊的 1002 条有效文献记录。据此，采用 CiteSpace 软件进行文献可视化研究，通过对词频统计、关键词共现及时间线聚类，归纳数据资产化中小企业融资约束研究的焦点和热点。

2. 融资约束英文文献分析

本书运用 CiteSpace 软件，对中小企业融资约束的英文文献进行了关键词聚类图谱和关键词聚类情况的分析（见图 2－4）。

文献分析后生成 10 个聚类，这些聚类是确定研究主题的基础，包括投资（investment）、资本结构（capital structure）、家庭理财（household finance）、研究开发（research and development）、成长性（growth）、财务限

制（financial constraints）、银行贷款（bank lending）、货币政策（monetary policy）、信息不对称（asymmetric information）、企业成长（firm growth）、聚类模块值（modularity）$Q = 0.7248 > 0.3$，聚类结构显著，聚类平均轮廓值（weighted mean silhouette）$S = 0.8777 > 0.7$，聚类非常合理。

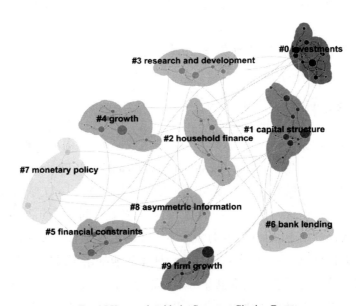

Top 15 Keywords with the Strongest Citation Bursts

Keywords	Year	Strength	Begin	End	2014–2024
panel	2014	6.37	2014	2017	
entry	2014	3.45	2014	2015	
international trade	2016	4.1	2016	2019	
models	2014	3.98	2016	2018	
matter	2016	3.8	2016	2017	
decisions	2016	3.24	2016	2019	
financial development	2015	6.75	2017	2019	
financial crisis	2017	4.27	2017	2020	
corporate finance	2017	3.28	2017	2020	
management	2017	3.21	2017	2018	
transmission	2020	3.2	2020	2021	
demand	2022	4.03	2022	2024	
china	2022	3.62	2022	2024	
house prices	2022	3.22	2022	2024	
liberalization	2022	3.22	2022	2024	

图 2 - 4 英文文献关键词聚类图谱和关键词突现分析

由关键词突现分析结果可知，融资约束英文研究的演变路径是：融资约束自身特征→融资约束企业及市场层面。据此，本书将融资约束英文文献的具体研究内容划分为以下两大研究主题。

（1）融资约束自身特征。中小企业在创业初期、中期和后期三个不同的业务发展阶段的各种融资来源的可得性和性质，非正式融资和银行融资是中小企业融资的主要方式。来自个人投资者和私营公司的融资和非正式融资始终是所有公司在所有阶段的主要来源，银行融资和风险资本尚未成为重要来源，特别是在开办和早期阶段。企业通过提高高管财务素养（Tian G，2022）、推动企业自身的数字化转型（Guo L，2023）、发展金融科技（Chen H，2024）等方式都能提高中小企业的绩效，进而缓解企业融资约束。

（2）融资约束外部市场表现。不同中小企业贷款的范围、类型和定价存在差异，这是由制度和法律环境的差异所驱动的，政府的研发补贴对中小企业贷款质量提供了积极的信号，以便中小企业更好地获得长期借款（Meuleman M，2012）。在政府创新补贴和企业研发投入中，融资约束是实现这一机制的关键中介变量（Sun H，2023）。数字金融发展和推广对帮助中小企业创新和激发创新具有显著的积极影响，这种效果是通过缓解企业融资限制来实现的。除此之外，数字金融对不同产权性质的企业具有不同的激励作用（Wu Y，2022）。信用担保对融资约束有缓解作用（Yu J，2022）。投保结合合同（IGC）是为克服中国中小企业的融资限制而开发的金融创新（Gan L，2022）。

3. 中小企业融资约束中文文献分析

本书运用 CiteSpace 软件对中小企业融资约束相关的中文文献进行了关键词聚类图谱和关键词聚类情况的分析，并生成了相应的图谱（见图 2 - 5）。

文献分析呈现了 11 个聚类，这些聚类是确定研究主题的基础，包括中小企业、融资约束、融资、企业融资、金融科技、信贷配给、融资效率、信用风险、数字金融、知识产权、众筹模式。聚类模块值 $Q = 0.8453 > 0.3$，聚类结构显著，聚类平均轮廓值 $S = 0.8801 > 0.7$，聚类非常合理。

由关键词突现分析结果可以发现，中小企业融资约束中文研究的演变路径是：企业内部融资各个环节→企业外部融资环境研究。

Top 14 Keywords with the Strongest Citation Bursts

Keywords	Year	Strength	Begin	End	2014–2024
高校	2012	1.69	2012	2017	
大数据	2013	10.23	2014	2019	
数据管理	2015	1.68	2015	2020	
信息生态	2017	1.69	2017	2019	
数据开放	2018	1.97	2018	2018	
主数据	2018	1.82	2018	2019	
数据治理	2015	5.03	2020	2021	
数据中台	2020	2.37	2020	2021	
智慧校园	2020	1.8	2020	2020	
政府数据	2020	1.72	2020	2022	
数据交易	2020	2.14	2021	2022	
数据共享	2015	1.61	2021	2022	
数据要素	2021	3.88	2022	2024	
公共数据	2023	1.88	2023	2024	

图 2 – 5　中文文献关键词聚类图谱和关键词突现分析

（1）内部融资环节研究。企业面临较大融资约束时，面对潜在的投资机遇常常无法及时有效地筹集到资金，因此失去了一些好的投资机遇（翟玲玲等，2021）。逆向选择和信息不对称以及代理问题是企业受到融资约束的主要原因（苏亚民和毕妍，2023）。由于信息不对称是融资约束产生的重要原因，因此信息透明度的提高是缓解融资约束的关键（逯东等，2021）。对于衡量融资约束的方法，学者们也提出了不同意见。传统衡量企业融资约束的方法有 SA 指数、WW 指数等方法，李波和程悦（2021）从声誉机制视角出发，认为通过提高企业实际控制人的市场声誉，可以有效缓解民营企业融资约束，并提出了现金—现金流敏感系数的融资约束识别策略。

（2）外部融资约束研究。优化金融市场结构能够有效减轻中小企业融资的难题。在我国，银行依然是中小企业融资的主要渠道。一个中小银行规模占比较高的银行业结构，对于缓解中小企业融资约束具有显著作用（盛虎等，2020）。此外，银行业结构的分散化以及中小金融机构的涌现，对于缓解中小企业融资约束起到了不可或缺的作用（姚耀军和董钢锋，2015）。从创新资源配置角度出发，创新资源配置对资金需求很大，因此企业创新研发投资普遍存在融资约束问题，而完善的市场估值能够缓解这一约束（王立明，2023；潘红波和杨海霞，2022）。然而，田国强等（2019）研究发现，地方政府高负债，引发金融资源的不匹配，造成了金融体系效率降低。同时国外学者金特尔和清泷（Gertle & Kiyotaki，2015）、拉克达瓦拉（Lakdawala，2018）研究发现金融体系低效率会对企业融资和实体经济产生消极影响，因为地方政府更容易从区域性银行等地方性银行机构获得贷款（刘冲和郭峰，2017），对中小企业造成信贷挤压。

供应链金融的存在能够缓解中小企业融资约束，缓解路径是通过减少链中信息不对称程度，好的审计意见可以提高中小企业内部信息透明度，从而有利于供应链金融的发展，降低交易成本，形成多方约束缓解（齐亚博，2024；罗兴等，2023；彭桃英和谭雪，2013）。而鲍长生（2020）却持相反观点，使用博弈论的方法发现供应链金融并未缓解融资问题，这是由于大中小企业市场地位不对称引起的。除了供应链金融外，数字金融也能有效缓解融资约束，推动科技创新。在传统金融模式下受约束越强的中小企业，数字金融的融资约束缓解效应越明显（聂秀华和吴青，2021；刘莉和杨宏睿，2022；卫世如等，2023）。除了数字金融外，降低管理者决策过程中的非理性代理成本，扩大中小企业信用规模和银行借贷规模也能缓解企业融资约束

（张红伟等，2023；苏亚民和毕妍，2023）。

2.2.2 中小企业融资约束研究的主要结论

通过文献梳理分析，主要得出以下结论。

当前国内外对中小企业融资约束的研究主要集中在内部因素和外部因素两个层面：内部因素主要包括企业现金流（Becchetti et al.，2010）、现金持有量（梁微和葛宏翔，2023）、管理层相关因素（许端端和罗焰，2023）；外部因素包括金融体系影响（梁榜和张建华，2018）、政府政策（贾洪文和程星，2022）、货币政策调节效应影响（于欣晔和冯永琦，2023）等。国内学者在研究中小企业融资问题时，更加聚焦在不同类型、不同产权性质的中小企业，如专精特新中小企业、民营中小企业等。

从不同主题热点的演化图谱来看，随着中小企业地位的不断上升以及政府对中小企业的支持力度持续加大，对中小企业融资约束这一主题的关注度将会继续增加。同时，以人工智能等新一代数字技术的发展，中小企业融资约束研究的热度不断增长，尤其是中小企业融资约束在创新、高质量发展等方面的缓解措施将是研究的重点领域。

对于中小企业融资问题的理论研究，由于产权性质和企业类型方面的差异，现行融资因素理论分析的异质性等，需要结合具体的场景在理论基础、研究方法和理论模型等方面进行拓展，尤其是应结合具体研究场景，明确内部和外部因素在缓解中小企业融资约束过程中发挥作用的边界条件，以更好地认知新的数字经济背景下影响中小企业融资的前置因素，揭示不同因素的复杂作用关系，探索形成数字经济背景下中小企业缓解融资约束的路径。

2.3 专精特新中小企业数据资产化缓解
融资约束研究现状和动态

随着我国经济发展向高质量迈进，产业链关键环节经常出现"卡脖子"

现象，培育一批专精特新企业攻破技术难题，发挥产业链协同发展作用便显得格外重要。数字经济的快速发展和国家政策的大力扶持，使得专精特新企业不断发展壮大。本节主要是对专精特新中小企业数据资产化缓解融资约束的研究现状及研究动态进行梳理。具体涉及：一是对数据资产化缓解融资约束的相关研究进行概述，从专精特新企业现状、数据资产化发挥的作用两方面进行论述；二是对相关文献进行筛选梳理，从研究方法、研究问题和结论角度进行分析。由于专精特新数据中小企业数据资产化相关文献较少，较难使用文献分析工具进行分析，因此本节主要采用文献列示对专精特新企业数据资产化缓解融资约束情况进行分析。

2.3.1 数据资产化缓解融资约束相关研究概述

从静态视角分析，专精特新企业所在行业大多集聚在高新技术领域，一般要求投资者首先对所评估技术领域进行充分的调查分析，否则就难以真正判断企业的优势及价值，从而受到"信息不对称"的干扰。中小企业信息不对称问题较严重，代理成本较高，因此需要更高的融资成本（Hyytinen & Pajarinen，2007）。从动态视角分析，当前时代正处于技术高速变革期，技术更新速度很快，企业需要敏锐把握行业风口，战略方向选择变得至关重要。随着新一代信息技术和制造业的深度融合，数据已经成为基础性战略资源和重要生产力（朱秀梅等，2023），推进数据要素资产化是数据成为生产要素，实现数据价值增值的重要方式，也是科技发展和社会进步的内在需求和必然趋势（汪文张和李筱涵，2022）。但是融资难问题仍然阻碍着专精特新企业的成长与发展。很大原因是专精特新中小企业普遍缺乏有效抵押物，而金融机构的金融产品与专精特新企业的经济状况也不相匹配（刘笑等，2023）。如何破解专精特新中小企业的融资难题，成为了学界和政府关注的热门话题。

而借助数据资产化手段，企业融资约束可以得到缓解。数据要素作为新时代的生产要素，借助数据要素可以使企业面临更加透明的市场环境，企业的财务舞弊造价成本大幅增加，可以使企业更加谨慎地披露相关信息，而企业信息披露质量的提升有助于金融机构准确掌握企业融资情况，有效缓解信息不对称引发的融资约束（郑国强等，2023）。在生产决策中，大数据的价值创造效应，能够实现对各类成本的节约。数字技术在生产经营中的广泛运用也能够降低企业的运营和维护成本，还能降低企业的议价成本、搜寻和监督成本（裴长洪等，2018）。数字技术能够通过对数据的筛选和处理，使企业更加高效地揭示资金供给方的需求，有助于增强企业信息披露的针对性，较好地满足企业信息使用者对信息质量的要求，降低资金供需方信息不对称程度，从而缓解企业面临的融资约束困境（于蔚等，2012）。金融机构也能够获取企业的生产经营情况信息，合理分配信贷资源，这提高了信贷资源的配给和利用效率（胡山和余泳泽，2022）。

目前对于数据资产化缓解专精特新企业融资约束的研究还相对较少。在中国知网（CNKI）上检索"专精特新""融资约束"等关键词后出现相关期刊文献 20 篇，其中 C 刊有 5 篇，核心期刊 6 篇，非核心期刊 9 篇。经过人工筛选后，整理归纳了 5 篇相关代表性文献（见表 2-2）。

表 2-2 专精特新企业融资约束的有关文献

文献	研究方法	研究问题	研究结论
陈金勇等（2024）	实证研究	专精特新中小企业的认定政策和企业创新	专精特新"资质认定"能显著激励中小企业创新
曹虹剑等（2022）	实证研究	创新政策与创新质量	创新政策能显著激励创新质量
韩洪灵等（2024）	实证研究	专精特新企业认定政策对就业的影响	专精特新认定政策显著增加了就业
任缙等（2024）	实证研究	数字普惠金融对专精特新中小企业发展的促进作用	数字普惠金融能通过缓解融资约束促进专精特新中小企业发展
伍中信等（2023）	实证研究	专精特新政策和中小企业高质量发展的关系	专精特新政策对中小企业高质量发展有激励作用

以上代表性文献显示，专精特新企业融资约束的研究主要集中在实证研究，研究方法较单一，原因可能是符合条件的相关企业及相关数据还较少难

以进行案例研究。从研究内容看，专精特新企业融资约束的文献大部分是探讨对企业经营、企业创新以及对社会就业等方面的影响。目前对于专精特新企业数据资产化面临的融资约束的研究还较少。

2.3.2 专精特新中小企业数据资产化缓解融资约束研究小结

现有关融资约束、数据资产的相关研究较为丰富，但是目前关于数据资产化对融资约束的影响及其作用路径的研究尚存在较大缺口。一是现有文献多以一般意义的中小企业为研究对象，对数字化背景下专精特新中小企业的融资约束问题研究不足，以专精特新中小企业融资约束问题为核心的系统性专题研究亟待开展。二是现有关于融资约束缓解路径研究多从金融发展水平、银企关系、供应链、社交网络等角度展开，缺乏数据要素角度的深入分析，缺乏基于数据价值的融资约束缓解机制理论研究。三是现有数据资产化研究集中在概念、权属、价值创造等方面，对数据资产化的计量尚未建立起数据库的核算方法和制度，缺少从价值创造角度对数据资产化的测度方法。综上所述，通过数据资产化缓解专精特新中小企业融资约束成为亟待解决的重要现实问题。

为后续深化分析数据资产化缓解专精特新中小企业融资约束的机理，本节在中小企业数字化研究以及数据资产化梳理基础上，对专精特新中小企业融资约束的研究进行总结归纳，具体涉及以下内容。

（1）从研究内容来看，以中小企业为研究对象的融资约束多是探讨传统企业自身特征、信息不对称、信贷配给以及宏观环境等方面探讨中小企业融资约束产生的动因以及缓解融资约束的路径，尚未发现有关专精特新中小企业融资约束的研究。

（2）从研究方法来看，关于数据资产化对专精特新中小企业影响的研究文献，使用的研究方法包括：案例研究、实证研究、规范研究。根据文献梳理，多数研究使用了案例研究方法，具体包括单案例和多案例两种情况。也有文献使用实证研究方法，主要使用一手调查数据，选择 fsQCA 作为分析工具。还有一些学者采用规范研究方法，探讨数据资产化对中小企业发展的重要性，并提出一些具体的策略。

（3）从研究视角来看，已有研究主要从资源视角、信息不对称视角，以及企业生命周期视角对中小企业数据资产化或融资约束问题展开分析。根据文献梳理表明，数据编排理论和场景赋能理论是数据资产化研究的重要理论支撑。

第3章 理论基础

企业融资约束问题一直是社会各界关注的热点问题,在数字经济下又呈现新的特征和解决方案。本章主要对信息不对称理论、交易成本理论、信贷配给理论、企业金融生命周期理论、金融结构和金融发展理论、演化博弈理论、数字经济理论进行梳理,为后续章节的研究提供理论支撑。

3.1 信息不对称理论

现有研究多认为信息不对称是产生融资约束的根本原因(Stiglitz & Weiss,1981;Fazzari et al.,1988;甄红线和王谨乐,2016)。信息不对称是指市场交易中的一些成员拥有其他成员无法拥有的信息。根据 MM 理论,在完美市场中,无论企业是选择内源融资还是选择外源融资均是等同的,企业的投资行为完全由自身的研发需求决定。然而,资本市场是不完美的,无法同时满足零信息成本、完备市场和完全理性三个假设条件,借贷双方在融资过程中呈现一种典型的信息不对称博弈关系(George A Akerlof,1970)。一方面,中小企业未能将自身的经营状况准确无误地传递给金融机构(Bester,1987);另一方面,资金供给方也不能得到完整真实的企业信息,不能对企业的信用水平精准评估(Opler et al.,1999),使得银行不得不选择有利的信贷配给方式,将中小企业排除在信贷市场之外。进一步地,信息不对称还会引发相关者之间的代理问题,由于信息不对称引起的代理冲突会使其外源融资成本高于内源融资成本,而投资人要求更高的投资回报率,公司无法筹集足够的资金去投资更有价值的项目,企业面临的融资约束随之产生

（Gryglewicz et al.，2021）。信息不对称加之天然存在的信贷缺口，导致中小企业面临严重的融资困境。

数字经济背景下，信息不对称理论又有了新的内容。企业可以通过数字化转型提升企业数据治理能力和信息披露质量，进而缓解信息不对称。企业的数字化转型给予市场一个积极信号，通过优化信息环境、推动各市场主体信息获取成本显著下降（陈德球和胡晴，2022），提高企业的信任程度，对其资本市场表现形成积极反馈（李宏寅，2023），还有助于提高企业利益相关者对企业信息的关注度，使外部投资者掌握更充分的信息，投资者减少投资者羊群行为（黄哲等，2023）。对于企业管理层，也能通过将数字经济纳入监管中来抑制管理层的投机行为。在对传统金融模式进行信息不对称分析时，机构无法精准判断企业真实营运能力和盈利能力，较低信任度导致企业即使拥有良好发展潜力和较低风险也会因为缺乏可信担保而丧失投资机会。但数字经济下通过区块链、人工智能等技术可以构建出相对真实的企业软信息全貌，精准传递融资需求，丰富了投资者信息来源和类型，有利于缓解信息不对称（张嘉伟等，2022）。除了上述这些数字经济下改善信息不对称的情况外，也有学者认为数字经济也催生了新的信息不对称，数字经济下产生的大量高频和多形态的外部数据无形中助推了信息不对称，各市场主体受制于自身有限的数据分析能力，即使在相同市场条件下，不同投资者对于数据资源的利用差距也在不断增加（陈德球和胡晴，2022）。

信息不对称和代理冲突是企业产生融资约束的根本原因，专精特新中小企业融资成本的差异主要归结于信息不对称导致的逆向选择和道德风险，使得投资者难以在短时间了解目标企业，信息成本的产生导致投资者无法获得企业的全部价值信息，此时就形成了专精特新企业融资约束问题。

3.2　交易成本理论

科斯（Coase，1937）最早提出交易成本理论，他将交易成本解释为"利用价格机制的成本"。该理论基本观点是参与市场交易的利益合作多方主体会为了促成交易的达成而付出一定成本，无论是在市场上还是企业中都存在交易费用。虽然交易成本得到了很多学者的关注和讨论，但是运用交易成本理论解决现实问题仍存在困难。

威廉姆森（Williamson，1981）在科斯的基础上，细化了交易成本的可度量维度和标准，推动了交易成本理论在现实研究中的应用。威廉姆森赞同科斯的产权观念，认为只要产权界定清晰，任何冲突和争端均可通过谈判和协议达成解决。这种观点与自由放任、反对政府干预的传统理念相吻合。在研究影响交易成本的因素时，除了考虑如专用性投资等客观因素外，还考虑到了如不完全理性和机会主义等一些与人有关的因素，其认为企业进行垂直治理的原因是通过资产专用性、交易频率和不确定性三个维度确认的。此后这三个维度也被更多的学者所研究和具象化。然而，交易成本理论在本质上服务于现代寡头垄断集团的利益，这种立场忽视了经济活动与政治制度的内在关联，否定了经济活动应遵循特定政治制度的基本规律（彭真善和宋德勇，2006）。

廖红伟等（2017）在国企改革中，考虑到了交易成本理论，从混合所有制改革中提高员工持股效率，降低交易、代理、监督成本，进而提高国企效益。在看到现实企业中存在的各种交易成本，学者们创新地考虑到了虚拟企业这种组织形式产生的原因，给予实体企业的发展一些理想化的启示和方向（王志涛，2004）。利用交易成本理论，学者们在诸多领域找到降本增效的途径：唐艳（2015）利用交易成本理论分析价值链成本管理，探寻了企业成本发生的多重路径。李新和程会强（2009）基于交易费用理论，对森林碳汇的成本进行细分，分析各项交易成本的影响因素，并具体提出了对应的降低成本的建议。营销渠道的优化也能依靠交易成本理论进行细化分析（刘战伟和张世新，2007）。相比大企业，中小企业交易成本过高，获取中小企业的足够可信度的代价也更高，因此造成了中小企业的融资约束。在市场经济条件下，市场交易成本的组成一是信息成本，二是讨价还价成本。除了常规的契约、谈判、签约等费用外，还有投资者了解企业的信息成本、企业的广告成本，这些成本是信息不对称造成的。随着企业的数字化水平提高，信息不对称程度降低，交易成本也会下降，进而企业的融资约束能够得到缓解。

随着数字经济的不断发展，多种新兴产业和新兴技术的出现，交易成本理论也在企业中有了更深入的发展，在企业纵向并购资源整合（郭景先，2010）、企业研发组织模式选择（马如飞，2011）、企业文化模型分析（帅萍和葛莉萍，2004）、供应链企业间信息共享（陈慧芳，2007）的分析中，都发挥了重要作用。交易成本是企业在发行债券或者股权融资时考虑的重要因素之一，特别是对于中小企业来说，一般没有足够规模的交易量和足够的资金成本，中小企业融资的交易成本会更多，这一交易成本压力形成了融资约束，阻碍了中小企业的发展，因此，交易成本理论是本研究重要的理论基础。

3.3　信贷配给理论

信贷配给是中小企业产生融资约束的另一个重要原因，产生于资金供求双方之间信息不对称所带来的逆向选择和道德风险（Stiglitz & Weiss，1981；林毅夫和李永军，2001），是指由于金融机构的资源的有限性，导致金融机构会先把有限资源投给信用高的高品质客户，而不是风险较高的中小企业（王敬勇等，2022），即使中小企业愿意支付高于市场利率的利息，这种情况也没有本质改变，加重了中小企业融资约束程度。现有研究通常将信贷配给理论与金融市场相互联系，将金融结构的变化视为中小企业融资约束的重要影响因素。多数学者认为金融机构垄断程度越高，越不在意信贷市场上中小企业的信贷需求，分配到中小企业的信贷资金总量往往越少，即越容易存在针对中小企业的信贷配给现象（Pagano，1993；Strahan & Weston，1998；Guzman，2000）。部分研究认为银行业市场集中度提升有助于优化中小企业融资生态，原因在于具备规模效应的金融机构通过强化信息甄别能力，能够建立差异化的信用筛选机制，为有能力的中小企业提供低息贷款（Petersen & Rajan，2002）。

金融结构如何影响融资约束尚未有明确的定论，但是对于中国来说，基于信贷配给理论，商业银行为了避免逆向选择，通常只会以一定水平的利率借款给部分综合评价尚好的资金需求者，国有大中型银行主导的金融架构是对中小企业的融资歧视的主要原因（李志赟，2002）。随着金融市场的完善和金融体系的改革，姚耀军和董钢锋（2015）发现金融供给侧结构性失衡引致的制度性错配，导致金融规模外延式扩张与中小企业融资边际效用呈现显著递减趋势。当下我国多层次融资体系仍尚不完善，使得企业未能获取迫切需要的融资支持，仍然面临融资约束问题（韩晶等，2022）。此外，地方政府债务持续扩张可能触发商业银行资产负债表约束效应，引发金融风险，扭曲信贷配给效率（毛锐等，2018）。

中小企业融资困境的核心约束条件并非融资成本溢价，而是信贷配给机制下信用贷款可得性障碍。当信息不对称导致投资者无法判断借款企业是优质还是劣质企业时，银行等金融机构就会选择信贷配给，在信贷紧缩时期，银行等金融中介只会率先满足信用程度高的优质大企业的融资需求，而专精特新中小企业由于缺乏足够信贷额度而受到融资约束。即使中小企业想以更高的利率融资，也会遭到拒绝。

3.4　企业金融生命周期理论

企业金融生命周期理论最早由威斯顿和布里葛姆（Weston & Brigham）于 20 世纪 70 年代初提出，通过观察企业在不同阶段融资需求及方式的变动，他们认为企业在不同成长阶段，融资来源存在着周期性变动。该理论认为企业融资结构主要受到利润、经营状况、资本效益等的共同作用，可以将企业金融生命周期分为初始创建期、经营成熟时期、衰落末期三个周期。之后他们在此结构基础上又细化并将利润、经营状况、资本效益分为六个时期：创建时期→成长初期→成长中期→成长完成期→成熟期→衰落期，分析出各自的融资渠道和存在漏洞，有效解释了一些深层次的融资规律。20 世纪末期，伯格和尤戴尔（Bcrgcr & Udcll，1998）在上述基础上又进一步深化丰富了企业金融生命周期理论。在上述三个影响因素的基础上，增加了如公司大小、信息可获得度等影响因素，构建了一个新的融资结构。在不同企业金融周期中，企业受到这些因素影响的程度也不尽相同。因此企业需要具体问题具体分析，在不同的生命周期选择不同的融资策略以便减少融资约束。

在数字化背景下关于企业金融生命周期理论的研究是现今学者们研究的重要内容。学者们在研究企业金融成长周期时，都习惯将其具体分为幼稚期、成长期、成熟期、衰退期四个阶段。数字化转型是企业从成熟期转到二次成长期的关键。埃森哲发布的《2023 中国企业数字化转型指数》显示，有超过一半的受访企业表示会加大数字化的投入。越来越多的企业将企业数字化作为重要的战略选择。对于推进企业数字化转型的方法，企业可以从企业内部流程、人力资源还有创新财务管理模式等方面进行数字化转型（唐松等，2022）。

我国大部分中小企业都处于创立期和成长期（池昭梅，2007）。因此，学者们对该理论应用的重点就放在了企业金融生命周期的前段，初创期的中小企业规模较小，一般很难获得外源融资，这一时期企业资金来源多是自身活动资金还有个人合作者投资（李巧莎，2013）。颜军梅等（2019）从企业金融生命周期的视角分析在不同阶段，政府和市场两大主体对企业融资支持的阶段性特征。除了政府和市场外，商业银行也应相对应提供和企业金融生命周期阶段相一致的金融服务（周羽中和王黎，2022）。

生命周期理论是与中小企业融资约束高度关联的理论。中小企业大部分是创立期和成长期的周期状态，面临的融资约束也相对较大，中小企业在生命周期视角下进行融资时，可以结合自己所处金融生命周期，向投资方证明自身发展潜能和价值，努力突破生命周期理论刻板印象的限制，进而缓解融资约束。

3.5　金融结构和金融发展理论

金融结构理论是较早研究金融发展的比较有影响力的理论，是之后各种金融发展理论的源头，最早由戈德史密斯（Goldsmith，1985）提出，主要描述了金融发展的过程及规律，认为金融结构是金融工具和金融机构的相对规模，进而提出金融发展的过程也是金融结构变迁的过程，第一次开始确切提出金融结构理论的观点。但其观点也有一定局限性，一是将金融工具和金融机构作为金融结构的全部，有以偏概全的倾向；二是只提出量性的指标去考察金融结构而忽视质性的探究会比较片面（白钦先，2005）。金融结构理论领域的核心议题是探究金融结构与经济增长的相互关系。在这一过程中，企业融资成为了连接金融结构与经济增长的桥梁，因此需要深入探讨何种金融结构能够最有效地促进企业融资，从而推动经济的增长（周莉萍，2017）。

格利（Gurley）和肖（Shaw）在 1960 年进一步推进了金融结构理论的研究。他们认为外部筹资可以分为直接融资和间接融资；金融中介机构也可以分为货币系统和非货币系统的中介机构两种，他们分别提供货币证券和非货币的证券（王维安，2000）。20 世纪 70 年代以后，美国经济学家麦金农（Mckinnon，1973）又出版了对金融结构理论影响巨大的著作《经济发展中的货币与资本》，其中进行了内源性融资和外源性融资的初步分析。如果企业通过直接发行有价证券的方式来筹资，则为直接融资；如果通过金融中介借款来筹资，则为间接融资。该书将金融结构与企业融资紧密结合在一起。这一理论实际上是发展经济学在金融领域的延伸，其初衷主要是从发达国家的视角来探讨问题。因此，它不能直接套用于研究发展中国家的金融和经济问题。该时期的金融发展理论框架，是建立在完全竞争假设的基础之上的，并未充分考虑发展中国家金融市场的不完善以及信息不对称的问题（龚明华，2004）。20 世纪 90 年代后的金融思想反思了金融自由化思想，提出了金融次序理论，引入新兴内生增长模型和数学模型对金融在经济方面的功能进行了更加切合时代的探讨（米军等，2012）。传统金融结构理论主要讨论金融结构和经济增长的关系问题，而连接金融和经济的中间环节则是企业融资，也就是要选出最有利于企业融资的金融结构。而传统金融结构理论存在的重大缺陷是理论的滞后性，现代复杂经济结构和多样化生产要素的出现，使得理论略微落后于金融实践，相应的现代金融监管体系也并未完全建立起来，这一隐患可能会导致隐藏的经济危机显现。

金融发展理论主要是研究金融发展和经济增长的内在关系，也就是对金融性质的演变进行研究（白钦先，2005）。金融的进步与银行的兴起密不可分，然而在银行诞生之初，对于相应金融问题并未进行深入研究，直到 20 世纪 60 年代后，欧美经济学家才开始系统地研究金融与经济发展的关系。格利和肖（1960）首先突破传统货币金融理论限制，认为金融理论研究应该包含货币和非货币等一系列多样化的金融资产，拓宽金融发展理论的研究范围。他们认为金融发展的作用和经济增长的手段就是通过金融技术创新减弱金融制度自身缺陷的负面影响，提高资源配置效率，使得金融更好地为投资者和储蓄者服务。从传统金融向现代金融的演进过程中，金融体系的主体逐渐从银行机构转变为非银行机构。同时，金融市场的角色也越发重要，从以银行为主导的简单金融转变为以金融市场为主体的复杂金融。此外，金融的地理边界也在不断扩展，从以国别经济体为单元的相对封闭的国别金融，逐步演变为高度开放和流动性强的全球化国别金融。金融发展理论中经济与金融二者彼此互动的意义是研究金融的发展与经济的发展的关键所在。

金融结构和金融发展理论从融资约束产生的重要中介，也就是金融融资方式进行理论分析，将融资约束放在金融大环境中，考虑了政府关注、外部宏观经济环境、内部金融中介等的影响，能从更宏观的金融结构、金融发展的角度探索缓解中小企业融资约束的影响机理。

3.6　演化博弈理论

演化博弈理论是一种将博弈论分析和动态演化结合的理论，最早可以追溯到生物领域的生物进化论，通过类比研究的方式很快扩展至经济学、组织学等学科研究中。在社会经济中，人的行为有时和动物的行为模式很像，面对日益激烈的竞争环境，企业会调整组织模式以适应环境。而相比于生物协同演化，组织的协同演化更注重人造的意义过程，共同演化学习、组织以及主体特征等与各类关系主体的互动（Malerba & Cantner，2006）。除此之外，新的组织形式出现概率要远高于新的物种出现概率。演化是一个跨越较长时期的演变过程，种群之间需要显著的联系及反馈机制，演化博弈理论中还应具备较强的博弈性，本质离不开不完全理性假设。演化博弈理论注重参与者策略的动态调整以及整个系统的演化路径。这种理论框架更加贴近现实世界中参与者有限理性、信息不对称以及策略适应和变化的复杂性。最终演化的结果除了自适应性竞争选择之外，还有组织之间的竞争选择。协同演化属于常规系统演化的研究范围，也具备常规演化的基本特征。相对于一般的演化，演化博弈理论着重考察了群体规模和策略频率的演化过程（黄凯南，2009）。

列文和瓦兆达（Lewin & Volberda，1999）建构的演化理论框架揭示，复杂适应系统的动态演化呈现五大本质特征：多维度交互因果、多层级嵌套结构、非线性涌现、正反馈强化机制以及路径锁定效应。他们还提出了适用于组织研究的协同演化理论框架，该框架包含企业、产业、环境多个分析层次。演化稳定策略和复制动态是演化博弈理论的核心概念。演化稳定策略是指在动态博弈过程中，参与主体通过持续的策略学习与适应性调整机制，形成策略空间的探索优化路径。该过程允许存在阶段性策略偏差，但通过模仿学习机制与经验积累效应，逐步构建起基于相对收益比较的策略优化机制。在演化压力驱动下，群体策略最终收敛于具有环境适应性的稳定状态，该状态在给定博弈结构中能够实现策略收益的局部最优解。复制动态是指在有限理性约束下，群体内策略选择通过适应度比较驱动的动态调整过程：当某个策略的相对收益高于群体平均收益时，采用该策略的个体比例将随时间呈指数增长；反之则逐步被淘汰。这种基于生物进化论"适者生存"原理的数学模型，揭示了策略演化的方向性特征与收敛条件，为预测群体行为长期均衡提供了动态分析框架。在经济演化的理论中存在着产业发生论和个体发生论，分别从产业层次和个体层次来分析企业的演化（高怀，2004）。

中小企业的融资行为及发展遵循演化的一般路径，在这一过程中，中小企业会不断进行调整，寻找适合自身融资及成长的更优策略，本书主要使用演化博弈理论为数据资产化缓解专精特新融资约束的运行提供参考。

3.7 数字经济理论

自从 1996 年塔普斯科特（Tapsccott）提出"数字经济"以来，数字经济研究大致经历了信息经济、互联网经济和新经济二个阶段。但是数字经济内涵在不同时期各有侧重，目前尚未形成统一标准，还未形成有国际影响力的公认理论体系（陈万钦，2020）。中国信息通信研究院发布的《中国数字经济发展白皮书（2023 年）》在"数字经济"定义的基础上从公共、企业、个人三个主体的视角进一步总结归纳了数字经济当前发展的关键问题：数据的规模化及提质增效管理、企业数据资产价值认定以及个人数据的安全保护及合理利用问题。数字经济的基本特征和现实表现给传统经济理论的概念确认、假设前提、研究方法等带来了新的挑战。数字经济对于理论经济学、应用经济学还有其他交叉学科的影响是广泛而深远的。经典增长理论认为经济增长受到资源、技术、体制三个因素的约束，技术在其中只是外生影响因素，而数字经济理论下，数据作为新的经济增长要素被纳入生产函数，重构了生产要素体系，进一步丰富了传统经济增长理论。本书认为数字经济是以数字化信息为关键要素，以互联网平台为信息载体，以数字技术创新为发展动力，以一系列新商业模式和行业动态为表现形式的经济活动。

数字经济的核心特征及其运行机制可归纳为以下三个维度：一是数据要素的系统性整合，二是技术驱动的创新生态多样化，三是开放协同的产业集聚效应。

其中最具革命性的特征体现在生产要素的结构性变革——数据资本通过边际成本递减和网络外部性优势，正在系统性取代传统实体资本的主导地位。这种新型生产要素的形成机制包含三个递进环节：首先基于物联网和智能终端实现海量数据采集，其次通过智能算法与分布式账本技术进行价值挖掘，最后依托数据确权机制转化为可流通的信息资产。区块链技术的分布式存储、智能合约和加密验证功能，不仅保障了数据资产的真实性，更通过构建可信价值网络重塑了生产要素的配置方式。数据要素的价值挖掘正在催生新型商业模式与服务形态（Meng F，2022）。由于数字化技术的发展，数字信息存储量持续增长，检索效率也在提升，数据资产的拷贝和搬运均可实现，降低了数据价值创造的存储成本。

创新多样化：新一代数字技术发展使得创新的过程有了巨大改变，创新路径从之前较为固定的知识累积、深入研究到应用创新的单一路径，到现在数字化背景下，创新各个阶段的边界逐渐模糊，各个阶段之间相互融合，创新过程逐渐一体化。数字化技术的出现，大大提高了企业之间的信息交流效率。创新主体积极地接受多元化的数字化技术，进行新产品与服务的创新，使其产品与服务呈现出快速迭代的特点。同时，数字化技术也使产品与组织间的自主性更强，使其更具弹性地进行产品与服务创新，并在组织内形成多中心融合创新点。

开放集聚：数字经济的一个显著特点就是平台化，它通过开放的生态体系，推动了产品的全过程和生产过程中的各个环节的数据流通，使得整个产品的全过程和生产过程中的每一个环节都可以进行数据交换，推动了线上线下的资源整合，并产生了许多新的商业模式和业态，由此形成了一个加速企业数字化转型的平台经济。在此基础上，提出了一系列新的业务模式、新的业态、新的平台经济，加快了企业数字化转型的步伐。数字经济平台为传统经济注入了新的活力，形成了一个开放、共享和共生的生态体系。通过平台的链接整合作用，可以推动企业之间的跨边界融合和协同，从而推动产业数字化集群的形成。

数字经济理论则是在旧有经济理论基础上，考虑到数字要素在经济社会各方面的作用后，以数字化的视角去看待经济世界的一种理论。由于经济理论与实际有一定的滞后性，数字经济的迅猛发展迫切需要与之相适应的经济理论指导其向高质量新阶段成长（陈晓红等，2022）。与传统经济相比，数字经济具有独特优势，在提升信息传输速度、降低数据交易成本、数据互通、资源协同上有更加出色的表现。在数字经济理论背景下，中小企业融资方式形式更加多样，同时，融资约束的限制也呈现多样化特征，数字经济显著降低了信息交易成本，缓解了信息不对称，降低了投资者了解中小企业的信息成本，将数据作为关键生产要素，推动数字和实体经济的深度融合，给中小企业融资约束的缓解提供了新渠道和新方法。

第2篇 实 证 篇

　　本篇重点探究了专精特新中小企业在实际经营中数据资产化的内在逻辑、数据资产化对专精特新中小企业融资约束的缓释机制及其效应，重点解决数据资产化缓释专精特新中小企业融资约束中"为什么"及"怎么样"的问题。主要的研究内容包括两章：第4章为专精特新中小企业数据资产化的本质属性。通过对数据资产化本质属性的相关文献梳理及现有的数据资产化的过程模型探讨，发现专精特新中小企业数据资产化的内在逻辑。在此基础上，采用双案例归纳式的研究方法，通过对山东朗进科技股份有限公司及云从科技集团股份有限公司的数据资产过程进行分析，探索企业数据资产化的过程机制。第5章先通过理论分析结合现有相关研究提出研究假设，然后进行研究设计，运用实证研究方法构建面板数据分析变量之间的因果关系，探究数据资产化对专精特新中小企业融资约束的影响，并进行相关内生性、稳健性检验以保证结果的准确性，最后提出相应研究结论与启示，为探索数据资产化缓解专精特新中小企业融资约束实践提供实证支持。

第4章 专精特新中小企业数据资产化的本质属性

随着云计算、物联网、人工智能等数字技术与经济社会的深度融合，产生了大规模的数据并实现多方共享，在此基础上形成了新产业、新业态和新的商业模式，数据应用价值多样化，在经济活动中扮演着越发重要的角色。学者们意识到数据不仅是支持业务的工具，更是一种可以创造经济价值、推动创新和获得竞争优势的关键生产要素。中国政府在过去的几年中也一直强调数字经济和数据的重要性，并将其纳入国家发展战略中。2018年，国家发展改革委发布了《新一代人工智能发展规划（2018—2030年）》，其中明确了对于数据的重要性，并强调要通过数据驱动的方式推动人工智能的发展；党的十九届四中全会首次将数据作为生产要素并强调形成其收入分配机制；2022年12月19日，"数据二十条"正式发布，这标志着我国数据要素从认识阶段上升至制度体系建设阶段。数据已经成为关键生产要素，并具有重要的战略资源价值，其资本化成为必然趋势。

中小企业是国民经济的基本组成部分和生力军，也是有效提升产业链供应链稳定性和竞争力的关键。专精特新中小企业作为中小企业中的佼佼者，是破解关键技术难题、弥补产业链短板的关键力量。虽然国家出台了《关于支持"专精特新"中小企业高质量发展的通知》等一系列扶持政策，但融资约束依然是中小企业发展的"瓶颈"。究其原因，是由于企业在数字化背景下的决策，大多以数据为基础（徐宗本等，2014），但传统报表难以体现专精特新中小企业"数据"这一要素的价值，存在银企、政企、产业链内"大数据—小数据"等多重信息不对称。而企业的数字化能够使得企业的信息获取更加便捷、准确，从而降低信息不对称（罗斌元，2021）。因此引入并盘活数据资产成为中小企业融资管理决策需要考虑的关键问题（陈国青等，2022）。虽然各大银行如工商银行、浦发银行等已经陆续开展了基于数据资产凭证的融资实践，但于专精特新中小企业而言，数据资产化应当如何定义，又如何实现，是亟待突破的时代难题，缺乏充分的理论解释。因此，本章从数据及其特征出发，明确数据资产的概念及数据资产化的本质属性，阐析专精特新中小企业数据资产化的内在逻辑。借鉴维拉（Varian，2018）的数据金字塔模型，提出"原始数据—数据资源—数据资产—数据价值"的数据资产化过程模型，并进一步运用双案例归纳式的研究方法，结合专精特新中小企业生产行为和交易行为，探索专精特新中小企业数据资产化的过程机制，从而解决"是什么"的问题；试图为专精特新中小企业厘清数据资产，发挥数据要素价值提供理论依据和方法支撑，为企业数字化转型及专精特新中小企业的培育和成长提供借鉴，对我国中小企业抓住数字经济的重大机遇实现高质量发展有重要意义。

4.1　专精特新中小企业数据资产化的内在逻辑

4.1.1　数据资产化的本质属性

数据作为关键的生产要素，需要经过确权、估值、入表、交易等诸多环节才能转化为资产。为探析数据资产化的本质属性，首先需要对数据资产的内涵进行界定。早在1974年理查德·彼得森就提出数据资产的概念，认为政府债券、公司债券和实物债券等都属于数据资产。在数字经济背景下，对数据资产问题的研究也在不断深化。现有研究多界定数据资产的概念（李雅雄和倪杉，2017；朱扬勇和叶雅珍，2018；张俊瑞等，2020），认为数据资产是特定主体拥有或控制并能为其带来经济利益的数据。也有学者从供给的角度，将能够在未来生产中重复使用的数据定义为数据资产且由于数据具有完整的价值生产过程，将其归为生产资产（Rassier et al.，2019）。另有学者认为虽然数据具有明确的经济所有权归属和收益性，但是由于数据不是生产的产出，所以数据应当被认定为非生产资产（李静萍，2020）。还有学者认为数据资产兼有无形资产和有形资产、流动资产和长期资产的特征（朱扬勇等，2018；张俊瑞等，2020）。许宪春等（2022）遵循 SNA 关于"资产"的定义和资产使用时期的要求，从场景角度将数据资产定义为拥有应用场景且在生产过程中被反复和连续使用一年以上的数据。

虽然学者们从不同的研究视角对数据资产进行了界定，但都是基于资产定义以及数据特征的分析。本章认为数据资产本质上是企业拥有或控制并能为企业带来未来经济利益的数据资源。

数据资产化是实现数据价值的核心，通过将数据与土地、技术等其他传统生产要素结合，赋能企业生产、销售、投资、融资等多个场景，从而实现数据资源向数据资产的转换过程。该过程涉及一系列步骤，从数据的收集和整理到分析和应用，以最大程度地提升数据在组织中的价值。数据资产化一般包括以下几个步骤：数据收集、数据整理和清洗、数据存储和管理、数据分析、制定数据资产化策略、业务应用、监控和调整。首先，需要收集各种来源的数据，包括内部系统、外部服务、传感器等。这可能涉及结构化数据（如数据库中的表格）和非结构化数据（如文本、图像、音频等）的获取；收集到的数据可能包含噪声、缺失值或其他问题，在数据资产化过程中，就需要进行数据整理和清洗，以确保数据的质量、准确性和完整性；将清洗后的数据存储在安全、可访问的存储系统中，这可能包括数据库、数据仓库、云存储等，数据的有效管理对于后续的分析和应用至关重要；数据分析即利用数据分析工具和技术，对数据进行深入的挖掘和分析，包括描述性分析、统计分析、机器学习等，以从数据中提取有意义的信息和模式；通过对数据的分析帮助组织作出更明智的决策、识别机会或解决问题，从而制定数据资产化策略；数据资产化的最终目标是在企业业务中实现对数据资产的使用，这可能涉及优化业务流程、改进产品或服务、实施个性化营销等方面的应用；组织需要对数据的效果进行持续的监控和调整，以保证其适应业务需求，这包括定期的数据更新、性能监测和反馈循环等。

中央财经大学教授欧阳日辉（2023）认为数据资产化是数据通过流通

交易给使用者或所有者带来经济利益的过程。也有学者从过程角度将数据资产化界定为赋予数据市场价值的过程，也是使数据增值的过程（黄丽华等，2021）。总而言之，数据资产化体现了从非结构化的低价值数据形态向可实现数据增值的高价值数据形态的演变，即在企业内部运营或外部协作过程中实现数据价值增值。

4.1.2 数据资产化的过程模型

管理大师彼得·德鲁克曾在 1990 年提到："迄今为止，我们的系统产生的还仅仅是数据，而不是信息，更不是知识。"数据区别于信息与知识，涂子沛（2012）在《大数据》一书中，对三者的区别进行了阐述：为数据（Data）赋予背景，数据就变成了一种信息（Information），将信息中的规律提炼，就转化为了知识（Knowledge）。知识经过进一步的答疑和增值转化成为智慧（Wisdom），这就是"DIKW 金字塔模型"，即"数据金字塔模型"。数据金字塔模型清晰地表述了从数据到信息到知识再到智慧的过程逻辑。每一次数据的加工提升，都是一次答疑解惑和数据增值的过程。艾可夫（Ackoff，1989）也曾对 DIKW 金字塔模型进行阐述，如图 4 - 1 所示。

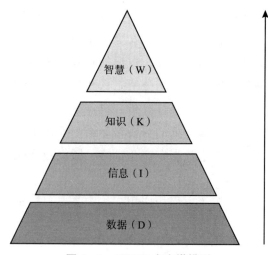

图 4 - 1　DIKW 金字塔模型

数据是 DIKW 金字塔模型中最基础的概念，它代表的是未经过处理的数字、单位、程度描述等，有的学者称其为"Know-nothing"，即在加入其他要素或进行其他处理分析之前，数据是无用的。其包括数字、图形及客观事实描述等多模态的数据，是构成信息和知识的原始材料。数据资产化的实现首先需要一个数据基础设施来收集和组织感兴趣的数据，即数据管道。收集到的原始数据即"Data"。通过加入理解和目的，提炼数据中的规律，数据即可转化为信息，即结构化和功能性的表述。信息是处理过的数据，是具有时效性的有价值的数据流。通过信息，可以了解数据的意义，因此称之为"know-what"。知识是对信息之间联系的规律性认识，是对信息的应用。知识与信息的不同在于增加了主观的理解，知识更接近行动，它与决策相关，是直接指导业务和行动如何去做的，即"know-how"。再进一步，即"智慧"（Wisdom），又称为"洞见"，通过透析数据，能够了解其原理，即"know-why"。智慧是更高层次的知识，是寻求真理的能力。它与智力、聪明不同，智慧更重视人生哲学上的能力，智慧着眼未来，它具有预测和未来影响的判断能力。从数据、信息、知识到智慧，是人类认识和改造世界的普遍规律。DIKW 金字塔模型各层面的含义如图 4-2 所示（Ackoff，1989）。

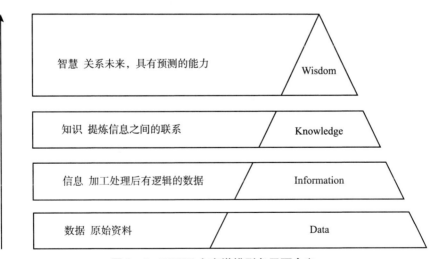

图 4-2　DIKW 金字塔模型各层面含义

数据需要经过确权、估值、入表、交易等诸多环节，才能由一种关键的生产资源转化为数据资产。企业通过业务流程的关键节点收集到的数据即原始数据，通过对原始数据加以处理后形成的有逻辑性的信息，从而形成数据资源。维拉（2018）将最高层级的"Wisdom"替换为"Action"，通过"Implement"，也就是通过执行、提炼，对数据资源加以利用，实现降本增效、提升产品和服务质量或创造社会效益，最终实现数据的价值，如图4-3所示。

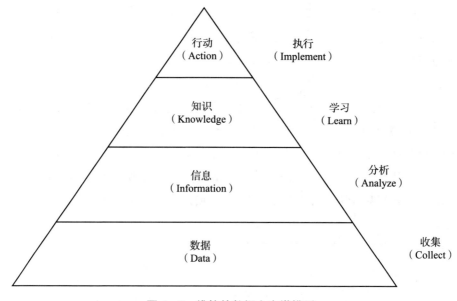

图4-3 维拉的数据金字塔模型

胡伟（2024）指出，数据资源之所以能够转化为会计意义上的数据资产，一是因为数据能催化产生乘数效应和连锁反应，从而发现、创造、实现价值；二是因为数据可以黏合各方营造出不断进化的网络商业生态，实现各方价值共生、价值共创和价值共享。因此，数据资产化是一个从非结构化的低价值数据形态向可实现数据增值的高价值数据形态的演变过程，即企业通过收集原始数据，并对其加以处理及利用形成数据资源，数据资源在企业内部运营或外部协作过程中实现数据价值增值，从而转化为数据资产，从而实现各方价值共生、价值共创和价值共享。基于以上分析，本书在维拉（2018）

的数据金字塔模型的基础上，提出"原始数据—数据资源—数据资产—数据价值"的数据资产化过程模型，并基于此来阐析专精特新中小企业数据资产化的内在过程机理。

4.2 专精特新中小企业数据资产化的过程机制

习近平总书记在主持中央政治局第三十四次集体学习中指出，应当把握数字经济发展趋势和规律，推动我国数字经济健康发展，发挥数字技术对经济发展的放大、叠加、倍增作用。同时，还要加快培育一批专精特新企业和制造业单项冠军企业，推进重点领域数字产业发展。随着大数据、人工智能等数智技术的广泛应用，数据成为新的战略资源，不仅驱动传统企业进行重大变革，而且推动互联网企业创新商业模式。但是这些价值在传统财务报表不能被明确体现。《企业数据资源相关会计处理暂行规定》的实施使得数据资源进入资产负债表成为现实，但如何归集数据资源并科学确定其价值仍然需要深入探讨。

对于专精特新中小企业而言，从数据资源到数据资产的转化机制是怎样的？本研究依据模式匹配逻辑选择专精特新中小企业，使用开放式编码对观测对象数据资产化过程进行编码，通过主轴式编码将开放式编码概念归类，并采用选择性编码技术整合精炼主轴式编码的概念，探索专精特新中小企业数据资产化的过程机制。

4.2.1 方法选择

本研究目的在于探索数据资源到数据资产的转化过程机制，考虑到数据资产化是一个动态演进过程，采用双案例归纳式的方法进行研究，原因如下：第一，研究内容适合采用案例研究法。本书旨在探究数据资产化的演进过程，案例研究更有优势（Eisenhardt，1989），可以对某一现象或问题进行剖析，有利于专精特新中小企业为什么要对数据进行资产化（Why）以及数据如何资产化（How）的问题。第二，现有研究存在理论缺口，因此，双案例研究能更好地探索复杂现象背后的理论规律，深入对实践新现象的理解。同时，双案例的选取有利于对同一现象相互印证和补充，促进形成更具准确性和普遍性的研究结论（毛基业和陈诚，2017）。第三，案例分析建立在对案例进行长期、全面、深入的观测和理解的基础上，有助于深入揭示数据资产化这一复杂现象背后的理论逻辑。

4.2.2　案 例 选 择

本书案例选择主要遵循以下原则：第一，案例需具有典型性，属于专精特新中小企业，且在所处领域具有一定市场地位。第二，选择的案例企业具有异质性，其发展历程中都受到数据资产化的影响，但有所不同。第三，数据的获得性，研究团队对案例企业多次跟踪调研，获得丰富的一手资料，且通过年报、官网信息等获得了充实的二手资料，形成有力的数据支撑。

山东朗进科技股份有限公司（以下简称"朗进科技"）创立于 2000 年，是一家深耕变频节能技术、制冷系统控制技术的高新技术企业。朗进科技拥有国际领先、完全自主知识产权的核心技术，取得了由山东省科学技术厅颁发的《山东省工程技术研究中心》证书、山东省中小企业局认定的《山东朗进科技股份有限公司"一企一技术"研发中心》、山东省专精特新企业等证书。2022 年荣获国家级专精特新"小巨人"企业称号、"国家知识产权优势企业"认定、入选单项冠军示范企业。公司始终致力于能源数字化、智能化发展，通过大数据分析手段、AI 智能人工诊断算法等数字技术对各个环节进行全面监测和优化，以提高资源利用效率、创造更多的价值。

云从科技集团股份有限公司（以下简称"云从科技"），总部位于广州，创立于 2015 年，孵化于中国科学院，是一家人工智能科技企业。业务涵盖智慧金融、智慧治理、智慧出行、智慧商业等领域，为客户提供个性化、场景化、行业化的智能服务。云从科技在行业领域深耕多年，已经在智慧金融、智慧治理、智慧出行和智慧商务四大业务领域完成布局，是首个同时承建三大国家平台，并参与国家及行业标准制定的人工智能领军企业，也是国家新基建发展的中坚代表。

4.2.3 数据收集

为提高案例分析的信度和效度,本书采用多种方法和渠道收集相关资料,主要包括:(1)深度访谈。研究团队围绕数据要素及数据资产的研究问题对案例企业的相关负责人进行访谈,并与受访者进行了多次非正式的沟通,以便修改和改进有关的资料。(2)现场观察。对相关企业进行现场观察,形成对数据资产化实践的直观认识。(3)公司发布的档案数据。公司官网、年报等档案数据。(4)第三方资料。公开数据库中学术论文、研究报告和新闻报道等数据。研究团队对这些资料进行分类整理和存储并反复核查与验证,保证数据的独立性,提高信度和效度。

4.2.4 数据分析

本书使用 NVivo 20 软件对案例进行多级编码。首先,通过开放式编码形成一阶概念。研究人员在阅读与整合所有原始资料的基础上,筛选出与数据要素、数据资源和数据资产相关的内容,并初步筛选关键概念,进而通过手动编码将概念进行标签化,共得到"数字化转型""数字化转换""统一数据标准"等 24 个一阶概念。其次,解读、聚合一阶概念,深度分析一阶概念背后的联系形成二阶主题,将合并一阶概念,形成"数据集聚化""数据结构化""数据资产管理"等 6 个二阶主题,分别对应"数据资源化""数据资产化""数据资本化" 3 个聚合构念。以"资源化—资产化—资本化"三个阶段的跃升为基础,呈现朗进科技和云从科技由一阶概念组成的具体数据结构与来源,揭示数据资产化的基础、过程和结果。

4.2.5 案例分析

作为数字经济时代企业最具竞争力的资源之一,数据不仅在需求预测、产品设计、供应链管理等方面起到赋能的作用,还在需求创造、价值共创、供应链重构等方面起到使能的作用(陈剑等,2020)。如果企业的组织学习能力能与之相适应，则可以提升企业的动态能力，获得竞争优势，发现、创造并实现价值。传统企业与互联网企业的数据资产化存在差异，以下将分别对两个案例企业的数据资产化进行讨论。

1. 朗进科技的数据资产化

传统企业是指采用"采购—生产—库存—营销—消费"供需模式，以流水线为基础大量重复生产的制造企业。传统企业的数据资产化依赖于数字化转型，朗进科技一直致力于车辆空调系统的研制和开发，并积极建设自身的数字化管理体系。在主营业务方面，公司积极优化产业布局，巩固发展轨道交通核心业务，加大投入开拓新兴市场，并在实现"双碳"目标下，加大投入研制新能源汽车空调、智能电池热管理系统、换电站温控系统及整体技术解决方案市场推广。还在能源数字化领域进行了全面布局，成立数字能源事业部，组建了专业团队，聚焦数据中心能源、通信能源、工业能源及智能户外一体化机柜（智能端点）等领域，研发完成并投入批量生产销售的主要产品有模块化数据中心机房精密温控产品、机柜温控产品、储能温控产品、工业设备温控产品等，公司形成了从智能单柜到智能模块机房的整体解决方案，旨在解决既有数据中心高能耗问题，并提供数据中心的智能运行维护服务等，从微站点到边缘计算、再到中大型机房，全面满足行业不同用户对能源数字化的节能需求。近年来，数字技术的快速发展使得我国城市轨道交通设备智能化程度不断提高。公司设立数据中心，搭建大数据平台，将智能空调与大数据技术、物联网、数据挖掘、人工智能等技术相结合，通过公司产品全生命周期运行数据的传输、存储以及深度挖掘分析，为客户提供大数据平台及智能运维服务。通过大数据平台，实时监控，实现从"故障修"到"状态修"，减少客户的维护维修和运营成本；同时，实时运行状态的分析，实现产品控制功能动态优化，为客户提供更可靠的控制算法，保障产品舒适性，提高用户乘车体验和运营单位的服务品质。公司建设的智慧运维系统，推动轨道车辆空调技术升级，为运营单位创造价值，为公司创造收入，先后推进了上海地铁、深圳地铁、北京地铁、重庆地铁、济南地铁、青岛地铁、西安地铁等智能运维技术方案交流和实施工作，同步输出对应项目的技术方案，为公司轨道交通车辆空调产品持续优化和更新升级提供有效数据支持，为运维公司提供了运维服务指导，可减少运维服务人员，降低运营成本；深圳地铁 7 号线、青岛地铁 13 号线两条线路的智慧运维课题通过专家组评审并成功验收，其中深圳地铁空调智慧运维系统为全国首个正式竣工验收的空调系统智慧运维项目。朗进科技把握当前发展的重大机遇，积极开发智能化系统，推进智慧城轨的发展。

2. 云从科技的数据资产化

互联网平台企业连接供求双方，具有企业和市场的双重属性，其数据资产化依赖于互联网平台，数据资源的作用也从数据赋能向数据使能演进。云从科技是国内第一家同时承建三大国家平台，并参加了多项国家和行业标准制定的原生互联网企业，提供跨场景、跨行业的多种智能解决方案，使 AI 真正造福了人类，促进我国从"数字时代"走向"智慧时代"。云从科技的主要产品有北极星结构光相机、如意支付 PAD、起云商业平台、灵云数据智能风控平台等产品，已被广泛应用在物联网、安防、交通等场景。数据治理方面，云从科技还搭建多个数据治理平台，例如白泽数聚治理平台、AI 数据湖、人机协同操作系统 CWOS 等。这些数据治理平台通过数据汇聚能力解决数据孤岛问题，提供智能数据探查和管理组件，实现从数据源、数据采集汇聚、数据存储计算、数据质量管理到数据分析服务的全生命周期管理。公司的数据全生命周期体系矩阵，满足对数据全生命周期管理诉求，包含数据接入、数据开发、数据治理、数据服务、数据安全、数据质量、数据资产、数据分析等全流程数据管理功能，帮助政企实现快速数字化转型。数据安全方面，开明隐私计算平台通过密码学、大数据、人工智能、分布式等技术融合，在保护用户隐私和数据安全前提下，实现多方协同计算、联合建模分析，完成跨领域、跨机构的数据安全共享和数据价值最大化；基于 MPC 溯源认证的跨境结算服务，能够实现数据不出域，认证商品溯源和商户身份。

4.2.6 案例发现

基于朗进科技和云从科技的案例分析，本节将通过编码分析，重点阐述数据资产化过程和机理，以回答"专精特新中小企业数据资产化的过程机制"这一核心问题，具体数据结构如下所示。

1. 数据资源化：数据集聚与结构化

专精特新中小企业数据资产化的第一阶段是数据资源化。数据资源化是企业内部激发原始数据价值、实现数据资产化的基础。原始数据是反映客观事物及其关系的一系列二进制数字，通常是离散的、碎片化的，特别是半结构化数据和非结构化数据在没有被处理之前，很难通过直接读取数据提炼价值。在这个阶段企业需要技术人员通过数据技术对原始数据进行初加工，例如数据采集、标注、集成、清洗与标准化，后形成可采、可见、互通、可信的高质量数据。数据资源化的本质是企业运用劳动、技术等要素资源，将原始数据全息化重构为可识别的结构化数据，让数据演变为有意义的信息资源，从而激发出数据的潜在价值，形成数据资源资产化的基础。

朗进科技在数据资源化阶段，依托大数据、云计算和人工智能等数字技术进行数字化转型，将信息化基础架构的搭建作为首要任务。该阶段的数据资产化依赖数字化转型过程中积累的数据作为数据资产化的基础，并对收集到的原始数据进行标准化、结构化处理，从而有效利用数据。

第一，数据集聚化。朗进科技自 2010 年起开始着手企业数字化转型，即通过数字技术赋能生产、运营和研发创新等环节，实现信息交互、创新发展、组织管理方式以及商业模式变革，促进企业成长。从而满足乃至创造市场需求、解决行业痛点，通过技术的不断革新引领行业发展，巩固自身竞争优势。通过数字化转型，朗进科技逐步由以人工管理为主向以信息化、数字化管理为主转型，实现了从传统制造企业到智能制造企业的转变。具体体现在财务、管理办公系统的信息化，例如采购环节使用数据表格、财务管理使用数字应用程序等，向无纸化办公转型。由于原有的管理系统存在数量限额、费用较高等限制，公司于 2014 年、2015 年左右自行研发管理系统并进入试运营阶段。朗进科技设立数据中心，搭建大数据平台，将智能空调与大数据技术、物联网、人工智能等技术应用相结合，对本公司产品全生命周期运行的数据进行传输、存储。在数字化转型的过程中，朗进科技积累了丰富的原始数据资源。

第二，数据结构化。朗进科技的信息化建设过程是信息从模拟到数字形态的转换过程，其本质上是将实体信息转换为"0～1"二进制形式进行读写、存储和传递。通过信息的数字化转换，实现数据的标准化、结构化。朗进科技的数字化转换有两种途径，一是引入金蝶 ERP 管理系统统一数据标准，从而流通共享数据；其次是通过数字化运维平台 EMS 进行企业数据模型和存储管理，实现多源异构数据标准化，从而实现对供应链各个环节的数据采集、处理和分析，进而提升数据质量。朗进科技数据资源化的编码和典型证据见表 4 - 1。

表 4 - 1   朗进科技数据资源化的编码和典型证据

聚合维度	二阶主题	一阶概念	典型证据援引
数据资源化	数据集聚化	数字化转型	朗进科技自 2010 年起开始着手企业数字化转型，企业逐步由以人工管理为主向以信息化、数字化管理为主转型（A_1）；财务系统及办公系统信息化（A_2）
		平台数据收集	朗进科技顺应大数据时代，设立数据中心，搭建大数据平台，将智能空调与大数据技术、物联网、人工智能等技术应用相结合，对本公司产品全生命周期运行的数据传输、存储（A_5）
	数据结构化	数字化转换	朗进科技采用数字表格及数据应用程序等将实体信息转换为数字形态（A_3）
		统一数据标准	引入金蝶 ERP 系统，统一数据标准，实现数据结构化，促进数据流通共享（A_4）；数字化运维平台 EMS 通过统一标准数据定义、企业数据模型和存储管理实现多源异构数据标准化（A_6）

云从科技在数据资源化阶段，主要依赖数字产品及数据治理平台积累的海量数据资源作为数据资产化的基础，并对异构数据资源进行标准化、结构化处理，做到数据源头清晰可追溯，提升数据质量。

第一，数据集聚化。云从科技的云从如意支付 PAD 产品在 2019 智博会上进行展示，该技术设计遵循"人脸识别技术线下支付安全应用规范"，搭载云从人脸识别活体安全模组，支付者可通过聚合人脸支付完成交易检验，无须携带银行卡、手机等外部介质即可完成交易，适用于商超、智慧银行、智慧医疗、园区景区、轨道交通等消费场景。在这个过程中,云从科技完成了在多个场景的海量数据积累。正如技术人员所说"已经在全国银行近50万台自助设备上稳定运行超过3年时间,提供上亿人次刷脸取款、支付等应用服务,是目前受业界认可的成熟技术解决方案。"云从起云商业平台采用具有完全自主知识产权的人脸识别算法、头肩检测算法、跨境追踪识别算法、行为动作分析算法及大数据分析等核心技术,并结合配套的前端摄像机设备和后端智能分析服务器,实现对顾客线下有效数据的分析收集工作,打通商超慧眼平台与前方营销人员的通路,实时地将有效营销方案传递到前方,可真实有效地提高数据的利用率,帮助商超(门店)在提升服务的同时,提升转化率。白泽数聚治理平台实现从数据源、数据采集汇聚数据存储计算、数据质量管理到数据分析服务的全生命周期管理。

第二,数据结构化。自主研发数字化平台为云从科技数据结构化推进提供了重要支撑。首先是对异构数据的接入与处理,白泽数聚治理平台支持多源异构数据的快速接入,支持结构化数据和非结构化数据接入处理,支持离线、实时流批一体数据处理;AI数据湖则依托强大的全结构化解析,具备分布式和全域数据存用算一体,支持标准化 SQL + X 语言,能够实现对多源异构数据的使用。其次是统一数据标准,公司的人机协同操作系统 CWOS中的 AI 能力平台,能够统一数据标准,实现数据结构化,打通数据孤岛,进行数据治理,挖掘数据价值。基于大数据、云计算的数字化运维平台实现数据融合和系统集成,打通全供应链上下游数据,并以专业服务挖掘数据价值,积累企业数据资源,形成数据资产化的基础。云从科技数据资源化的编码和典型证据见表4-2。

表4-2 云从科技数据资源化的编码和典型证据

聚合维度	二阶主题	一阶概念	典型证据援引
数据资源化	数据集聚化	数据积累丰富	在全国银行近50万台自助设备上稳定运行超过3年时间,提供上亿人次刷脸取款、支付等应用服务(B_4)
		平台数据收集	云从起云商业平台采用大数据分析核心技术,并结合配套的前端摄像机机设备和后端智能分析服务器,实现对顾客线下有效数据的分析收集工作(B_5);白泽数聚治理平台的数据采集汇聚(B_6)

聚合维度	二阶主题	一阶概念	典型证据援引
数据资源化	数据结构化	异构数据处理	白泽数聚治理平台支持多源异构数据的快速接入，支持结构化数据和非结构化数据接入处理，支持离线、实时流批一体数据处理（B_6）；AI 数据湖依托强大的全结构化解析，具备分布式和全域数据存用算一体，支持标准化 SQL + X 语言对多源异构数据的使用（B_{13}）
		统一数据标准	人机协同操作系统 CWOS 中的 AI 能力平台，统一数据标准，实现数据结构化，打通数据孤岛，进行数据治理，挖掘数据价值（B_{18}）

2. 数据资产化：数据资产积累与管理

数据资产化是专精特新中小企业数据资源资产化的第一次跃升。数据资产化是数据资源在企业内部发现价值、创造价值乃至实现价值的过程，数据资产是释放数据价值的基础和前提。这一过程是将数据资源与企业的具体业务融合，积累、沉淀形成数据资产，运用数据分析和数据挖掘来把握市场运行机制，激活数据的价值创造潜能，引导企业合理配置资源、变革组织流程来改善业务，提高企业的生产效率和经济效益。数据作为一项新的生产要素，只有将其转化为具有价值的资产，才能持续地为企业创造价值。数据资产化的本质就是激活数据潜在价值的过程。

朗进科技在数据资产化阶段强调流程数字化。在该阶段，朗进科技致力于流程的数字化改造，企业对于数据的利用不再简单停留在数据的查询和收集阶段，而是将积累的数据资源与企业的业务流程融合，挖掘数据价值，沉淀数据资产。进一步地，通过对数据资产的管理，使得企业整体运行效率显著提升。

第一，数据资产积累。汤谷良（2021）指出数据中台可以将存储的标准化数据形成大数据资产层，为各业务前台提供速度更快、质量更精准的高效数据服务。朗进科技以数字化转型为基础，建设数据中心，以此来挖掘数据资产。按照不同的管理需求，将不同部门、不同业务的流动数据进行整合，沉淀形成数据资产。这些数据资产方便企业在经营过程中进行使用，把它们与业务和场景分析相结合，让数据的价值得到最大程度的发挥。除了数据中台，朗进科技还通过数字系统沉淀数据资产。例如公司建立的 PHM 智能运维系统利用大数据分析手段、人工智能机器学习算法，建立故障诊断和健康管理模型，监测空调全寿命周期数据；EMS 能量管理系统能够对单位能源能耗进行动态化管理考核，沉淀相应的数据资产。

第二，数据资产管理。朗进科技空调智能运维的建设，即运用大数据和人工智能技术支持交通车辆空调系统的变频驱动、智能控制、远程故障诊断和智能运维系统。通过对系统沉淀的数据资产进行分析，从故障预测、故障报警到空调的状态维修，既提高了设备可靠性，又降低了运营成本，实现了空调的全寿命周期管理，从而有效缩短产品生产周期，提高生产效率和产品质量，降低运营成本和资源能源消耗。EMS 能量管理系统积累的数据资产则依托专家经验，深度构建能耗能效指标分析体系，实现从系统侧、分系统侧、设备侧等多层面分析，并基于国家能耗能效指标标准与专家行业经验，综合判断指标的监控性。根据节能指标体系，精准定位问题耗能问题，并输出诊断问题、诊断建议、改造建议等节能诊断报告，输出节能优化策略，并随气候变化和实际负荷需求动态控制能源系统。朗进科技数据资产化的编码和典型证据见表 4-3。

表 4-3　　　　　　　　　朗进科技数据资产化的编码和典型证据

聚合维度	二阶主题	一阶概念	典型证据援引
数据资产化	数据资产积累	数据中台挖掘数据资产	朗进科技依托数字化转型设立数据中心，建立数据中台来挖掘数据资产，根据管理需求，将不同部门、不同业务的流动数据形成能够沉淀下来的数据资产（A_8）
		数字系统沉淀数据资产	PHM 智能运维系统利用大数据分析手段、人工智能机器学习算法，建立故障诊断和健康管理模型，监测空调全寿命周期数据（A_9）；EMS 能量管理系统对单位能源能耗进行动态化管理考核（A_{10}）
	数据资产管理	智慧运维	空调智能运维建设，运用大数据和人工智能技术支持交通车辆空调系统的变频驱动、智能控制、远程故障诊断和智能运维系统（A_{11}）
		降本增效	基于负荷预测自动运行最优节能策略，综合节能 10%~15%（A_{12}）；自动检测、诊断系统故障，达到设备智能化自动管控，可视化管理，运营效率最大化（A_{13}）；深度构建能耗能效指标分析体系，实现从系统侧、分系统侧、设备侧等多层面分析，综合判断指标的监控性（A_{14}）

　　云从科技在数据资产化阶段，依托数据平台挖掘数据价值，沉淀数据资产。进一步地，通过对数据资产的管理，使得企业整体运行效率显著提升。此外，还注重数据安全管理，在保护用户隐私和数据安全前提下，实现数据安全共享。

　　第一，数据资产积累。云从科技的银河数字人服务平台，集成了云从科技自研的数字人驱动、语言大模型、指令理解、3D 建模、语音识别、语音合成、自然语言处理等核心算法，支持数字人建模、数字人交互、智能对话、知识问答、多轮对话、多模态交互等视听交互能力，为客户提供一套端到端的数字人整体解决方案，赋能智慧金融、智慧政务、智慧文旅、智慧传媒、智慧出行、智慧零售等行业解决方案。支持数字人 IP 管理、2D 形象管理、3D 形象管理、形象元素库管理、多媒体素材管理等能力，在这个过程中沉淀了丰富的数据资产。此外，云从科技发布的国内首款 AI 原生数据分析产品——DataGPT 基于云从自主研发的从容多模态大模型，开创"对话即分析"的新交互模式，彻底改变企业对复杂数据的认知与应用方式，可通过自然语言与系统进行实时交流，实现零门槛的数据查询与统计操作，实现数据可视化；白泽数聚治理平台提供智能数据探查和管理组件，实现数据质量管理到数据分析服务，提高数据资产的质量和可用性。

　　第二，数据资产管理。云从科技通过激发数据资产的价值，针对市场需求对业务增速提升及成本效率优化的急切诉求，对既有的产品线与解决方案进行了系统化、深度化的优化升级，并成功孵化并广泛推广了一系列创新产品与解决方案。此外，云从对数据资产的管理还包括数据安全管理。云从科技的开明隐私计算平台在保护用户隐私和数据安全前提下，实现多方协同计算、联合建模分析，完成跨领域、跨机构的数据安全共享；基于 MPC 溯源认证的跨境结算服务，数据不出域，实现商品溯源和商户身份认证，确保用户数据的安全。云从科技数据资产化的编码和典型证据见表 4－4。

3. 数据资本化：数据协同与数据辐射

　　数据资本化是专精特新中小企业数据资源资产化的第二次跃升。数据应用若局限于单个企业，数据就只是一种有价值的资源或资产，而无法成为数据资本。数据资本化是数据资产在企业外部实现价值的过程，企业以自身的数据资产积累为基础，通过市场让数据辐射至企业上下游，实现跨企业、跨行业和跨地域流通，将多源数据进行融合并在多场景应用，实现数据资源的协同，就可以使得数据价值倍增，从而实现数据资本化。数据资本化的本质是通过市场对数据资产进行社会化配置，让数据流向可以产生最大价值的地方，实现数据价值增值。

表 4 – 4　　　　　　　　　云从科技数据资产化的编码和典型证据

聚合维度	二阶主题	一阶概念	典型证据援引
数据资产化	数据资产积累	数字平台沉淀数据资产	银河数字人服务平台集成多个核心算法，为客户提供一套端到端的数字人整体解决方案，赋能多个行业解决方案，支持多元素管理（B_{10}）
		数据清洗	DataGPT 改变企业对复杂数据的认知与应用方式，实现数据可视化（B_8）；白泽数聚治理平台提供数据质量管理到数据分析服务（B_{12}）
	数据资产管理	产品优化	针对市场需求对业务增速提升及成本效率优化的急切诉求，云从科技对既有的产品线与解决方案进行了系统化、深度化的优化升级，并成功孵化并广泛推广了一系列创新产品与解决方案（B_{24}）
		数据安全管理	开明隐私计算平台在保护用户隐私和数据安全前提下，实现多方协同计算、联合建模分析，完成跨领域、跨机构的数据安全共享（B_{15}）；基于 MPC 溯源认证的跨境结算服务，数据不出域，实现商品溯源和商户身份认证（B_{17}）

朗进科技在数据资本化阶段通过数据协同与数据辐射两个途径激发数据资产的价值。在该阶段，朗进科技通过对数据复用丰富需求层次，并辐射多个领域实现数据价值。

第一，数据协同。赵丽芳等（2024）认为数据具有复用增值性，即数据作为一种生产要素，不会因为使用就损耗或减值，而是能够一次收集、多次利用，并且具备正反馈效应，在使用过程中还能够产生衍生数据，所以重复使用不仅不会使数据资产减值，反而可能因技术赋能出现增值。朗进科技利用大数据、云平台等数字技术快速了解行业动向，收集市场信息，实时关注来自不同地区针对空调产品的反馈，根据这些用户市场数据，又可以更精准明晰未来技术的研究方向，持续开发适用于高铁动车组、普速铁路及其他交通车辆的变频空调系统，不断开拓新的市场领域，实现复用增值。除此之外，朗进科技还基于数字技术，围绕轨道交通车辆空调产品全生命周期提供的智能预诊断技术服务，丰富了轨道交通车辆空调行业客户的需求层次，提供高附加值产品及服务，促进产业升级转型。例如，朗进科技对空调系统全寿命周期进行的维保服务是服务延伸的探索和尝试，在原有产品架大修基础上拓展新业务模式，推动了维保业务创新和服务型制造转型发展，具有很强的标杆和推广意义。

第二，数据辐射。朗进科技将数据应用到不同的场景。例如，朗进科技与中通客车合作，纯电动景区定制客车成功交付泰山景区客运，推动了泰山景区客运交通定制化、电动化进程，为全国景区客运的转型发展树立了样板工程。与常规车辆相比，山岳类景区用车有着复杂、严苛的产品门槛。尤其在泰山景区，其道路复杂，人流众多，对客运车辆的舒适性、安全性和出勤率都提出了更高要求。针对这些特性，朗进科技为其设计的低温热泵集成电池一体化空调，采用了铝合金底壳和 SMC 顶壳设计，具有减重、节能的特性，有效减少对整车空间的占用，大幅提升了乘车舒适性。在一系列定制化解决方案加持下，该批车辆在旅游复苏的高峰时期，不仅高效完成了高频次、高负荷的运营任务，更赢得了驾乘人员一致好评；氢能源智轨搭载的 ART 空调系统，是朗进科技与中车智轨又一强强合作的项目。马来西亚智轨项目的落地，充分体现了东南亚市场对智轨这一中国创新成果的认可和欢迎。针对马来西亚高温高湿环境，空调系统较之前的空调系统有了重大产品升级——以客室空调和司机室空调为例，重新调整了机械接口，整车车顶布局进行了优化。朗进科技的数据服务还辐射多个领域：在热泵多联供领域，朗进科技积极参与青岛市新建商务载体升级、存量老旧楼宇改造，提升楼宇商务配套服务和智能化水平；此外，公司还将变频板设计平台化，顺利完成 UL 认证工作。朗进科技数据资本化的编码和典型证据见表 4 - 5。

云从科技在数据资本化阶段通过数据协同和数据辐射两个途径激发数据资产的价值。在该阶段，云从科技通过数据协同为客户提供个性化、场景化、行业化的智能服务，并覆盖多个领域实现跨界融合，辐射上下游企业，推动政企数字化发展。

表 4 – 5 朗进科技数据资本化的编码和典型证据

聚合维度	二阶主题	一阶概念	典型证据援引
数据资本化	数据协同	复用增值	大数据、云平台等数字技术的应用帮助市场人员快速了解行业动向，收集市场信息，实时关注来自不同地区针对空调产品的反馈，又可以根据对用户需求的更精准明晰未来技术的研究方向，不断开拓新的市场领域（A_{23}）
		丰富需求层次	朗进科技基于数字技术，围绕轨道交通车辆空调产品全生命周期提供的智能预诊断技术服务，丰富了轨道交通车辆空调行业客户的需求层次，提供高附加值产品及服务，促进产业升级转型（A_{17}）；产品全寿命周期维保的探索和尝试（A_{20}）
	数据辐射	区域定制	朗进科技助力泰山景区"零碳出行"（A_{18}）；马来西亚智轨项目（A_{19}）
		辐射多领域	在热泵多联供领域，积极参与青岛市新建商务载体升级、存量老旧楼宇改造，提升楼宇商务配套服务和智能化水平（A_{21}）；将变频板设计平台化，完成 UL 认证工作（A_{22}）

第一，数据协同。云从多年深耕行业，先后布局智慧金融、智慧治理、智慧出行及智慧商业四大业务领域，每天为全球 3 亿人次用户带来智慧、便捷和人性化的 AI 生活体验。广泛应用在物联网、移动互联网、银行、安防、交通等领域。例如，在银行领域，提供 53 种解决方案和应用场景；在民航领域，公司产品覆盖 54 家机场。公司将多源数据进行融合并在多场景应用，实现数据资源的协同，从而使得数据价值倍增。

第二，数据辐射。云从科技背靠的国家级开发开放新区——两江新区，正抢抓新一轮全球产业发展和"数字中国"建设机遇，依托全市最大数字经济产业园——两江数字经济产业园，加速发展数字经济。作为其中一家优质高科技企业，云从科技依托产业园优势，发挥集聚效应，加速数据资源流通，辐射周边及上下游企业，进一步挖掘数据价值，形成重庆照母山数字经济创新地标品牌。并且随着国家新基建深入发展，云从科技也将始终致力于人机协同的创新探索，推动政府数字化转型，推进数字经济发展。云从科技数据资本化的编码和典型证据见表 4 – 6。

表 4 - 6 云从科技数据资本化的编码和典型证据

聚合维度	二阶主题	一阶概念	典型证据援引
数据资本化	数据协同	多场景数智化协同	公司业务涵盖智慧金融、智慧治理、智慧出行、智慧商业等领域，为客户提供个性化、场景化、行业化的智能服务（B_1）；人机协同（B_{11}）
		跨界融合	广泛应用在物联网、移动互联网、银行、安防、交通等领域。银行领域：53 种解决方案和应用场景；安防领域：产品在 29 个省级行政区上线实战；民航领域：产品覆盖 54 家机场（B_{10}）
	数据辐射	政企合作	随着国家新基建深入发展，云从科技将始终致力于人机协同的创新探索，推动政府数字化转型，推进数字经济发展（B_{28}）
		辐射上下游	云从科技依托产业园优势，发挥集聚效应，加速数据资源流通，辐射周边及上下游企业（B_6）

4.2.7 结论与讨论

1. 研究结论

本节基于朗进科技与云从科技的双案例研究，探讨了专精特新中小企业数据资产化的过程机制，揭示了专精特新中小企业数据资产化的本质属性。通过案例分析发现，专精特新中小企业的数据资产化经历了"数据资源化""数据资产化"及"数据资本化"三个阶段，实现了"资产化"和"资本化"的两次跃升。具体来看，企业首先将收集到的原始数据经过集聚与结构化形成数据资源，形成数据资产化的基础；再将数据资源与企业的具体业务融合，积累、沉淀形成数据资产，运用数据分析和数据挖掘来把握市场运行机制，激活数据的价值创造潜能；进一步地，企业以自身的数据资产积累为基础，通过市场让数据辐射至企业上下游，实现跨企业、跨行业和跨地域流通，将多源数据进行融合并在多场景应用，实现数据资源的协同，就可以使得数据价值倍增，从而实现数据资本化，实现数据价值增值。虽然案例企业存在异质性，但二者的数据资产化都经历了"原始数据—数据资源—数据资产—数据价值"的过程，本质上是非结构化的低价值数据形态向可实现数据增值的高价值数据形态的演变过程。

2. 实践启示

基于上述分析，提出以下启示：第一，专精特新中小企业应当把握数据资产化的阶段性特征，有效发挥各阶段数据资源的关键作用，以实现数据资源赋能企业发展。企业决策者在精准把握企业数据资产化阶段的同时，以多种数字技术融合为基础，最大程度挖掘数据在数据资产化各个阶段的作用，发挥数据驱动作用。第二，传统企业的数据资产化应当加快数字化转型，挖掘数据资源的价值，加速数据赋能企业升级；互联网平台企业的数据资产化应当优化和整合社会资源，发挥互联网平台的作用，将数据资源共享至上下游相关联的多个场景乃至供应链全链条，构建协同共赢的数据生态圈，从而促进数据使能。

3. 局限性与展望

第一，通过访谈的方式采集案例资料，数据中可能会出现受访者事后回忆缺失等问题，从而影响研究结果的内容有效性。第二，本研究为归纳式双案例研究，虽然朗进科技和云从科技的案例选择具有代表性，但专精特新中小企业种类繁杂、规模大小不一，相较于大样本研究，其外部效度仍存在一定的局限性，故未来可以通过大样本研究对本研究的结论进行修正和检验，以形成更为全面的研究论断，进一步拓展与深化专精特新中小企业数据资产化的相关研究。

第5章 数据资产化对专精特新中小企业融资约束的缓释机制及效应检验

专精特新中小企业作为中小企业的优秀代表，由于其固有限制及宏观环境的约束依然面临融资约束的困境，而数据作为数字经济时代重要的生产力，数据资产化能够推进"实体经济＋数字科技"的深度融合，有助于企业获取多元信息，提升信息透明度，大幅降低由于信息不对称和决策延迟所致的风险。但数据资产化的本质属性与指标测度尚未有统一的计量方法，数据资产化对专精特新中小企业融资约束的缓释机制及效应目前尚停留在理论层面而未得到具体的实证支撑。为此本章在探讨数据资产化的本质属性、内在逻辑、过程机制的基础上，构建特征词库，用文本分析法对数据资产化进行测度。然后在专精特新中小企业融资约束产生的动因的基础上结合相关理论基础，运用实证研究的方法深入探讨数据资产化对专精特新中小企业融资约束的影响，这不仅为探索数据产化缓解专精特新中小企业融资约束实践提供理论指导，还对我国中小企业抓住数字经济的重大机遇实现高质量发展具有重要意义。

5.1 理论分析与研究假设

自法扎里等（Fazzari et al.，1988）正式提出融资约束后，如何缓解企业融资约束得到了广泛关注。资金作为中小企业生产经营、多元化发展的关键要素，充足的资金能带动企业资产流动性的提升，增强企业的偿债能力，并向利益相关者传递企业经营良好的信号，进而提升企业发展水平。然而，中小企业自身治理结构的缺陷加之资本市场资源配置扭曲加剧了融资约束现象的产生，使中小企业技术创新活动受到限制，未来发展充满挑战。专精特新中小企业作为中小企业的优秀代表同样面临众多中小企业的融资共性难题（董志勇和李成明，2021）。根据信息不对称理论和信贷配给理论，融资过程的信息不对称及其产生的道德风险和逆向选择是融资约束产生的重要原因（Stiglitz & Weiss，1981）。因此，缓解企业融资约束要从降低信息不对称和融资风险出发。随着新一代信息技术和制造业的深度融合，数据要素已经成为深化数字经济发展的核心引擎。与传统经济理论不同，数字经济理论表明数字技术通过数字化赋能具有改变其他要素的资源组合的禀赋，并且能够形成内生增长机制（陈万钦，2020）。多数学者均强调数据资产化的价值属性，将数据资产化看作数据要素与具体业务场景结合，驱动业务变革，在企业层面实现价值倍增的过程，这不仅依托数字技术的使用还围绕着企业生产经营活动的全过程。由此看来，数据资产化对企业的融资活动也具有一定影响。一方面，数据资产化有助于引导企业合理配置资源，降低交易成本。在当今快速变化的商业环境中，企业获得持续竞争优势的关键是能够运用大数据技术获得有用的商业信息。数据要素不仅能够借助平台共享，还具有无消耗性的特征，能够源源不断地产生和循环使用（陈书晴等，2022）。数据要素通过赋能企业生产、研发、销售、服务等活动环节进行价值创造，改善了劳动、知识、管理、资本和技术等要素的价值效率，交易成本也随之降低甚至趋近于零，产生规模经济的效用（潘家栋和肖文，2022）。另一方面，数据资产化有助于推进企业生产模式的变革，驱动业务效率提高。现有研究指出，数据要素参与企业层面的价值创造改变了企业的组织模式、研发模式、制造模式及销售模式（李海舰和赵丽，2021）。借助模块化的数据组合，数据资产化不仅有效缓解了生产者和消费者之间的供需"摩擦"，促进供需两侧的动态匹配，实现生产效率和交易效率的提升，还为企业树立良好的品牌形象，提升长期竞争力。良好的品牌形象将加强企业对自身行为的监管，降低增加经营风险的"期限错配"行为，而这种降低跨期错配风险的行为，能在较短的时间内优化企业融资渠道，降低企业融资约束。因此，提出以下假设。

H5－1：数据资产化对专精特新中小企业融资约束具有缓释效应。

5.2　研　究　设　计

5.2.1　样本选择与数据来源

本书主要借助上市公司年报和国泰安数据库（CSMAR）获得相关研究数据。（1）上市公司年报。上市公司年报主要来源于巨潮资讯网，用来提取数据资产化（Digas）的关键词频。（2）国泰安数据库（CSMAR）。主要包括上市专精特新中小企业的信息和企业财务数据。上市专精特新中小企业的详细信息包括股票代码、企业名称、认定类型、所属地区、所属行业等；企业财务数据包括企业融资约束程度（FC）、产权性质（SOE）、企业市值（TobinQ）、资产负债率（LEV）、第一大股东持股比例（Top1）、董事会规模（Board）、高管是否具有金融背景（FinBack）、企业成长性（Growth）等。

本书主要通过以下三个步骤进行数据匹配。首先，将国泰安下载的上市专精特新中小企业从数据库中筛选出来；其次，将筛选出来的上市专精特新中小企业数据与年报爬取的数据资产化词频根据企业代码及年份进行匹配，获得上市专精特新中小企业数据资产化程度数据；最后，将匹配后的数据依据企业代码、年份与国泰安下载的企业财务数据相匹配，获得企业特征数据。此外，考虑到第一批专精特新中小企业于 2013 年开始评定，由于部分数据未能获取，本书选取 2013—2022 年的数据。为保证数据有效性，对原始数据作以下处理。（1）剔除信息不清晰或缺失严重的数据；（2）剔除 ST、ST * 和 PT 的企业；（3）剔除金融行业的企业。最终得到 737 家企业的年度观察值。为避免极端值的影响，借助 STATA 17 软件对所有连续变量进行前后 1% 的缩尾处理。

5.2.2 变量说明

1. 被解释变量：融资约束（*FC*）

融资约束是指企业在金融市场上筹资时受到的各种限制，表现为在不完全市场下内外融资之间的差异。现有研究通常使用 *SA*、*KZ*、*FC* 或 *WW* 指数作为融资约束的度量指标。本书参照顾雷雷等（2020）的研究，采用 *FC* 指数作为融资约束的代理变量，主要关注公司内部现金流对融资需求的影响以评价融资的限制情况。*FC* 指数取值越大，表明企业面临的融资约束越严重。此外，本研究还参照鞠晓生等（2013）的研究方法，采用 *WW* 指数进行稳健性检验，考虑到企业在资本市场的融资选择，根据债务与股权的比例判断融资限制的程度。*WW* 指数取值越大，表明企业面临的融资约束越严重。

2. 解释变量：数据资产化（*Digas*）

数据资产化体现了数据资产从非结构化的低价值数据形态向可实现数据增值的高价值数据形态的演变，即在企业内部运营或外部协助过程中实现数据价值增值的过程。这一过程可以归纳为数据资产由数字化向结构化、标准化转变，最后实现价值化的过程，而数据资产价值化是创造经济价值、社会价值和政治价值的过程（郭明军等，2020；向书坚等，2023），其价值可以体现在企业生产经营、居民生活和政府治理等方面。为此，本研究在现有数据资产化的相关研究基础上从研发、生产、销售及服务等维度围绕数字化、结构化、标准化和价值化拓展相似词汇，构建一个适宜数据资产化的完备词库，词库词汇主要来源于学术文献和调研报告。具体包括以下步骤。

（1）词频提取。关键词主要来源于两部分，一是参考何伟（2020）、李健等（2023）的研究，归纳出与数据资产化相关的关键词；二是依据课题组成员参与的数字化转型诊断工作，在实践中积累得到的关键词。然后采用 Python 抓取上市公司年报，通过 JavaPDFbox 提取 PDF 文本内容进行数据资产化特征词筛选。

（2）具体分析。首先，数字化是实施智能制造的基础和条件，在流程管理的基础上应用数字化、信息化的方式实现企业经营活动。为此选取虚拟现实、图像理解、机器人、机器学习、深度学习、语义搜索、生物识别技术等为数字化的关键词。其次，结构化是指业务的逻辑化，流程的规范化，实现跨业务活动间的数据共享。为此选取数据共享、过程控制、参数优化、协同设计、知识库、产品生命周期系统、融合架构等为结构化的关键词。再次，标准化。标准化是指企业对人员、各项资源的数据表现形式建立起标准度量体系或形成准则，实现对业务活动的精准预测和提升经济效益。为此选取产品参数化、模块化设计、试验验证平台、产品全生命周期跨业务协调、原理样机构建、工艺模板、标准库等为标准化的关键词。最后，价值化是企业通过数字经济活动，从产品应用中获得价值的过程，包含各类产品及服务。为此选取个性化定制、产品全生命周期动态管理、产品高效设计、产品设计云平台、平台应用等为价值化的关键词。同时，在第 4 章分析的基础上，借鉴吴非等（2021）的研究方法，采用年报中有关数据资产化关键词总数加 1 的自然对数构建数据资产化测度指标。具体指标如图 5 – 1 所示。

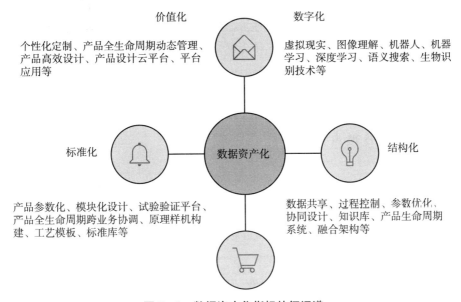

图 5 – 1　数据资产化指标特征词谱

3. 控制变量

为了控制其他因素对融资约束的影响，借鉴魏志华等（2014）、王正文等（2023）的研究，选取产权性质（*SOE*）、企业市值（*TobinQ*）、资产负债率（*LEV*）、第一大股东持股比例（*Top*1）、董事会规模（*Board*）、高管是否具有金融背景（*FinBack*）、企业成长性（*Growth*）等为控制变量。此外，本研究还控制了行业固定效应和年份固定效应，控制不随时间和行业变动而变动的变量的影响，在一定程度上解决变量遗漏产生的数据偏差问题。产权性质不同的企业存在的天然优势也不同，相对于非国有企业，国有企业由于受到更强的政府干预，在融资上面临的约束较小。企业市值是指企业在股市上的总价值，能够评估企业未来的发展前景。资产负债率作为衡量企业财务稳健性的指标，其高低会影响企业的融资情况和盈利能力。第一大股东是指上市公司中持股比例最多的股东，股东持股代表其出资多少，在某种层面上象征着企业内源性融资水平。董事会规模在一定程度上可以反映企业可用资源的数量，董事会成员越多，越有助于企业获得用于创新活动的资金、信息人脉等资源（刘小元和李永壮，2012），并且处于财务困境的公司也会缩减董事会规模。高管是否具有金融背景，拥有金融背景的高管不仅具有更高的风险承受度，还拥有专业的财务和金融知识，在选择研发项目、评估项目风险等方面具有优势（王睿等，2023）。企业成长性决定了企业未来的发展空间。企业拥有较高的成长性，能够增强企业获得债务或权益融资的可能性。

5.2.3　模型构建

基于豪斯曼（Hausman，1978）检验结果，采用面板数据固定效应模型，控制了行业固定效应。为避免由于时间趋势带来的影响，还控制了年份固定效应。根据基准假设，为了检验数据资产化对专精特新中小企业融资约束之间的关系，本研究构建以下模型。

$$FC_{i,t} = \alpha_0 + \alpha_1 Digas_{i,t} + \alpha_2 Controls_{i,t} + Industry_{i,t} + Year_i + \varepsilon_{i,t} \qquad (5-1)$$

其中，i 和 t 分别表示行业和年份；α 表示常数项；α_1 刻画了数据资产化对专精特新中小企业融资约束的影响；$Controls_{i,t}$ 为所有控制变量的代理指标；

$Industry_{i,t}$ 为行业固定效应；$Year_i$ 为年份固定效应；$\varepsilon_{i,t}$ 为随机扰动项。具体变量说明见表 5 - 1。

表 5 - 1 变量定义与解释说明

变量类型	变量说明	变量符号	变量定义
被解释变量	融资约束	FC	FC 指数越大，融资约束越严重
解释变量	数据资产化	Digas	ln（特征词频 +1）
	产权性质	SOE	国有企业及国有控股机构时取 1，反之为 0
	资产负债率	LEV	$\dfrac{年末总负债}{年末总资产}$
	董事会规模	Board	ln（董事会人数 +1）
控制变量	企业成长性	Growth	$\dfrac{当年营业收入 - 上年营业收入}{上年营业收入}$
	企业市值	TobinQ	$\dfrac{市场价值}{总资产}$
	第一大股东持股比例	Top1	$\dfrac{第一大股东持股数}{年末总股数}$
	董监高是否具有金融背景	FinBack	董监高具有金融背景时取 1，反之为 0

5.3 多元回归分析

5.3.1 描述性统计

表 5 - 2 中 Panel A 是对各主要变量的描述性统计结果。由表 5 - 2 可知，FC 的平均值为 0.635，标准差为 0.231，表明样本公司存在不同程度的融资约束。并且融资约束的最大值为 0.970，最小值为 0.0318，呈右偏分布，表明专精特新中小企业的融资约束还存在较大的下降空间。数据资产化的均值

为 3.816，标准差接近于 1，说明样本公司间数据资产化程度有所不同，但是相对均衡。具体分布情况见 Panel B。其余控制变量均在合理的范围内，并且在不同样本间也存在差异，表明其可能对专精特新中小企业融资约束产生影响。

Panel B 展示了数据资产化在不同情境下组间差异的检验结果。从表 5－2 中可以看出东部地区样本的数据资产化程度显著高于其他地区，并且技术密集型企业的数据资产化程度也显著高于资产密集型和劳动密集型企业，可能是由于技术密集型企业应用数据技术高于其他类型企业。以上结果均与现实情况相符，初步表明相关数据具有一定稳健性。

表 5－2 描述性统计

Panel A 主要变量描述性统计

变量	样本量	平均值	标准差	最小值	最大值
FC	3489	0.635	0.231	0.0318	0.970
Digas	3487	3.816	0.980	1.792	6.159
SOE	3489	0.112	0.315	0	1
LEV	3489	0.354	0.180	0.0483	0.842
Board	3489	2.180	0.163	1.792	2.485
Growth	3489	0.188	0.378	－0.511	2.028
TobinQ	3489	2.321	1.327	0.999	8.357
Top1	3489	0.304	0.129	0.0895	0.680
FinBack	3489	0.00720	0.0844	0	1

Panel B 数据资产化组间差异检验

变量	东部地区		其他地区		均值差异 (M1 － M0)
	观察值	均值 (M1)	观察值	均值 (M0)	
Digas	2683	3.8839	804	3.5888	0.2951 ***

变量	技术密集型		资产密集型和劳动密集型		均值差异 (M1 － M0)
	观察值	均值 (M1)	观察值	均值 (M0)	
Digas	2343	3.9594	1144	3.5219	0.4374 ***

注：***、**、*分别表示在1%、5%、10%的水平上差异显著。

5.3.2　相关性分析

表 5 - 3 为主要变量的相关性分析，表 5 - 3 显示各变量间相关系数除了资产负债率外均小于 0.5 阈值，并且多重共线性分析结果显示 VIF 值为 1.05，单个变量系数均小于 10，表明模型中主要变量间不存在多重共线性的可能。其中，数据资产化与融资约束之间呈显著负相关，初步验证了 H5 - 1。控制变量与融资约束间存在显著的相关性，表明控制此类变量具有合理性。

表 5 - 3　　　　　　　　　　**主要变量的相关性分析**

FC	Digas	SOE	LEV	Board	Growth	TobinQ	Top1	FinBack
1.000								
- 0.071 **	1.000							
- 0.070 **	- 0.073 **	1.000						
- 0.542 **	0.024	0.099 **	1.000					
- 0.033 *	- 0.066 **	0.183 **	- 0.022	1.000				
- 0.101 **	- 0.048 **	- 0.061 **	0.077 **	0.032 *	1.000			
0.045 **	- 0.011	- 0.012	- 0.207 **	- 0.024	0.102 **	1.000		
0.119 **	- 0.119 **	0.085 **	- 0.098 **	- 0.065 **	- 0.017	0.017	1.000	
- 0.029 *	- 0.069 **	0.110 **	0.003	0.059 **	- 0.006	- 0.010	0.011	1.000

注：***、**、*分别表示在1%、5%、10%的水平上差异显著。

5.3.3　假设检验

表 5 - 4 为基准回归结果。其中，第（1）列为仅纳入核心解释变量以及控制行业固定效应的结果。在不引入控制变量的情况下，数据资产化的回归系数在 1% 的水平上显著为负，表明数据资产化的提升能够有效缓解专精特新中小企业融资约束，充分发挥了其"缓释效应"。考虑到不同企业的数

字化水平有所不同，可能存在其他影响专精特新中小企业融资约束的因素，在第（2）中增加了企业层面的控制变量再次进行回归。结果显示，核心解释变量的系数绝对值虽然有所下降，但仍在1%的水平上显著负相关。为避免由于时间趋势带来的"伪回归"问题，第（3）列在控制行业固定效应、加入控制变量的基础上纳入年份固定效应再次进行回归。结果显示，核心解释变量系数的绝对值相对于第（2）列有所下降，但仍在1%的水平上显著负相关。即数据资产化能够有效缓解专精特新中小企业融资约束，H5-1得到验证。

表 5-4　　　　　　　　　　　　　基准回归结果

变量	（1）	（2）	（3）
	FC	FC	FC
Digas	-0.0384 *** (0.0046)	-0.0301 *** (0.0038)	-0.0203 *** (0.0048)
SOE		-0.0074 (0.0105)	-0.0049 (0.0105)
LEV		-0.6943 *** (0.0204)	-0.6879 *** (0.0209)
Board		-0.0537 ** (0.0208)	-0.0577 *** (0.0208)
Growth		-0.0297 *** (0.0099)	-0.0290 *** (0.0101)
TobinQ		-0.0127 *** (0.0032)	-0.0174 *** (0.0034)
Top1		0.1185 *** (0.0264)	0.1115 *** (0.0263)
FinBack		-0.0811 *** (0.0278)	-0.0878 *** (0.0281)
行业固定效应	是	是	是
年份固定效应	否	否	是

变量	(1)	(2)	(3)
	FC	*FC*	*FC*
_cons	0.7132 *** (0.0355)	1.0561 *** (0.0549)	1.0523 *** (0.0545)
N	3487	3487	3487
R^2	0.113	0.386	0.396

注：*** 、** 、* 分别表示在 1%、5%、10% 的水平上差异显著；括号内为 t 值。

5.4 内生性检验

5.4.1 工具变量法

数据资产化与专精特新中小企业融资约束间可能存在逆向因果的影响。具体而言，尽管本研究基准回归得出数据资产化对专精特新中小企业融资约束具有缓释效应，但是，一方面企业融资约束产生的原因可能会来源于企业进行数字化转型，引进大量数字技术的需求（张雷和盛天翔，2022）；另一方面企业创新项目的高风险性、高投入性导致创新活动容易受到资金短缺的影响。较高的融资约束不仅会影响企业的数字化进程，还会影响企业价值的提升（苑泽明等，2022）。为避免逆向因果带来的内生性问题，本研究采用工具变量法弱化潜在影响。参考李健等（2023）的研究思路，选用企业所在行业当年的其他企业数据资产化的平均值（Dmen）作为工具变量进行两阶段工具变量估计。工具变量的选取满足了三个主要原则。其一，随机性。企业所在行业当年的其他企业数据资产化的平均值是客观存在的，并不因主观意识的变化而变化。其二，相关性。同行业的企业面临相似的外部环境和经营特征，因而同行业其他企业数据资产化的程度与该企业数据资产化程度存在一定相关性。其三，外生性。其他企业的数据资产化程度不一定会对该企业融资约束产生直接影响，故满足外生性原则。首先，对所选工具变量进行弱工具变量检验，结果显示不存在弱工具变量和过度识别问题。其次，表 5 - 5 中 2SLS 回归结果显示第一阶段工具变量 $Dmen$ 与数据资产化在 1% 的水平上显著正相关，表明工具变量的选取具有一定合理性。第二阶段的检验结果显示，在 10% 的显著水平上核心解释变量 $Digas$ 仍然显著为负，表明 H5 - 1 仍然成立，即数据资产化会缓解专精特新中小企业融资约束。

表 5 - 5   工具变量法

变量	(1)	(2)
	第一阶段	第二阶段
	$Digas$	FC
$Dmen$	0. 2065 *** (0. 045)	
$Digas$		- 0. 108 * (0. 065)
SOE	- 0. 0528 (0. 038)	- 0. 012 (0. 012)
LEV	0. 1202 * (0. 067)	- 0. 675 *** (0. 021)
Board	- 0. 0183 (0. 071)	- 0. 064 *** (0. 021)
Growth	0. 0524 * (0. 030)	- 0. 023 ** (0. 010)
TobinQ	- 0. 0011 (0. 009)	- 0. 017 *** (0. 003)
Top1	- 0. 1209 (0. 091)	0. 100 *** (0. 028)
FinBack	0. 0204 (0. 140)	- 0. 084 ** (0. 042)
行业固定效应	是	是
年份固定效应	是	是

变量	（1）	（2）
	第一阶段	第二阶段
	Digas	*FC*
_cons	2. 2516 *** (0. 253)	1. 308 *** (0. 194)
N	3356	3356
R^2	0. 591	0. 325

注：*** 、** 、* 分别表示在 1%、5%、10% 的水平上差异显著；括号内为 *t* 值。

5.4.2 双重差分模型

数据资产化与专精特新中小企业融资约束之间的负相关关系可能受到选择偏差的影响。例如，本书的被解释变量是专精特新中小企业的融资约束，但由于客观问题的存在，所选的研究样本并不是所有的专精特新中小企业，而是已上市的专精特新中小企业。为了解决样本选择偏差带来的影响，采用双重差分法来缓解上述可能存在的内生性问题。国务院于 2013 年发布 "宽带中国" 战略实施方案，该战略的实施大幅增加了示范城市宽带网络的服务速度和数字化发展水平，为企业数据资产化的实现提供了良好的发展环境。基于此，示范城市中的企业更易受到 "宽带中国" 战略实施方案的影响，对于企业数据资产化的进程也会产生一定的影响。为此，参照秦文晋和刘鑫鹏（2022）的做法，将 "宽带中国" 作为典型的外生冲击构建实验组和对照组。基于此，构建以下模型：

$$FC_{i,t} = \alpha_0 + \alpha_1 DID_{i,t} + \alpha_2 Controls_{i,t} + Industry_{i,t} + Year_i + \varepsilon_{i,t} \quad (5-2)$$

其中，以 *Treat* 代表对照组和实验组的区分标记，将纳入 "宽带中国" 示范城市中的企业赋值为 1，否则为对照组，赋值为 0。以 *Post* 代表年份虚拟变量，即城市被批复为 "宽带中国" 示范城市的当年及以后为 1，否则为 0。解释变量 *DID* 为 *Treat* 与 *Post* 的乘积。表 5 - 6 展示了双重差分模型的估计结果。由表 5 - 6 可知，*DID* 的系数均与专精特新中小企业融资约束呈显著的负相关关系，这表明在政策出台后，企业数据资产化水平呈现增长态势且能够显著降低专精特新中小企业融资约束情况。同时，为保证双重差分模型结果的稳健性，还加入了平行趋势检验，如图 5 - 2 所示，政策实施前 *DID* 均不显著，而在政策实施后 *DID* 均显著为负，这表明政策实施前，专精特新中小企业的融资约束水平并没有差异，模型的平行趋势假定通过检验。

表 5 - 6　　　　　　　　　　　双重差分法

变量	(1)	(2)	(3)
	FC	*FC*	*FC*
DID	- 0. 0513 *** (0. 0086)	- 0. 0421 *** (0. 0070)	- 0. 0408 *** (0. 0080)
SOE		- 0. 0101 (0. 0106)	- 0. 0079 (0. 0104)
LEV		- 0. 6983 *** (0. 0206)	- 0. 6921 *** (0. 0208)
Board		- 0. 0525 ** (0. 0210)	- 0. 0607 *** (0. 0208)
Growth		- 0. 0279 *** (0. 0099)	- 0. 0301 *** (0. 0100)
TobinQ		- 0. 0115 *** (0. 0032)	- 0. 0174 *** (0. 0034)
*Top*1		0. 1252 *** (0. 0267)	0. 1130 *** (0. 0264)
FinBack		- 0. 0804 *** (0. 0264)	- 0. 0883 *** (0. 0273)
行业固定效应	是	是	是
年份固定效应	否	否	是

续表

变量	(1)	(2)	(3)
	FC	FC	FC
_cons	0.6266 *** (0.0324)	0.9842 *** (0.0542)	1.0067 *** (0.0533)
N	3489	3489	3489
R^2	0.104	0.381	0.397

注：***、**、* 分别表示在 1%、5%、10% 的水平上差异显著；括号内为 t 值。

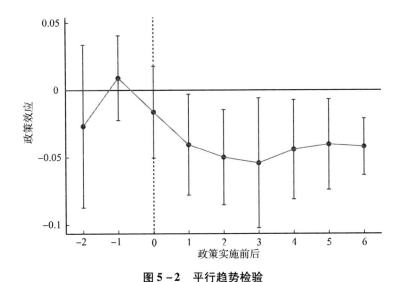

图 5 - 2　平行趋势检验

5.5　稳健性检验

5.5.1　替换被解释变量的测度方法

与 FC 法测度融资约束不同，WW 指数在考虑企业自身的财务特征之外，还考虑了企业所处的外部行业特征。因此，参考周先平等（2023）的研究，

采用 *WW* 来衡量专精特新中小企业的融资约束水平并进行稳健性检验。*WW* 指数越大表示融资约束程度越高。回归结果见表 5 - 7。由表 5 - 7 可以看出，数据资产化的相关系数均在 1% 的水平上显著负相关，说明替换被解释变量后结果依然稳健。

表 5 - 7   替换被解释变量

变量	(1)	(2)	(3)
	WW	*WW*	*WW*
Digas	− 0. 0063 *** (0. 0011)	− 0. 0072 *** (0. 0010)	− 0. 0065 *** (0. 0012)
SOE		0. 0002 (0. 0027)	− 0. 0007 (0. 0026)
LEV		− 0. 0050 (0. 0057)	0. 0011 (0. 0056)
Board		− 0. 0202 *** (0. 0054)	− 0. 0203 *** (0. 0053)
Growth		− 0. 0680 *** (0. 0038)	− 0. 0722 *** (0. 0038)
TobinQ		0. 0056 *** (0. 0009)	0. 0059 *** (0. 0009)
*Top*1		− 0. 0194 *** (0. 0064)	− 0. 0197 *** (0. 0063)
FinBack		− 0. 0265 *** (0. 0092)	− 0. 0293 *** (0. 0092)
行业固定效应	是	是	是
年份固定效应	否	否	是
_cons	− 0. 9675 *** (0. 0116)	− 0. 9114 *** (0. 0156)	− 0. 9031 *** (0. 0160)
N	3486	3486	3486
R^2	0. 124	0. 333	0. 376

注：***、**、* 分别表示在 1%、5%、10% 的水平上差异显著；括号内为 *t* 值。

5.5.2 解释变量滞后一期

参照李宾等（2023）的研究方法，取数据资产化滞后一期作为核心解释变量重新回归。回归结果见表 5-8。结果显示，数据资产化相关系数的绝对值在加入控制变量和年份固定效应后逐渐降低，但是仍在 1% 的水平上显著负相关，说明数据资产化对专精特新中小企业的缓释效应存在滞后，稳健性检验得到证实。

表 5-8 解释变量滞后一期

变量	（1）	（2）	（3）
	FC	FC	FC
L. Digas	-0.0377 *** (0.0065)	-0.0219 *** (0.0056)	-0.0172 *** (0.0057)
SOE		0.0040 (0.0121)	0.0057 (0.0118)
LEV		-0.7123 *** (0.0254)	-0.7162 *** (0.0255)
Board		-0.0607 ** (0.0260)	-0.0624 ** (0.0256)
Growth		-0.0337 *** (0.0114)	-0.0338 *** (0.0114)
TobinQ		-0.0100 *** (0.0038)	-0.0148 *** (0.0041)
Top1		0.1018 *** (0.0330)	0.0992 *** (0.0325)
FinBack		-0.0737 * (0.0414)	-0.0757 * (0.0427)
行业固定效应	是	是	是
年份固定效应	否	否	是

变量	(1)	(2)	(3)
	FC	FC	FC
_cons	0.6700 *** (0.0397)	1.0239 *** (0.0656)	1.0347 *** (0.0651)
N	2458	2458	2458
R^2	0.127	0.384	0.403

注：***、**、* 分别表示在1%、5%、10%的水平上差异显著；括号内为 t 值。

5.5.3 剔除新冠疫情的影响

2020年开始持续三年的新冠疫情对世界及中国经济发展造成了较长期的负面影响，为排除这一政策可能造成的干扰，本书剔除2019年以后的样本进行稳健性检验。表5-9显示数据资产化的回归系数均在1%的水平上显著负相关，回归结果具有稳健性。

表5-9　　　　　　　　剔除新冠疫情的影响

变量	(1)	(2)	(3)
	FC	FC	FC
Digas	-0.0420 *** (0.0074)	-0.0282 *** (0.0065)	-0.0273 *** (0.0066)
SOE		-0.0086 (0.0142)	-0.0051 (0.0141)
LEV		-0.7289 *** (0.0294)	-0.7240 *** (0.0302)
Board		-0.0355 (0.0301)	-0.0363 (0.0302)
Growth		-0.0228 (0.0140)	-0.0191 (0.0142)
TobinQ		-0.0054 (0.0043)	-0.0121 ** (0.0050)

变量	（1）	（2）	（3）
	FC	FC	FC
Top1		0.0489 (0.0382)	0.0455 (0.0378)
FinBack		− 0.0668 ** (0.0283)	− 0.0667 ** (0.0292)
行业固定效应	是	是	是
年份固定效应	否	否	是
_cons	0.7681 *** (0.0413)	1.0494 *** (0.0800)	1.0620 *** (0.0787)
N	1795	1795	1795
R^2	0.112	0.404	0.416

注：***、**、*分别表示在1%、5%、10%的水平上差异显著；括号内为 t 值。

5.5.4　剔除特定样本的影响

我国的直辖市存在较大的经济特殊性，不同地区的经济发展程度也可能对企业融资约束产生影响。参考李健等（2023）的研究思路，将样本企业所属地为直辖市的进行剔除后重新检验。检验结果见表 5 - 10。由表 5 - 10可以看出，数据资产化的回归系数依然在不同的条件下显著负相关，核心结论"数据资产化能够缓解专精特新中小企业融资约束"没有发生变化。

表 5 - 10　　　　　　　　剔除特定样本的影响

变量	（1）	（2）	（3）
	FC	FC	FC
Digas	− 0.0369 *** (0.0055)	− 0.0299 *** (0.0045)	− 0.0266 *** (0.0058)
SOE		0.0054 (0.0123)	0.0077 (0.0123)

变量	(1)	(2)	(3)
	FC	FC	FC
LEV		− 0. 7323 *** (0. 0240)	− 0. 7306 *** (0. 0244)
Board		− 0. 0631 ** (0. 0257)	− 0. 0630 ** (0. 0258)
Growth		− 0. 0202 * (0. 0121)	− 0. 0180 (0. 0124)
TobinQ		− 0. 0054 (0. 0038)	− 0. 0083 * (0. 0042)
Top1		0. 0507 (0. 0326)	0. 0493 (0. 0326)
FinBack		− 0. 0980 ** (0. 0427)	− 0. 0946 ** (0. 0434)
行业固定效应	是	是	是
年份固定效应	否	否	是
_cons	0. 7688 *** (0. 0361)	1. 0956 *** (0. 0690)	1. 0889 *** (0. 0691)
N	2310	2310	2310
R^2	0. 120	0. 424	0. 428

注：***、**、*分别表示在1%、5%、10%的水平上差异显著；括号内为 t 值。

5.5.5　更换控制方法

为避免行业及省份层面随时间变动的不可观测值的影响，借鉴周鹏等（2024）的研究方法，进一步控制了行业×年份、省份×年份的双重固定效应，回归结果见表5-11。由表可以看出，控制行业×年份及省份×年份的双重固定效应后并未改变基准回归效果的显著性，数据资产化的相关系数依然在1%的显著性水平上负向显著，基准回归结果依然稳健。

表 5 – 11   更换控制方法

变量	（1）	（2）
	FC	FC
Digas	− 0. 0199 ***	− 0. 0209 ***
	（0. 0053）	（0. 0058）
SOE	− 0. 0068	− 0. 0061
	（0. 0110）	（0. 0124）
LEV	− 0. 6793 ***	− 0. 6894 ***
	（0. 0222）	（0. 0235）
Board	− 0. 0628 ***	− 0. 0637 ***
	（0. 0221）	（0. 0225）
Growth	− 0. 0343 ***	− 0. 0308 ***
	（0. 0109）	（0. 0116）
Top1	0. 0010 ***	0. 0009 ***
	（0. 0003）	（0. 0003）
TobinQ	− 0. 0168 ***	− 0. 0168 ***
	（0. 0037）	（0. 0038）
FinBack	− 0. 0771 ***	− 0. 0404
	（0. 0275）	（0. 0262）
行业固定效应	是	是
年份固定效应	是	是
行业×年份固定效应	是	是
省份×年份固定效应	否	是
_cons	1. 1341 ***	1. 1216 ***
	（0. 0536）	（0. 1065）
N	3487	3487
R^2	0. 442	0. 493

注：***、**、* 分别表示在 1%、5%、10% 的水平上差异显著；括号内为 t 值。

5.6 作用机制检验

5.6.1 风险控制机制

无论是从外源性融资还是从内源性融资来看，中小企业普遍存在融资风险。一方面，中小企业的规模较小，资产结构缺乏抵押优势，在初创期通常竞争能力较弱且生产效率低，难以在经营活动中获利（Liao，2006）。在两权分离的治理结构下，管理层出于谋利的动机很容易导致企业过度投资，影响企业经营活动以及激化企业融资风险（张建伟，2023）。另一方面，中小企业普遍存在较高的融资门槛。当企业的经营风险较大时，借款方会要求更高的必要报酬率来弥补承担的破产风险，在此情况下，中小企业会面临较高的融资成本（衣昭颖等，2023）。此外，中小企业还面临融资渠道的短缺。以国有大中型银行为代表的金融机构在很大程度上存在对中小企业的天然歧视，进一步加剧了中小企业融资难的困境（李志赟，2002）。基于风险控制理论，企业管理者需要根据现有信息进行风险识别和评估并减轻由风险引起的损失。但中小企业经营和信贷信息具有碎片化和非标准化特征，且未来收益具有不确定性，信贷机构难以对其进行筛选和甄别，风险控制成本较高（张璇等，2017）。数字经济下，数据资产的颗粒度更细，不仅能够更加精准地发现生产经营过程中的规律、趋势，及时对经营风险进行控制，还能够更加全面、实时洞察用户的需求并作出迅速反应。首先，数据资产所蕴含的大量信息能够成为企业进行科学决策的依据（Brynjolfsson et al.，2011）。数字技术的运用大幅度提升了企业对非标准化、非结构化的数据分析和处理能力，降低了管理者的非效率投资，有助于提升管理层决策的科学性和准确性（刘德胜等，2024）。其次，数据资产化有利于形成产品的精细管理，带动企业运营效率的提升和经营成本的下降（赵宸宇等，2021），进一步降低企业的经营风险，而较低的经营风险可以降低企业未来收益的波动性，为按时偿付本息提供有力的保障，缓解企业面临的融资约束困境。最后，数据资产化降低了企业获得金融服务的门槛，并通过实时的信息交换降低了金融服务的风险。数据要素的集聚还有助于企业充分利用多元融资渠道提升企业资金筹集能力和资源配置效率，从而缓解企业融资约束（刘传明等，2023）。为此，本研究认为数据资产化能够通过降低企业财务风险缓解专精特新中小企业融资约束。

为验证上述影响机制是否成立，借鉴温忠麟（2004）经典的中介检验三步法，在模型（5-1）的基础上构建了以下中介模型。

$$Risk_{i,t} = \alpha_0 + \alpha_1 Digas_{i,t} + \alpha_2 Controls_{i,t} + Industry_{i,t} + Year_i + \varepsilon_{i,t} \quad (5-3)$$

$$FC_{i,t} = \alpha_0 + \alpha_1 Digas_{i,t} + \alpha_2 Risk_{i,t} + \alpha_3 Controls_{i,t} + Industry_{i,t} + Year_i + \varepsilon_{i,t}$$

$$(5-4)$$

其中，$Risk$ 表示融资风险。企业的融资过程离不开企业经营活动和所处外部环境的共同影响。借鉴谢赤和李蔚莹（2023）的研究方法，将融资风险定义为企业进行财务活动的所有风险，即总风险。总风险一般采用股价波动率或收益率来衡量。此外借鉴沙基等（Shakil et al.，2019）的研究方法，选取股价波动率表示企业融资风险，具体为 52 周（13 个月）内股价的波动程度。其余变量定义与基准回归相同。具体回归结果见表 5-12。其中，第（1）列为基准回归结果，数据资产化的回归系数为 -0.0203，在 1% 的置信水平上显著。第（2）列为第二步回归结果，数据资产化对专精特新中小企业融资风险的估计系数为 -0.0212，在 5% 的置信水平上显著，表明数据资产化能够降低专精特新中小企业融资风险。第（3）列为第三步回归结果，数据资产化的系数为 -0.0188，在 1% 的置信水平上显著，并且相关系数的绝对值由 0.0203 下降到 0.0188。企业融资风险的系数为 0.0719，在 1% 的水平上正向显著。由以上分析可知，数据资产化能够通过降低专精特新中小企业融资风险缓解融资约束。

表 5-12   风险控制机制

变量	（1）	（2）	（3）
	FC	Risk	FC
Digas	-0.0203 *** (0.0048)	-0.0212 ** (0.0094)	-0.0188 *** (0.0047)

变量	（1）	（2）	（3）
	FC	*Risk*	*FC*
Risk			0.0719 *** (0.0092)
SOE	-0.0049 (0.0105)	-0.0828 *** (0.0195)	0.0010 (0.0104)
LEV	-0.6879 *** (0.0209)	-0.1721 *** (0.0436)	-0.6755 *** (0.0211)
Board	-0.0577 *** (0.0208)	0.0698 * (0.0407)	-0.0628 *** (0.0206)
Growth	-0.0290 *** (0.0101)	0.0884 *** (0.0184)	-0.0353 *** (0.0100)
TobinQ	-0.0174 *** (0.0034)	0.0129 *** (0.0045)	-0.0183 *** (0.0034)
*Top*1	0.1115 *** (0.0263)	0.1365 ** (0.0560)	0.1017 *** (0.0258)
FinBack	-0.0878 *** (0.0281)	-0.1118 *** (0.0370)	-0.0797 *** (0.0282)
行业固定效应	是	是	是
年份固定效应	是	是	是
_cons	1.0523 *** (0.0545)	1.7922 *** (0.1073)	0.9235 *** (0.0569)
N	3487	3487	3487
R^2	0.396	0.225	0.409

注：***、**、*分别表示在1%、5%、10%的水平上差异显著；括号内为 *t* 值。

5.6.2 信号传递机制

现有研究中许多学者认为信息不对称是产生中小企业融资约束的主要原因（Jin et al.，2019）。基于信息不对称理论，在不完美的资本市场下，借贷双方呈现一种典型的信息不对称关系。一方面中小企业未能准确识别更有利于贷款的金融机构，另一方面资金供给方也不能得到完整准确的企业信息，不能对企业的信用水平精准评估。进一步，信息不对称问题还会引发相关者之间的代理冲突，使得投资人要求更高的投资回报率来弥补信息缺失带来的风险，企业面临高额的投资回报率无法筹集足够的资金投资更有价值的项目，融资约束也随之产生。与传统生产要素不同，数据资产具有共享性、交换性及无限供给的禀赋，能够在企业生产的各环节、产品全生命周期的各个阶段及产业生态的各个组成部分流动。数据的高效连接打破了各环节的数据孤岛，突破了传统价值链界限分明、相对孤立的状态，将价值链中所有的信息都数字化，加快了各环节间的数据流动，缓解了供应商、企业、客户间由于数据不能及时、准确地共享造成的信息不对称（黄丽华等，2021）。数据资产化不仅优化了企业各环节的连接，还增加了企业数据资源信息的披露。通过展示数据资源的应用情况，体现了数据要素如何与其他要素相互融合创造经济价值的过程，提高了信息透明度，为资源分配、企业决策提供有力支持。企业的数据资产化还可以发现未被充分挖掘甚至完全被忽略的信息（李红祥和吴佳坤，2016），能够通过提供企业有价值的私有信息以提高信息透明度。一方面，信息透明度的缓解有助于企业以较低的成本掌握资金供给方的信息，使企业从自身需求出发选择贷款机构，从而获得个性化的服务，提高信贷市场运行效率与资源供需的适配性（Begenau et al.，2018）。另一方面，在数字技术的运用下，投资者能够掌握企业的多维度信息，大幅降低由于信息不对称产生的决策偏差风险，使投资者能够准确地估计企业价值，提升投资意愿，从而有助于企业获取更多的外源性融资（王敬勇等，2022）。为此，本书认为数据资产化能够通过提升企业信息透明度缓解专精特新中小企业融资约束。

为验证上述影响机制是否成立，借鉴温忠麟等（2004）经典的中介检验三步法，在模型（5-1）的基础上构建了以下中介模型。

$$Trans_{i,t} = \alpha_0 + \alpha_1 Digas_{i,t} + \alpha_2 Controls_{i,t} + Industry_{i,t} + Year_i + \varepsilon_{i,t} \quad (5-5)$$

$$FC_{i,t} = \alpha_0 + \alpha_1 Digas_{i,t} + \alpha_2 Trans_{i,t} + \alpha_3 Controls_{i,t} + Industry_{i,t} + Year_i + \varepsilon_{i,t}$$
$$(5-6)$$

其中，$Trans$ 表示信息透明度。借鉴辛清泉等（2014）的研究，将盈余质量、信息披露考评指数、分析师盈余预测、公司当年是否聘请国际四大作为其年报的审计师衡量企业信息透明度的指标。按照百分等级平均值构建信息透明度综合指标（Trans），Trans 指标数值越大，公司透明度越高。其余变量定义与基准回归相同。具体回归结果见表 5 - 13。其中，第（1）列为基准回归结果，数据资产化的回归系数为 - 0. 0203，在 1% 的置信水平上显著。第（2）列为第二步回归结果，数据资产化的估计系数为 0. 0227，在 1% 的置信水平上正向显著，表明数据资产化能够提升专精特新中小企业的信息透明度。第（3）列为第三步回归结果，数据资产化的系数为 - 0. 0127，在 1% 的置信水平上显著，并且相关系数的绝对值由 0. 0203 下降到 0. 0127。信息透明度的系数为 - 0. 3359，在 1% 的水平上负向显著。由以上分析可知，数据资产化能够通过提升专精特新中小企业信息透明度缓解融资约束。

表 5 - 13　　　　　　　　　　信号传递机制

变量	(1)	(2)	(3)
	FC	Trans	FC
Digas	- 0. 0203 *** (0. 0048)	0. 0227 *** (0. 0043)	- 0. 0127 *** (0. 0046)
Trans			- 0. 3359 *** (0. 0198)
SOE	- 0. 0049 (0. 0105)	- 0. 0395 *** (0. 0082)	- 0. 0182 * (0. 0104)
LEV	- 0. 6879 *** (0. 0209)	- 0. 0567 *** (0. 0178)	- 0. 7069 *** (0. 0205)
Board	- 0. 0577 *** (0. 0208)	0. 0574 *** (0. 0184)	- 0. 0385 * (0. 0198)
Growth	- 0. 0290 *** (0. 0101)	0. 0716 *** (0. 0078)	- 0. 0049 (0. 0100)
TobinQ	- 0. 0174 *** (0. 0034)	0. 0205 *** (0. 0027)	- 0. 0105 *** (0. 0034)

续表

变量	(1)	(2)	(3)
	FC	Trans	FC
Top1	0.1115 ***	− 0.0518 **	0.0941 ***
	(0.0263)	(0.0236)	(0.0257)
FinBack	− 0.0878 ***	0.0703 **	− 0.0641 **
	(0.0281)	(0.0275)	(0.0257)
行业固定效应	是	是	是
年份固定效应	是	是	是
_cons	1.0523 ***	0.0446	1.0673 ***
	(0.0545)	(0.0726)	(0.0537)
N	3487	3487	3487
R^2	0.396	0.146	0.448

注：***、**、* 分别表示在 1%、5%、10% 的水平上差异显著；括号内为 t 值。

5.6.3 交易合作机制

如今，纵向一体化的商业模式逐渐被供应链模式取代，市场上的竞争由单个企业间的竞争上升为供应链之间的竞争（Farahan et al.，2014）。如何优化供应链配置与调节上下游企业间的关系已成为一个重要的现实问题。供应链集中度作为度量供应链结构配置的重要指标之一，体现了企业与其战略合作伙伴之间的密切程度。较高的供应链集中度，供需双方易形成紧密的合作关系，降低关键客户和供应商流失的风险。企业也易获得紧密的信息和知识资源（吉利和陶存杰，2019）、增强供应链不同层级企业间的信息共享。但是供应链集中度的提升也会增加管理层的投机行为和道德风险，使得利益相关者无法掌握企业的真实情况，增加企业经营风险的发生概率（房国忠等，2023）。当供应链集中度较低时，企业与多个上游或下游企业交易，供应链的复杂性得到提升，但是企业在分散风险、维持供应链韧性和安全方面比供应链集中度较高时更具优势（Tang et al.，2014）。在当今世界经济不稳定的情况下，供应链运营风险不断提升，更多的企业也倾向于降低供应链的集中度。究竟采取哪种供应链配置方式还要依据企业现实经营情况和所处经营环境共同决定。目前，我国金融体系建设尚不完善且单一间接的融资渠道难以满足我国企业融资的需求。为了缓解融资约束的现状，寻求多样化的融资渠道成为我国中小企业缓解融资约束的重要方式。由此看来，融资约束的缓解更倾向于采取多元化的供应链模式。当前，新一代数字技术快速发展，重塑了传统商业模式，形成以数据为基础的新业态新模式，改变了传统供应链运营模式下市场响应速度慢、上下游信息共享程度低、运营风险高等痛点（巫强和姚雨秀，2023）。数据资产与其他传统生产要素相叠加、相融合并沿着数据价值链流动，加强了供应链上下游各方间的信息共享和资源优化，这显然降低了供应链集中度，并且数据资产在价值链中的广泛连接畅通了企业的融资渠道，有助于缓解企业因融资渠道缺少而导致的融资约束。为此，本研究认为数据资产化能够通过降低供应链集中度缓解专精特新中小企业融资约束。

为验证上述影响机制是否成立，借鉴温忠麟等（2004）经典的中介检验三步法，在模型（5 - 1）的基础上构建了以下中介模型。

$$SCC_{i,t} = \alpha_0 + \alpha_1 Digas_{i,t} + \alpha_2 Controls_{i,t} + Industry_{i,t} + Year_i + \varepsilon_{i,t} \qquad (5-7)$$

$$FC_{i,t} = \alpha_0 + \alpha_1 Digas_{i,t} + \alpha_2 SCC_{i,t} + \alpha_3 Controls_{i,t} + Industry_{i,t} + Year_i + \varepsilon_{i,t}$$

$$(5-8)$$

其中，SCC 表示供应链集中度。借鉴唐跃军（2009）的研究内容用企业当年前五大供应商采购比例和前五大客户销售比例的均值度量，SCC 指标数值越大，供应链集中度越高。其余变量定义与基准回归相同。具体回归结果见表 5 - 14。其中，第（1）列为基准回归结果，数据资产化的回归系数为 - 0.0203，在 1% 的置信水平上显著。第（2）列为第二步回归结果，数据资产化的估计系数为 - 4.9455，在 1% 的置信水平上负向显著，表明数据资产化能够降低专精特新中小企业的供应链集中度。第（3）列为第三步回归结果，数据资产化的系数为 - 0.0174，在 1% 的置信水平上显著，并且相关系数的绝对值由 0.0203 下降到 0.0174。信息透明度的系数为 0.0006，在 1% 的水平上正向显著。由以上分析可知，数据资产化能够通过降低专精特新中小企业供应链集中度缓解融资约束。

表 5 – 14   交易合作机制

变量	(1)	(2)	(3)
	FC	*SCC*	*FC*
Digas	– 0.0203 ***	– 4.9455 ***	– 0.0174 ***
	(0.0048)	(0.3886)	(0.0049)
SCC			0.0006 **
			(0.0002)
SOE	– 0.0049	– 1.5563 *	– 0.0040
	(0.0105)	(0.8191)	(0.0104)
LEV	– 0.6879 ***	– 9.6301 ***	– 0.6821 ***
	(0.0209)	(1.6375)	(0.0211)
Board	– 0.0577 ***	– 1.8238	– 0.0566 ***
	(0.0208)	(1.5466)	(0.0208)
Growth	– 0.0290 ***	3.9843 ***	– 0.0313 ***
	(0.0101)	(0.7677)	(0.0101)
TobinQ	– 0.0174 ***	1.5493 ***	– 0.0183 ***
	(0.0034)	(0.2320)	(0.0034)
*Top*1	0.1115 ***	3.0724	0.1097 ***
	(0.0263)	(2.1117)	(0.0262)
FinBack	– 0.0878 ***	– 8.0528 ***	– 0.0829 ***
	(0.0281)	(2.0470)	(0.0281)
行业固定效应	是	是	是
年份固定效应	是	是	是
_cons	1.0523 ***	36.8596 ***	1.0302 ***
	(0.0545)	(4.7029)	(0.0551)
N	3487	3487	3487
R^2	0.396	0.245	0.397

注: ***、**、* 分别表示在 1%、5%、10% 的水平上差异显著；括号内为 t 值。

5.6.4 信任驱动机制

信号理论表明，企业声誉作为企业的关键身份信号能够影响利益相关者的决策（Gulati & HigginsI，2003）。良好的企业声誉作为企业持续竞争的优势可以作为"抵押品"帮助企业获得更大规模的款项，增强资金的使用效率（郑超愚和孟祥慧，2021）。企业声誉也可以降低信息不对称，良好的声誉作为企业隐含的商誉能够使企业在市场竞争中降低交易成本，从而提升企业财务绩效（蒋园园和吴琰琰，2023）。数据作为新型生产要素，是改变经济增长结构、助推新一轮科技革命的基础资源（罗玫等，2023）。从计量核算的角度来看，企业数据资产化就是将数据纳入企业财务报表项目来实现科学管理的过程，有助于重构企业资产计量和价值评估体系，提升企业决策和管理能力。可见，企业声誉也可通过影响利益相关者对企业数据资产化的认知，增强投资者对企业的信心，从而调节数据资产化与专精特新中小企业融资约束之间的关系。然而，现有研究表明实体数据的运用也可能产生一定的消极后果。首先，企业数据资产化需要进行收益和成本的权衡（李晓华和王怡帆，2020）；其次，数据资产化拓宽了企业经营的边界，相对于单一化经营的企业，从事多元化经营的企业面临更高的代理成本和信息成本，内部人控制问题更严重（Claessens et al.，2000）；最后，掌控者对信息质量的操控可能增加信息不对称问题（邹颖等，2023），管理层也存在利用信息炒作误导投资者盲目投资的风险（陆蓉和孙欣钰，2021）。在此情况下，良好的企业声誉对缓解数据资产化给企业带来的经营风险及提升财务绩效具有重要作用。当企业声誉较高时，贷款方可能凭借对企业的良好评价而对融资企业更具接纳度、信任感，有助于促进两者之间的信息共享，此时融资企业借助数据资源获得贷款方的信息，不仅提升了企业的融资效率，缩短了信息处理的过程，还减少了企业的交易成本，降低信息不对称的风险，从而缓解融资约束。因此，本研究认为企业声誉可能影响利益相关者对企业的信任从而影响数据资产化对专精特新中小企业的融资约束缓解效应。

为验证上述影响机制是否成立，在模型（5-1）的基础上构建了以下调节效应模型。

$$FC_{i,t} = \alpha_0 + \alpha_1 Digas_{i,t} + \alpha_2 Fame_{i,t} + \alpha_3 Controls_{i,t} + Industry_{i,t} + Year_i + \varepsilon_{i,t}$$

$$(5-9)$$

$$FC_{i,t} = \alpha_0 + \alpha_1 Digas_{i,t} + \alpha_2 Fame_{i,t} + \alpha_3 FD_{i,t} + \alpha_4 Controls_{i,t} + Industry_{i,t} + Year_i + \varepsilon_{i,t}$$

$$(5-10)$$

其中，$Fame$ 表示企业声誉。借鉴管考磊和张蕊（2019）的研究内容，选择了 12 个企业声誉评价指标，并采用因子分析方法对 12 个指标计算出声誉得分，最后按照企业声誉得分从低到高分为十组，每一组依次赋值为 1 至 10。$Fame$ 指标数值越大，企业声誉越高。其余变量定义与基准回归相同。具体回归结果见表 5 – 15。第（1）列为基准回归结果，数据资产化的回归系数为 – 0.0203，在 1% 的置信水平上显著。第（2）列为加入企业声誉后的回归结果，数据资产化的估计系数为 – 0.0166，在 1% 的置信水平上显著，并且企业声誉的相关系数也在 1% 的显著性水平上显著且影响专精特新中小企业融资约束的边际效应为 – 0.1438。上述结果表明，不仅数据资产化缓解了专精特新中小企业融资约束，企业声誉也是缓解专精特新中小企业融资约束的重要因素。第（3）列为加入数据资产化与企业声誉的交乘项后的回归结果。可以看到，交乘项显著为负，表明数据资产化在企业声誉下对专精特新中小企业融资约束具有缓释效应。结果表明，企业数据资产化的提升会增强企业声誉对专精特新中小企业融资约束的缓解作用。在企业声誉增加时，数据资产化在助力金融机构寻找拥有较高信誉的企业的同时也能够促进融资企业拓宽融资渠道，从而缓解融资约束。

表 5 – 15 信任驱动机制

变量	（1）	（2）	（3）
	FC	FC	FC
$Digas$	– 0.0203 *** （0.0048）	– 0.0166 *** （0.0047）	– 0.0169 *** （0.0046）
$Fame$		– 0.1438 *** （0.0079）	– 0.0835 *** （0.0204）

变量	(1)	(2)	(3)
	FC	FC	FC
FD			− 0. 1164 *** (0. 0339)
SOE	− 0. 0049 (0. 0105)	− 0. 0135 (0. 0098)	− 0. 0146 (0. 0097)
LEV	− 0. 6879 *** (0. 0209)	− 0. 8049 *** (0. 0205)	− 0. 7933 *** (0. 0204)
Board	− 0. 0577 *** (0. 0208)	− 0. 0042 (0. 0195)	− 0. 0035 (0. 0194)
Growth	− 0. 0290 *** (0. 0101)	0. 0358 *** (0. 0101)	0. 0332 *** (0. 0103)
TobinQ	− 0. 0174 *** (0. 0034)	− 0. 0123 *** (0. 0032)	− 0. 0125 *** (0. 0032)
Top1	0. 1115 *** (0. 0263)	0. 1588 *** (0. 0247)	0. 1527 *** (0. 0248)
FinBack	− 0. 0878 *** (0. 0281)	− 0. 0592 ** (0. 0282)	− 0. 0581 ** (0. 0281)
行业固定效应	是	是	是
年份固定效应	是	是	是
_cons	1. 0523 *** (0. 0545)	0. 9232 *** (0. 0526)	0. 9205 *** (0. 0526)
N	3487	3487	3487
R^2	0. 396	0. 467	0. 472

注：*** 、 ** 、 * 分别表示在 1% 、 5% 、 10% 的水平上差异显著；括号内为 t 值。

5.7　异质性分析

5.7.1　企业产权性质异质性分析

在实际发展中，由于资源禀赋的差异，产权性质不同的企业对数据资产的管理和利用程度也有所不同（路征等，2023）。并且相较于大型国有企业，中小民营企业由于自身的固有限制面临更严重的融资约束（李健等，2023）。为了探究不同产权性质下，数据资产化对专精特新中小企业的作用效果，根据专精特新中小企业的产权性质将其分为国有企业和非国有企业，并对国有企业赋值为 1，非国有企业赋值为 0 进行检验。回归结果见表 5 - 16。结果显示，数据资产化的相关系数无论是对国有企业还是对非国有企业均有显著的缓释效应，但是相较于国有企业，数据资产化对非国有专精特新中小企业的缓释效应更显著。这可能因为，非国有企业本身需要参与激烈的市场竞争来提高经济效益维持企业持续运营。因此，相较于国有企业，非国有企业会更加注重在企业生产活动中管理和运用数据资产来提升企业价值，这就使数据资产化在非国有企业中发挥更大的作用。

表 5 - 16　　　　　　　　　　企业产权性质异质性分析

变量	（1）	（2）
	国有企业	非国有企业
Digas	- 0.0361 ** （0.0167）	- 0.0212 *** （0.0051）
LEV	- 0.7977 *** （0.0535）	- 0.6710 *** （0.0228）
Board	- 0.3926 *** （0.0773）	- 0.0357 * （0.0216）
Growth	- 0.0000 （0.0244）	- 0.0330 *** （0.0108）
TobinQ	- 0.0031 （0.0141）	- 0.0198 *** （0.0035）
Top1	0.1932 ** （0.0793）	0.1068 *** （0.0279）
FinBack	- 0.1171 *** （0.0449）	- 0.0034 （0.0312）
行业固定效应	是	是
年份固定效应	是	是

续表

变量	(1)	(2)
	国有企业	非国有企业
_cons	1.9248 *** (0.1722)	1.0101 *** (0.0564)
N	389	3098
R^2	0.596	0.388

注: *** 、 ** 、 * 分别表示在1%、5%、10%的水平上差异显著; 括号内为 t 值。

5.7.2 企业行业类型异质性分析

由于不同行业类型企业的数字技术应用和生产经营活动存在显著差异,因此数据资产化在不同行业类型的专精特新中小企业融资约束的缓释效应可能产生差异性。基于此,借鉴尹美群等(2018)的研究对所有样本行业按照生产要素的密集程度划分为劳动密集型、资产密集型和技术密集型三种类型。首先,企业所在行业中固定资产比例较大的为资产密集型行业企业。现有研究发现使用实物资产作为抵押物进行融资可以大幅降低融资约束,而固定资产不仅是企业资产结构的重要组成部分还是实物资产的主要形式。因此,不同企业所含固定资产的比例不同影响企业的融资约束。其次,将行业中企业研发薪酬比例较高的划分为技术密集型行业企业。企业数据资产化的过程能够促进企业学习和拥有更高水平的数字技术、优化资源配置、提升企业生产效率;反之,企业研发投入也可能促使企业拥有较高的数据资产。最后,将除已划分为资产密集型和技术密集型行业的企业外归为劳动密集型行业企业。回归结果见表5-17。其中,第(1)列的数据资产化系数并不显著,即数据资产化并不能有效缓解劳动密集型行业专精特新中小企业的融资约束,这可能与劳动密集型行业整体的研发创新、数字技术投入相对较少有关。第(2)列和第(3)列的数据资产化回归系数均在1%的水平上显著负相关,并且数据资产化系数的绝对值在资产密集型行业的企业更高,表明数据资产化能够有效缓解资产密集型和技术密集型行业专精特中小企业的融资约束,并且这种缓释效应在资产密集型行业的专精特新中小企业中更为突出。这可能是因为，资产密集型和技术密集型企业在研发技术投入和资产的引进使用上有先天基础和较大的优势，可以更好地借助数据资产带来的海量信息缓解信息不对称（李健等，2023）。此外，相较于技术密集型企业，资产密集型企业拥有比例较高的固定资产，固定资产作为重要的贷款抵押物品能够帮助企业获得银行贷款，加之数据资产的应用能够通过信号传递机制增强对借款方的了解，缓解了专精特新中小企业融资情况。

表 5 - 17　　　　　　　　　企业行业类型异质性分析

变量	（1） 劳动密集型	（2） 资产密集型	（3） 技术密集型
Digas	− 0.0103 （0.0137）	− 0.0546 *** （0.0136）	− 0.0167 *** （0.0055）
SOE	0.0482 （0.0322）	0.0021 （0.0168）	− 0.0150 （0.0145）
LEV	− 0.7170 *** （0.0564）	− 0.8679 *** （0.0418）	− 0.6288 *** （0.0254）
Board	− 0.0069 （0.0602）	− 0.1264 ** （0.0563）	− 0.0573 ** （0.0242）
Growth	− 0.0095 （0.0264）	− 0.0113 （0.0187）	− 0.0364 *** （0.0130）
TobinQ	0.0015 （0.0084）	− 0.0227 *** （0.0076）	− 0.0175 *** （0.0041）
Top1	0.3525 *** （0.0787）	0.0224 （0.0640）	0.0932 *** （0.0309）
FinBack	− 0.2393 *** （0.0723）	− 0.1134 ** （0.0506）	− 0.0622 ** （0.0311）
行业固定效应	是	是	是
年份固定效应	是	是	是
_cons	0.8403 *** （0.1490）	1.4623 *** （0.1170）	1.0022 *** （0.0593）
N	563	578	2316
R^2	0.533	0.521	0.311

注：***、**、* 分别表示在 1%、5%、10% 的水平上差异显著；括号内为 t 值。

5.7.3　企业所在地区异质性分析

基于我国东中西部地区的产业结构和经济发展水平具有较大差异，不同地区的企业数据资产化程度也有所不同。另外，处于不同地区的企业融资约束程度也有较大差异，东部地区相较于中西部地区有更完善的金融市场和丰富的外源性融资渠道（乔小明，2016），企业面临的融资约束也相对较低。因此，为了探究区域异质性下数据资产化对专精特新中小企业融资约束的影响，参考沈小波等（2021）的研究方法，将全国各地区划分为东部、中部和西部分别进行回归，结果见表5-18。其中，由第（1）列和第（3）列可以看出，在东部地区和西部地区数据资产化与专精特新中小企业融资约束之间的关系均在1%的水平上显著性负相关，相关系数分别为-0.0204和-0.0516，东部地区数据资产化的回归系数小于西部地区，即数据资产化对西部地区专精特新中小企业融资约束的缓释效应更强。第（2）列数据资产化的相关系数并不显著，即数据资产化并不能显著降低专精特新中小企业的融资约束。首先，东部地区经济较为发达，数据资产化的应用也相对较早，拥有更为完善的体系，因此在数据资产化的加持下能够更好地发挥数据资产化对融资约束的缓释效应。其次，西部地区由于本身基础设施不够完善和经济发展水平相对落后，具有较大的发展潜力（张矿伟等，2023）。西部地区中小企业进行数字化转型、加大数据资产的运用有助于其后发优势更好地发挥。在数据资产化下，西部地区企业不仅能够拓宽融资渠道，还能够实现数据共享、提升企业经营效率。最后，西部地区相对于东部和中部地区经济发展相对平稳，但是企业同样面临着数字化转型压力带来的资金束缚，虽然数据资产化能够缓解企业发展带来的融资约束，但是相对而言这种缓释效应可能并不显著。

表5-18　　　　　　　　　企业所在地区异质性分析

变量	(1)	(2)	(3)
	东部地区	中部地区	西部地区
Digas	-0.0204 *** (0.0055)	-0.0261 (0.0159)	-0.0561 *** (0.0129)

续表

变量	（1） 东部地区	（2） 中部地区	（3） 西部地区
SOE	− 0.0525 *** （0.0151）	0.0989 *** （0.0210）	− 0.0414 * （0.0241）
LEV	− 0.6623 *** （0.0237）	− 0.9104 *** （0.0575）	− 0.5292 *** （0.0690）
Board	− 0.0694 *** （0.0233）	− 0.2325 *** （0.0679）	0.0539 （0.0630）
Growth	− 0.0257 ** （0.0113）	− 0.0105 （0.0242）	− 0.0433 （0.0311）
TobinQ	− 0.0190 *** （0.0039）	− 0.0234 *** （0.0074）	0.0081 （0.0101）
Top1	0.1585 *** （0.0305）	− 0.0303 （0.0737）	− 0.0484 （0.0828）
FinBack	− 0.0384 （0.0282）	− 0.2178 *** （0.0377）	− 0.1832 ** （0.0845）
行业固定效应	是	是	是
年份固定效应	是	是	是
_cons	1.0585 *** （0.0609）	1.6151 *** （0.1772）	0.5892 *** （0.1657）
N	2683	388	416
R^2	0.397	0.637	0.615

注：***、**、*分别表示在1%、5%、10%的水平上差异显著；括号内为 t 值。

5.8 研究结论与启示

本研究以专精特新中小企业为研究对象，在剖析专精特新中小企业融资约束的成因和构建数据资产化理论框架的基础上，利用固定效应模型实证检验了数据资产化与融资约束的关系，并进一步利用中介、调节效应模型识别数据资产化影响融资约束的因果机制，提出数据资产化缓解专精特新中小企业融资约束的对策建议。主要得出以下结论：首先，数据资产化对专精特新中小企业的融资约束具有显著的缓释效应，一系列稳健性检验结果表明数据资产化的缓释效应依然存在。其次，从影响机制来看，数据资产化能够通过风险控制机制降低企业融资风险、信号传递机制提升企业信息透明度、交易合作机制拓宽企业融资渠道及信任驱动机制发挥企业声誉作为非正式制度的调节效应等缓解专精特新中小企业融资约束。最后，异质性分析发现，数据资产化的缓释效应在非国有企业、数据资产密集的行业及西部地区企业的缓释效应尤为突出。

本章研究结论具有以下启示：第一，数据资产化离不开与企业的协同运作，同时也要考虑到企业层面的异质性。具体来说，在数字经济背景下，专精特新中小企业要灵活运用数据资产，推进实体产业与数字化的融合。尤其是非国有企业、数据资产密集型企业更要推进数据资产化程度，切实缓解企业融资难、融资贵的问题。第二，政府部门应该大力推进西部地区的数字经济建设，助力数据要素跨区域流通融合，以数据为纽带构建东西部区域发展新格局。具体来说，政府部门不仅要优化资源配置解决资源结构失衡问题，还要强化地区基础设施建设提升数据资源的时效性，引导数字经济不断创造新的生产供给和社会需求，促进企业健康发展。

第3篇 仿真模拟篇

　　本篇通过梳理数据资产化缓解专精特新中小企业融资约束的演化过程，重点评估不同情境下的稳定策略，以达成各主体间的演化均衡。在此基础上进行仿真模拟，进一步验证数据资产化可以有效缓解专精特新中小企业的融资约束问题。主要研究内容包括两章：第6章是数据资产化缓解专精特新中小企业融资约束的演化分析，在对专精特新中小企业成长演化和专精特新中小企业与数据资产化缓解融资约束的共同演化进行梳理的基础上，揭示了融资过程中各参与主体的演化趋势。并通过分析演化博弈的内在逻辑，提出了数据资产化缓解融资约束的演化机制和演化达到稳定的标准。之后从系统角度出发，对主体间的作用机理加以诠释，为后续仿真规则的设计提供支撑。第7章是数据资产化缓解专精特新中小企业融资约束的仿真模拟，通过选取建模工具及设计建模步骤，构建仿真模型，证实了数据资产化对专精特新中小企业融资约束的缓解作用。

第6章 数据资产化缓解专精特新中小企业融资约束的演化分析

演化博弈理论将博弈理论与动态演化过程相结合，在行为分析中的优势更符合融资中各主体的行为规则和策略选择。本章遵循演化分析的一般路径，首先进行专精特新中小企业的成长演化分析，之后研究专精特新中小企业与数据资产化缓解融资约束的共同演化逻辑，在此基础上明确演化博弈过程，最后进行演化系统分析。

6.1 专精特新中小企业成长演化分析

随着经济的发展和市场环境的变化，专精特新中小企业在推动技术创新方面发挥着日益重要的作用。然而，融资约束问题给专精特新中小企业的可持续发展增添了阻力。使用演化分析方法可以揭示专精特新中小企业的成长逻辑，从而深化对其融资约束问题的解析。

6.1.1 专精特新中小企业演化逻辑

1. 企业演化的含义

企业演化的概念源自演化经济学的理论框架，强调企业行为和制度安排是在经济环境中逐渐形成和演化的。在演化的过程中，企业会根据市场需求、竞争压力、技术进步等因素进行调整和优化，以适应不断变化的环境。企业演化是指企业在不同的阶段和环境条件下经历的变化和发展过程，可以分为多个阶段，如初创期、成长期和成熟期等。在演化过程中，企业会经历内部因素和外部环境的改变，逐渐走向成熟。

从本质上来看，专精特新中小企业的演化是指其在不同时间尺度上逐渐改变和适应环境的过程。通过与外界环境进行交互，专精特新中小企业不断学习，并对自身体系进行调整，以实现可持续发展。基于此，专精特新中小企业的成长演化特征可以从以下方面进行概述。

第一，环境适应性。这一特性是指个体、组织或系统在面对不断变化的外部环境时，通过调整自身结构、行为或策略，以适应和适合新的环境条件的能力。它强调在不同环境下，个体或组织需要具备灵活性、变通性和应变能力，以便适应环境的需求和要求。外部环境对企业来说具有重要意义，它是企业发展的背景和依托，是企业识别机遇和应对挑战的基础，也是企业进行资源交互、与其他个体建立联系与合作的媒介。专精特新中小企业通过保持环境适应性，不断调整经营策略，把握市场机会，寻找新的商机和发展方向，为长期成功奠定基础。

第二，选择性调整。企业进行选择性调整是指在面临市场变化、竞争压力或内部需求变化时，有意识地对特定领域或方面进行调整和改变的管理策略。它强调企业根据具体情况选择适当调整方向，以适应外部环境和内部需求的变化，提高企业发展效率。选择性调整帮助企业更好地利用有限的资源和能力。专精特新中小企业资源相对有限，需要通过选择性调整来避免资源的浪费和错误投资。合理调整企业的战略方向、产品组合、市场定位等，使得企业能够更加集中和有效地利用其核心优势和资源，实现最佳的资源配置和利用效率。

第三，可持续发展。可持续发展要求专精特新中小企业在实现经济利益的同时，充分考虑社会、环境和治理因素，以确保长期的稳定增长，并为未来的世代创造积极的影响。可持续发展意味着专精特新中小企业在经营过程中采取可持续性的策略，通过平衡经济发展、社会责任和环境保护三个方面的要求，实现经济效益、社会效益和环境效益的统一。

2. 演化要素

一般而言，专精特新中小企业的演化要素可以概括为惯例、搜寻和创新以及选择环境这三个核心概念（周立华等，2013）。

惯例是企业遵循的行动准则，它储存了知识和个人技巧，具有记忆功能，是企业信息、隐性知识和系统知识的载体。企业特征通过惯例代代传承。由于惯例的稳定性和惰性，企业通常保持一定的稳定性。然而，在现代市场环境的动态复杂性和不确定性下，专精特新中小企业必须具备创新成长的能力。为了适应市场环境的变化，尽管惯例具有惰性，但它们也可能发生突变。这种突变可能对企业有利，也可能不利。如果专精特新中小企业对自身绩效和经营状况不满意，就会创新和寻找新的更有效的惯例，对现有惯例进行修改。这种搜寻是对市场环境的适应性调整，其结果是不确定的，无法保证找到最有效的惯例。只有通过比较发现新的惯例优于现有的惯例，专精特新中小企业才会采用新的惯例。

纳尔逊和温特（Nelson & Winter，1982）认为，搜寻是在评估现有惯例的基础上，为了改变当前企业所处状况，在已知的惯例中找到最适合自身资源和能力的惯例。创新需要付出巨大的努力，通过研究开发和市场扩展活动，寻找以前不存在的技术、组织、管理和市场等惯例。企业在搜寻行为上投入的成本取决于所搜寻的惯例特征和企业投资意愿的能力，大企业由于拥有雄厚的资本实力，更有可能发现好的惯例。创新的成本和时间投入比搜寻更多，但潜在的投资回报率更高。对于专精特新中小企业来说，通过顺应外部环境进行创新，在其他行动者模仿之前，可以获得超额利润并弥补风险。

在专精特新中小企业的成长与演化过程中，选择机制扮演着至关重要的角色，其背后依托的是多元且复杂的标准体系。这一体系融合了市场动态、竞争态势、企业内部架构、既有惯例以及外部制度框架等多重因素，共同构成了选择的基准线。选择机制可分为市场选择和企业选择。市场选择本质上是一套规范企业间竞争行为的准则与规则集，核心评判标准是企业的盈利能力，能够在市场中实现盈利增长的企业将获得扩张与壮大的机会，而亏损企业则可能面临收缩乃至衰退的挑战。企业选择则侧重于企业自身战略层面的决策与实践，包括对目标市场的精准定位、对研发与创新活动的持续投入，以及对生产要素价格等关键因素的敏锐把握。这些选择并非盲目进行，而是基于企业对收益预期和价值创造能力等方面的深度考量。当企业选择能成功转化为组织内部的惯例时，它们将为企业带来持久的竞争优势；反之，若无法达到预期效果，则可能会被企业及时调整或放弃。

专精特新中小企业的演化是一个动态的过程，不同企业在不同阶段可能有不同的机制主导。同时，这些机制相互作用、相互影响，共同塑造了专精特新中小企业的发展轨迹和结果。从惯例、搜寻和创新以及选择环境的演化机制来看，专精特新中小企业不断调整自身惯例并寻求创新，以适应动态复杂的市场环境，同时通过市场和企业选择来筛选和优化，实现演化和成长。

6.1.2 专精特新中小企业演化模式

1. 专精特新中小企业演化目标

演化目标指的是一个组织或企业为了实现长期发展和变革而设定的具体、可量化和可衡量的目标。这些目标反映了组织或企业在其演化过程中所追求的方向和愿景。专精特新中小企业的演化目标是通过适应环境的变化和竞争压力，不断提升自身的竞争优势和生存能力。

专精特新中小企业的最主要演化目标是在某个特定领域或市场上实现专业化。通过深入研究和理解所从事的行业或领域，专精特新中小企业努力提升自身的专业能力和核心竞争力，成为该领域引领者。创新也是专精特新中小企业的一个重要演化目标。这些企业不断开发新产品、新技术、新服务或改进现有产品和服务，以满足市场需求并保持竞争优势。同时，专精特新中小企业还致力于形成独特的特色和品牌形象，通过将自身独有的理念、文化、核心价值观贯穿企业运营的各个环节，建立与众不同的企业形象和品牌价值。特色化不仅有助于在市场中脱颖而出，还有助于建立与消费者的情感连接。此外，可持续发展也是专精特新中小企业的演化目标之一，可持续发展指在经济、环境和社会三个层面上平衡发展，注重企业的经济效益、环境责任和社会影响力，通过有效的资源利用、环保措施、员工福利和社会责任等方式，实现企业的可持续成长。

这些演化目标并非孤立存在，它们之间存在相互促进和相互支持的关系。要实现这些目标，专精特新中小企业需要根据自身定位和市场需求，制定相应的发展战略。

2. 专精特新中小企业演化路径

演化博弈中参与者面临着各种策略和行为选择，他们通过评估和比较不同策略的效果和付出来作出决策。正确的策略选择对专精特新中小企业来说至关重要，它不仅决定了专精特新中小企业能否在竞争中脱颖而出，还影响着企业资源配置、市场机遇把握、风险管理和企业发展方向。如果专精特新中小企业选择某一策略带来的回报率高于市场平均水平，那么企业需要强化该策略，让该策略产生报酬递增效应，即表现为"路径依赖"。然而，群体中其他个体具备模仿能力，他们会对报酬率高的策略进行模仿，这种模仿会降低原有策略的回报率。此时，为了保证可持续发展，专精特新中小企业需要进行"路径创新"。"路径创新"是指专精特新中小企业在面临市场竞争和模仿效应的情况下，通过创新策略和管理方式，找到新的发展路径，以保持竞争优势。通过"路径创新"，专精特新中小企业可以创造新的惯例，具备多样的策略和行为选择，适应不断变化的环境。创造出新的策略后，企业会再次体现出"路径依赖"特性，以提高新策略的回报率，发挥新策略的优势。

根据上述分析可知，专精特新中小企业具备学习和创新能力，其发展遵循"路径依赖—路径创新—路径依赖"的演化路径。在这一过程中，专精特新中小企业会不断进行调整，发现适合自身成长的更优策略。

3. 专精特新中小企业演化策略

在演化过程中，个体会采取不同的策略应对环境变化，常见的演化策略有纯策略、混合策略、模仿策略、突变策略和演化稳定策略，其中专精特新中小企业一般采取模仿策略和突变策略。模仿策略指个体根据其他个体的策略表现进行学习，选择表现较好的策略进行效仿。从已有实践来看，模仿的成本较低，风险较小，是企业融入市场环境的有效途径。然而，模仿策略是市场参与者普遍采用的策略，在竞争中的优势并不明显。突变策略是指在群体中的一个个体突然采用一种与其他个体不同的策略，可以帮助个体在演化过程中尝试新的方法，以求发现更优的解决方案。对于创新能力较强的专精特新中小企业而言，突变策略是获得竞争优势的重要手段，通过引入新产品、新技术和新模式，企业能够满足消费者需求的变化，实现差异化发展。虽然突变策略的风险和投入较大，但从长远来看可以给企业带来更高的收益，是实现可持续发展的必备策略。

6.2   专精特新中小企业与数据资产化
缓解融资约束的共同演化

专精特新中小企业群体在成长过程中存在一定程度的相互作用关系，个体的演化对于群体乃至融资体系都会产生影响。为了更好地揭示数据资产化缓解融资约束的内在机理，需要建立专精特新中小企业群体的共同演化模型。以下将分析共同演化的含义和效应，揭示其过程和层次，为后续研究提供借鉴。

6.2.1   共同演化的内涵及特征

1. 共同演化的内涵

共同演化的概念最早出现在生物学中，并通过类比的方式被运用到社会经济系统中。考夫曼（Kauffman，2000）认为共同演化是指个体间互相改变适应图景，进而改变双方的平均适应。诺加德（Norgaard，1984）认为共同演化不仅是"共同"，更是"演化"，是"互相影响的各种因素之间的演化关系"。共同演化涉及不同个体或群体之间的相互适应。在演化博弈中，每个个体的策略选择会受到其他个体选择和结果的影响，因此个体需要根据环境和其他个体的策略进行调整和优化。同时，共同演化考虑了群体层面上的相互作用和影响，个体的策略选择和行为会对整个群体产生影响，进而改变整个群体演化方向和结果。结合现有研究，共同演化可以定义为互动者之间必须存在相互的反馈机制，它们的演化动力交织在一起，即一个互动者的适应性变化会通过改变另一个互动者的适应而改变其演化轨迹，后者的变化又会进一步制约或促进前者变化。

对于专精特新中小企业，共同演化意味着资金供给方和专精特新中小企业个体间存在相互影响。资金供给方决策和需求的改变会促使专精特新中小企业产生适应性变化，包括对自身结构和融资策略作出调整等。专精特新中小企业作出的调整又会对资金供给方产生影响，融资双方在相互作用中共同演化，并逐渐趋于稳定。

2. 共同演化的特征

共同演化的特征指的是不同个体或群体之间通过相互作用和适应来共同进化的特征。它揭示了个体之间的互动对于整体系统演化的重要性，以及演化过程中不同个体或群体之间相互影响的机制和效应。根据上述分析可得，共同演化的特征主要体现为以下几点。

第一，双向或多向因果关系。在共同演化中，个体之间的相互作用导致了一种动态的变化过程，使得整个系统达到某种平衡状态。双向或多向因果关系表示个体之间的相互作用是双向或多向的，即每个个体的特征变化不仅受到其他个体的特征影响，同时也会对其他个体产生影响。这种因果关系是动态的和相互依赖的，个体之间的相互作用形成了一个复杂的网络结构，它决定了共同演化的轨迹和结果。

第二，多层级和嵌入性。层级特征指的是在演化过程中，个体所处的多个层次上都存在相互作用和演化。具体而言，个体可能参与到局部层面的小规模交互中，同时也处于更大规模的全局层面中。这些不同层级的交互会对个体行为的演化产生影响。例如，一个个体在局部层面上可能会通过合作与其他个体形成盟友关系，但在全局层面上可能会通过竞争与其他个体争夺资源。多层级特征能够帮助我们更加准确地预测演化的结果，并理解个体在不同层级上的策略选择。嵌入性特征是指个体的决策行为受到其所处环境的影响，而环境往往是由其他个体的行为所塑造的。个体会根据与其他个体的互动来调整自己的决策策略，从而适应环境的变化。嵌入性特征强调了个体决策的相互依赖性，也表明了个体之间的相互影响不仅仅是简单的一对一关系，而是存在复杂的反馈机制。

第三，复杂系统特征。复杂性是指在演化博弈中研究的系统中存在大量的互动和关联。在这样的系统中，个体的决策和行为受到其他个体的影响，由此形成一个复杂的网络结构。这种复杂系统使个体间的交互错综复杂，个体间的关系和行为模式会呈现出非线性、非确定性的特征。

第四，正反馈效应。这一效应描述了在共同演化中，一种特征或行为的增加会引起其他相关特征或行为的进一步增加，形成一个正向的循环。共同演化是通过选择机制来推动物种的进化，而正反馈效应则是这一进化过程中的一种动力机制。正反馈效应主要包括两个方面：一是直接的正反馈效应，即某个特征的增加会引起同类物种的该特征的进一步增加；二是间接的正反馈效应，即某个特征的增加会间接促使其他特征的增加，这种间接效应可能是通过环境或其他因素引起的。

第五，路径依赖。路径依赖是共同演化的一种重要特征概念，它描述了演化过程中的历史因素对于演化结果的影响，即过去的选择和决策会对当前和未来的演化产生持续的影响。在共同演化中，路径依赖包括：（1）演化轨迹不可逆，路径依赖意味着演化的方向是不可逆的，即选择和决策在一定程度上被历史因素所决定，一旦某种选择或决策导致了一条演化路径，其他可能的路径可能会被排除或变得极为困难。（2）初始条件的重要性，路径依赖认为初始条件的差异可能会导致不同的演化结果，不同的起点可能会引发不同的选择和决策，从而产生不同的演化路径和结果。（3）转折点的影响，路径依赖认为在演化过程中可能存在关键的转折点，即一旦过了某个临界点，演化方向将很难改变，这种转折点可能是由局部选择和决策的累积效应导致的。（4）路径锁定，路径依赖认为在演化过程中可能存在路径锁定的现象，即某条路径被固定住并长期保持，一旦进入了某个路径，很难再跳出或改变演化方向。

6.2.2 共同演化的运行机理

专精特新中小企业的融资环境中包含资金需求方、资金供给方、中介机构和政府相关部门等参与主体，各参与主体间存在复杂的交互关系。单个主体的行为演变会对其他主体和整体融资环境产生重要影响。同时，宏观融资环境的演化也会推动微观主体的演化。由此，专精特新中小企业与数据资产化缓解融资约束的共同演化可以分为微观和宏观两个不同的层次。

1. 微观层面

微观层面主要涉及专精特新中小企业、金融机构、担保机构和监管机构等融资主体间的演化。在演化过程中，各参与主体的行为和角色都会发生变化，相互之间的关系也不断调整和演进。专精特新中小企业是融资环境中最主要的参与主体，其在创立初期主要依靠个人储蓄或家庭借贷等方式进行初步资金筹集，企业发展壮大后，会面临更高的资金需求，此时可以选择通过银行贷款、发行可转债等方式来获取资金支持。随着时间的推移，专精特新中小企业的融资策略和手段也会不断调整和演化，以适应不同阶段的发展需求。银行、证券公司、基金管理公司等金融机构作为融资的中介和服务提供者，在融资中发挥着关键的作用。它们可以为企业提供贷款、承销股票和债券发行等服务，帮助企业解决融资难题。金融机构还可以通过资本运作和金融工具的创新，为投资者提供多样化的投资渠道和产品选择。随着市场需求的变化和金融监管的升级，金融机构也需要不断调整自身的经营策略和服务模式，以适应融资演化的需求。担保机构是指为借款人或债务人提供担保服务的金融机构，其主要职责是在借款人发生违约时承担债务偿还责任，以确保借款方的信用和偿还能力。担保机构包括商业银行、非银行金融机构和专业担保公司等类型，它们提供的担保服务可以降低借款风险。随着专精特新中小企业融资需求增加，担保机构会顺应市场需求，增强担保意愿，促进融资活动的进行。政府相关部门负责制定和实施相关法律法规，监督专精特新中小企业、金融机构、担保机构的合规运营，并通过考核、检查和处罚等手段评估机构的合规性和风险管理水平，维护金融市场的稳定和健康发展，推动各主体的演化和可持续发展。

2. 宏观层面

宏观层面主要考虑数据资产化对融资中各参与主体共同演化的影响。首先，数据资产化能简化相关数据的收集、整理和分析过程，使主体间的信息传递和交互更加高效，资金供给方、需求方和金融机构等融资参与主体可以更方便地了解市场情况、融资需求、评估融资风险并作出合理的决策。其次，数据资产化可以减少融资参与主体之间的信息不对称问题，不同参与主体共享和利用同一套数据使信息更加公平透明，提高各参与主体的议价能力和决策效果。再次，数据资产化可以提高融资信息的质量和准确性，避免各主体因信息不准确导致的误判和损失，降低由信息不确定性带来的风险。最后，数据资产化为各参与主体提供了更多的合作工具和手段，通过数据的整合和分析，参与主体可以更好地协调行动、实现资源优化配置，加强合作关系的深度和广度，共同实现融资目标。

6.3　数据资产化缓解融资约束的演化博弈过程

演化博弈是将博弈与演化理论进行有机融合的一门学科，其目的是对种群中的个体行为与策略选择进行研究。演化博弈论以达尔文进化理论为基础，把物竞天择的理念运用到分析框架中，探讨个体间的竞争、合作与适应等动态演变过程。演化博弈作为一种新兴的经济分析方法，在产业组织、委托代理、信息经济学等领域有着广泛的应用。本节将通过分析演化博弈的机制和稳定标准，阐明专精特新中小企业融资体系中的不同参与方达到稳态的途径。

6.3.1　演化博弈概述

1. 基本概念

博弈论是研究最大化主体利益策略的理论方法。在博弈中，每个主体采取不同的策略会导致不同的结果和均衡解。经典博弈论假设主体是完全理性的，但现实生活中的限制和干扰使人们无法选择最佳策略，而是处于有限理性状态。演化博弈论则将有限理性群体作为研究对象，探索其博弈过程，并提出了演化稳定策略的概念。

演化博弈论与传统博弈论存在几个关键区别。首先，传统博弈论通常关注的是瞬时决策，即在特定时刻下参与者之间的决策和行动；演化博弈论更加关注长期的演化过程，强调策略在多次重复博弈中的累积效应。其次，传统博弈论一般关注的是理性参与者之间的交互，每个参与者都追求自己的利益最大化；演化博弈论则更关注参与者之间的群体性质和适者生存的原则，考虑了群体内个体的互动和进化。再次，传统博弈论假设参与者在博弈开始前已经确定了自己的策略；演化博弈论则关注策略的演化和适应过程，认为个体可以通过学习、试错和适应等机制来调整和改进自己的策略。最后，传统博弈论假设参与者具有完全的理性和信息获取能力，可以准确分析和评估各种策略的效果；演化博弈论则更关注于群体中的非完全理性和模糊信息下的决策过程，强调了进化的盲目和随机性。演化博弈理论认为，在演化过程中，群体内部参与者的理性会发生变化，他们会根据博弈的进程来判断、学习和模仿他人的行为策略，最终达到演化稳定均衡。因此，演化博弈模型成为研究社会系统动态演化机制的常用工具。

演化稳定策略是以演化博弈理论为基础得出的，也是模型分析的重点部分。演化稳定策略有五个基本假设：第一，假设个体在决策过程中是理性的，他们会根据自身利益选择最有利于其生存和繁衍的策略；第二，假设个体之间存在信息不对称或信息有限的情况，个体并不了解其他个体的全部策略和利益，只能根据观察到的结果进行判断；第三，假设在策略和个体之间存在竞争和选择机制，适应度较高的策略有更高的机会被采纳和传播给后代，而适应度较低的策略可能会被淘汰；第四，假设群体中的策略会随着时间逐渐改变和演化，适应度较高的策略会逐渐在群体中占据主导地位，而适应度较低的策略可能会逐渐减少或消失；第五，演化稳定策略的核心假设是，一旦形成并在群体中广泛采用，该策略将保持在群体中稳定的频率，并且不会被其他策略所替代。博弈主体会通过一次决策行为对下一次决策进行指导和修正，直到达到其博弈目的。

目前，求解演化稳定策略的方法通常使用 Friedman 理论，并引用雅克比矩阵来求解复制动态方程。通过比较雅克比矩阵的实部符号，确定均衡点的性质，得出演化系统的演化稳定策略和不稳定点。

2. 复制动态方程基本理论

复制动态是演化博弈论中一种常用的方法，用于描述和分析策略在群体中的演化过程。它是一种基于概率的动态模型，通过计算不同策略在群体中的频率变化来推导演化稳定策略。在复制动态中，假设群体中存在多个不同的策略，并且每个个体以一定的概率选择不同的策略进行互动（Liang et al.，2023）。根据这些选择和互动结果，每个策略的频率会发生变化。具体而言，复制动态通常使用一组微分方程或差分方程来描述策略频率的变化。复制动态的核心思想是根据策略在互动中的成功度来调整其频率。一般来说，成功的策略在互动中可以获得更高的收益或者更高的适应度，因此它们的频率会相对增加；而失败的策略在互动中收益较低，其频率则相对减少。随着不断的策略选择和互动，群体中的策略频率会逐渐趋于稳定，最终形成演化稳定策略。复制动态可以应用于不同类型的演化博弈模型，通过分析和求解复制动态方程，可以得到演化稳定策略的频率分布，并进一步探究策略在群体中的生存和演化机制。

复制动态的规律用一阶常微分方程表示，也称为复制动态方程，其基本公式为

$$F(x_i) = \frac{\mathrm{d}x_i(t)}{\mathrm{d}_t} = x_i(t)\left[u(s_i,\ x) - \bar{u}(x,\ x)\right] \qquad (6-1)$$

其中，$x_i(t)$ 表示在 t 时刻选择策略 s_i 的个体在群体中所占的比例，$u(s_i,\ x)$ 表示选择策略 s_i 的全体中的个体的期望收益，$\bar{u}(x,\ x) = \sum x_i(t)u(s_i,\ x)$ 表示群体的平均期望收益。把式（6-1）变形可得公式（6-2），便于总结规律。

$$\frac{\dfrac{\mathrm{d}x_i(t)}{\mathrm{d}_t}}{x_i(t)} = \left[u(s_i,\ x) - \bar{u}(x,\ x)\right] \qquad (6-2)$$

复制动态是一种策略选择机制，其正负值取决于个体策略群体比例增长率与群体平均收益差值的变化。差值为负表示群体的平均收益高于个体选择的收益，个体选择该策略的数量会减少；差值为正表示群体的平均收益低于个体选择的收益，个体选择该策略的数量会增加；差值为零表示群体的平

均收益等于个体选择的收益，个体选择策略将趋于稳定。然而，稳定状态可能会受到干扰因素的影响而偏离，并逐渐偏离越远。复制动态会收敛于某些稳定趋势，并最终达到真正的稳定状态，这正是演化博弈论的最基本原理——演化稳定策略。演化稳定策略指示了群体演化所需调整的方向，也是演化博弈研究的真正价值所在。因此，得出的稳定策略要进一步验证，从而找出演化稳定策略，方法如下：

如果任意 $y \in [0, 1]$，在 y 的区域内，$x < y$ 时，$\dfrac{\mathrm{d}x}{\mathrm{d}t} = F(x) > 0$，$x > y$ 时，

$\dfrac{\mathrm{d}x}{\mathrm{d}t} = F(x) < 0$。

6.3.2 数据资产化缓解融资约束的演化机制

数据资产化对于融资约束的缓解作用具有无可比拟的优越性，但并不一定可以演化成功。数据资产化缓解融资约束这一构念成功的关键在于在演化的各个环节确保数据质量与可信度，建立数据治理与合规性机制，具备数据分析与洞察力，以及实现数据交易与变现。这些因素的协同作用，将有效促进数据资产的形成与发展，从而缓解企业在融资过程中的约束。在学术研究中，涉及演化博弈的机制主要有选择、模仿和变异，这些机制同样适用于融资问题的分析。因此，本节遵照消除不确定性的前提，将数据资产化的演化目标贯穿于演化机制的分析中，探讨数据资产化缓解专精特新中小企业融资约束的演化机制。

1. 选择

演化博弈中的选择机制是指在演化过程中，个体之间进行选择的规则和方式。选择机制主要影响着个体的生存、繁殖和传播策略，从而塑造了群体的特征和演化方向。在选择阶段，专精特新中小企业按照自身利益最大化原则进行策略选择。当违约带来的收益大于守约收益时，专精特新中小企业会选择违约，这一结果会损害金融机构等其他参与主体的利益，导致市场失衡。由于数据存在中介和调节作用，数据资产化可以有效缓解融资约束问

题，在引入这一要素后，专精特新中小企业的违约收益减少，守约收益增加，这将改变专精特新中小企业的行为和决策，极大地增强其守约意愿。在这一过程中，专精特新中小企业与金融机构之间的合作变得更加紧密。金融机构通过评估企业的数据资产，为企业提供更多融资机会和更有竞争力的融资条件。同时，各主体也能够更好地控制和管理风险，以确保市场运作的稳定和公平。

2. 模仿

在演化博弈理论中，个体之间存在着不同的策略和行为方式。当个体面对复杂的环境和无法准确评估各种策略的情况时，模仿机制就会被触发。个体通过观察其他成功策略的个体，并试图模仿其行为，以期获得相似的结果。这种模仿行为可以是直接的复制，也可以是部分学习和改进。在模仿阶段，专精特新中小企业可以快速学习和掌握已经验证有效的商业模式和管理方法，减少试错成本，降低经营风险。对于专精特新中小企业来说，模仿具有成功经验的大型企业或同行业领先企业的数据资产化模式和策略，能够帮助他们更快地适应市场需求并提升自身的竞争能力。通过模仿机制，专精特新中小企业可以学习到如何收集、整理、分析和利用数据，以及如何建立与数据资产相关的商业模式和盈利模式。此外，专精特新中小企业还可以借鉴其他企业在数据保护、安全性和合规方面的经验，确保数据资产化过程的合法性和安全性。

3. 变异

变异机制是指在群体中个体之间产生差异和多样性的过程。这种多样性有助于适应环境变化并提供进化的基础。在演化博弈中，专精特新中小企业通过数据资产化缓解融资约束的变异机制主要包括以下几个方面。

（1）数据资产化创新，专精特新中小企业可以通过将自身积累的数据转化为有价值的资产，进行创新性的变异。这可以通过数据挖掘、分析和应用等技术手段实现。通过利用数据资产，企业可以提高自身的竞争力和降低风险，从而吸引投资者并获得更多的融资机会。

（2）数据共享合作，专精特新中小企业可以通过与其他企业共享数据资源，形成合作关系，并实现共同发展的变异机制。通过数据共享合作，专精特新中小企业可以扩大数据规模和价值，提高数据的可信度和可用性，从而增强融资能力。同时，数据共享还可以促进企业之间的合作创新，进一步提高整体竞争力。

（3）数据资产交易平台，专精特新中小企业可以参与数据资产交易平台，通过出售或租赁自身的数据资产来获取融资渠道。这种方式可以吸引更多的投资者，并提高企业的融资效率。同时，数据资产交易平台也可以为企业提供更多的数据合规和安全保障措施，增加融资的可靠性和可持续性。

以上变异机制可以为专精特新中小企业提供更多的融资渠道和机会，促进企业的发展和创新。

6.3.3 演化稳定的标准

利用复制动态方程求出的解往往是不唯一的，因此演化博弈就从求均衡解转向了对稳定性的分析。在演化博弈中，均衡稳定体现为演化稳定。演化稳定是指系统在经历一段时间的演化后，达到一种相对稳定的状态。其核心思想是在多次博弈的过程中，一种策略能够在种群中存活并取得相对较高的收益，即不容易被其他策略所替代。具体来说，演化稳定的标准可以通过以下两个指标来衡量。

（1）稳定策略。一个策略要达到演化稳定，需要满足稳定性条件。即在一个种群中，该策略的频率在长期演化中能够维持在一个相对稳定的水平。具体而言，这意味着该策略不能被其他策略所取代，也无法被轻易侵犯。

（2）动态稳定。除了频率的稳定性，一个演化稳定的策略还应该在面对小幅度扰动或突变时保持稳定。这意味着即使种群中有一小部分个体采用其他策略，该策略仍能够适应变化并保持较高的收益，不容易被淘汰。

达到这两个标准意味着该策略的频率能够稳定在一个相对固定的水平，即使面对外部变化或与其他策略的竞争，该策略仍能够保持相对优势和稳定的存在。

6.4 数据资产化缓解融资约束的演化系统分析

演化系统分析提供了一种系统性的视角来研究企业的融资约束问题，进行系统性分析不仅需要考虑单个企业内部的因素，还包括与企业相关的外部环境因素以及与其他企业之间的相互作用关系。通过分析整个系统，可以更全面地了解融资约束的本质和影响因素。

6.4.1 多重结构分析

在中国哲学中，有一个重要的思想是"天人合一"，即天地万物和人类个体之间存在着内在的联系和互动。个体的存在是从整体中生发出来的，同时也对整体产生着影响和作用。数据资产化缓解专精特新中小企业融资约束的演化过程就是与其他个体和外部环境不断交互的过程，通过从整体的角度进行梳理，有益于分析构成主体和参与要素间的关系。具体来说，专精特新中小企业的融资系统包括参与主体、系统模型与生态环境。

1. 参与主体

专精特新中小企业融资系统中主要的参与主体包括专精特新中小企业、金融机构、担保机构，次要参与主体包括政府相关部门、个人投资者等，不同主体间的相互作用关系构成了数据资产化缓解融资约束的运行规则。专精特新中小企业通过与金融机构和担保机构合作，借助他们的专业知识和资源，获取资金。金融机构根据专精特新中小企业的信用状况和资金需求，评估风险并提供适当的融资产品和服务。担保机构为资金需求方提供担保，降低金融机构对风险的担忧，推动融资顺利进行。政府相关部门制定和执行融资政策和规定，引导和规范融资活动。个人投资者的参与能够为专精特新中小企业提供多样化的融资渠道，增加融资的灵活性和多元性。

2. 系统模型

系统模型可以描述每个参与者的特征、目标和行为选择，其中特征和目标包括个体的收益函数、风险偏好、理性程度等，而行为选择指的是参与者如何根据自身信息和目标进行决策。系统模型包括参与者、策略和规则，以及参与者之间的关系和行为方式。通过模拟互动方式、信息传递与反馈机制，参与主体可以在多轮博弈中如何根据自身表现的好坏来更新策略。

3. 生态环境

生态环境对演化过程也有重要影响，这里的生态环境主要指引入数据资产化后的融资环境。数据通过数据资产化的方式进行价值变现，投资者和资本市场会对于具有潜在商业价值的数据资产感兴趣，从而拓展企业的融资渠道。通过数据资产化，企业可以将自身的数据资源进行评估和定价，并向投资者证明其数据资产的价值和潜力。数据资产化下的生态环境可以为企业提供更多融资机会，改善融资条件，进一步推动数字经济的发展和创新。

综上所述，数据资产化缓解专精特新中小企业融资约束的模式具有多重属性，其中，参与主体是多重结构有序运行的基础，系统模型是规则执行和仿真模拟的保障，生态环境是缓解融资约束的必要条件。数据资产化环境带来的融资便利是资金需求者获取资金的重要力量，也是与传统融资方式产生差异的原因之一，对缓解专精特新中小企业融资约束具有重要作用。

6.4.2 数据资产化缓解专精特新中小企业融资约束系统演化分析

参与主体在演化中起到基础和决定性作用，以下对参与主体之间的作用机理进行解读，为各主体的策略选择以及后续仿真规则的设计提供分析基础。

1. 专精特新中小企业的融资模式具有多重结构性

企业融资模式中必定包含参与主体、系统模型、生态环境三个要素。具体来说，参与主体通过适应环境、选择合适的策略和行为来获得更多的资源、优势和生存空间。专精特新中小企业、金融机构、担保机构是最主要的参与主体，他们的行为决策使某些策略更具优势，促进博弈的演化向有利于自身的方向发展。系统模型规定了要素之间的交互规则，通过构建数学模型进行分析，可以确定系统中可能存在的平衡状态，并研究这些平衡状态的稳定性条件，有助于预测参与主体的行为和博弈结果，并理解系统中不同策略的频率分布和动态演化过程。本研究中的生态环境主要指引入数据资产化后的融资环境，开发和利用数据资产后的融资环境更易于形成合作伙伴关系和资本联盟，共同开发利用数据资源。通过共享数据和风险，各方可以实现互利共赢，推动协同创新和发展。

专精特新中小企业的融资模式具有复杂系统适应性。主体间的互动是通过信息实现的，在博弈中，每个参与者都试图通过选择最佳策略来获得最大的利益，信息有效性可以提供给参与者有关他人行为意图、资源分配和环境变化的准确信息，是缓解融资约束的关键所在。数据资产化可以缓解各主体间的信息不对称问题，提高信息有效性，推动融资系统均衡发展。此外，外部环境可以直接或间接的方式对主体产生影响，如果专精特新中小企业个体采用某策略后得到了外部资金支持，那么其他个体就会模仿该策略，从而推动演化达到稳定状态。

数据资产化缓解专精特新中小企业融资约束过程中的参与主体都是有限理性的，并按照自身利益最大化原则进行策略选择。主体通过评估不同策略的效果和结果，选择那些能够使自己获得最大收益的策略。同时，主体的利益最大化也为整个系统的演化提供了动力，促使系统逐渐进化出更加有效的合作和竞争策略。例如，引入数据资产化这一要素之后会对专精特新中小企业的收益函数产生影响，进而对其策略选择产生影响。

2. 数据资产化缓解专精特新中小企业融资约束的博弈模型

信息有效是缓解专精特新中小企业融资约束的重要基础。当信息失效或存在不对称问题时，会导致金融机构无法准确了解借款人的还款能力、经营状况和财务状况等关键指标，增加放贷风险。此时，金融机构往往采取保守的贷款利率和条款，以平衡潜在的风险，这可能导致借款人面临高额的融资成本，限制其发展空间。数据资产化可以缓解主体间的信息不对称问题，提高金融机构的贷款意愿，缓解融资约束。这一过程仍需要其他主体的介入，以保证融资体系的平稳运行，具体考虑两方面的因素：一方面，担保机构要充分发挥其信用担保作用，增加借款人的信用可靠度，使其更容易获取资金；另一方面，政府相关部门要积极修订和完善相关法律法规，充分发挥社会影响力，通过政策引导、税收优惠等方式，鼓励社会资本积极参与融资活动，扩大融资渠道。

规范了参与主体后，可以发现引入数据资产化后的融资体系比未引入时更易达到稳定。专精特新中小企业能够将数据转化为具有经济价值的资产，增加融资依据，降低融资的成本和风险。首先，数据资产化为专精特新中小企业提供了更多的融资途径和选择，可以提高其选择不违约策略的意愿。其次，数据资产化可以提高市场透明度，减少信息不对称带来的问题，帮助金融机构更准确地量化风险，更精确地评估借款人的违约概率，提高金融机构选择贷款策略的意愿。此外，在数据资产化的融资体系中，担保机构起到重要的作用。担保机构可以通过评估数据资产的价值、风险以及借款人的还款能力，为融资交易提供担保服务。引入数据资产化后，担保机构需要对数据资产本身进行评估，并根据评估结果来制定相应的担保策略，以确保资金交易的安全性和可靠性。同时，数据资产化也能够提供更多的担保选择，提高了担保机构的业务发展空间，提高担保机构选择担保策略的意愿。

第7章 数据资产化缓解专精特新中小企业融资约束的仿真模拟

理论基础和仿真方法是仿真模拟的必备要素。仿真模拟的基础是确定参与主体并选择合适的仿真工具。本章在明确建模主体的前提下，利用建模工具构建仿真模型，模拟数据资产化缓解专精特新中小企业融资约束的演化过程。

7.1 仿真建模概述

模型可用于预测和分析仿真对象在不同条件下的行为和性能，有助于研究人员评估不同决策和策略对系统的影响，为决策提供科学依据。本节根据仿真建模的一般研究路径，对建模方法、建模工具和建模步骤进行论述。

7.1.1 建模方法说明

传统的试验方法在科学研究和证据评估中被广泛使用，能够提供较为可靠的数据和结论，但也存在一些局限性，如实验过程可能受到环境、个体差异等因素的限制。经过数十年的探索，国内外学者掌握了更有效的试验方法，即仿真建模法。仿真建模是指通过数学和计算机技术，以模拟现实系统的运行过程和行为为目的，构建系统的虚拟模型，并通过模型进行仿真实验和分析，以获得对系统性能和行为的深入理解。

仿真模型代表了在无风险环境中测试多个系统假设方案的巨大资源，同时能够操纵其参数、约束和逻辑，而不必承担高额费用。然而，即使使用最先进的技术和软件,将系统复制到仿真模型中也是一项具有挑战性的任务。如果没有明确的工作方法,可能会耗费时间和资源。仿真模型必须最大限度地模拟所研究系统的运行,包括代理和资源之间所有的互动,以支持仿真人员的决策。

一般而言,开发一个仿真模型需要具备以下几个要素。

(1)实体和属性。仿真建模首先需要明确要研究或分析的实体,以及这些实体所具有的属性。例如,在城市交通仿真建模中,实体可以是车辆、道路、交通信号灯等,属性可以包括车辆速度、位置、道路拥堵程度等。

(2)状态和状态转换。仿真建模将实体的状态抽象为一组变量或数据,这些变量描述了实体在特定时间点的特征或状态,状态转换定义了实体从一种状态到另一种状态的规则或方程。

(3)事件和触发规则。仿真建模中的事件是指与系统相关的重要改变或交互,触发规则定义了何时发生特定事件的条件或规则。

(4)时间和时间推进。仿真建模需要一个时间轴来模拟系统在不同时间点的变化,时间推进规则定义了仿真的时间步长和模拟时间的流逝方式。

(5)输出和评估指标。仿真建模的目的是获得对系统行为的理解或预测。输出是模型生成的结果或数据,可以是图表、统计数据等形式;评估指标可以衡量模型的准确性和性能。

通过上述五个要素的有效表达,所建模型可以更好地适应复杂情况,模拟真实的交互和动态过程,增强模型的可信度和准确性。研究人员要根据不同的主体对这五个要素进行识别、编程和建模。

相较于传统试验方法,仿真建模法有诸多的优势,仿真过程可以提供一个虚拟的实验环境,使得研究人员可以在控制变量的情况下进行大量的实验。这种实验环境可以避免真实系统中的风险和成本,同时提供更快速、便捷的测试方法。通过对设计方案进行仿真模拟,可以预测方案可能出现的问题和行为,评估不同方案的优劣,帮助决策者找到最佳的设计方案。通过分析仿真结果,可以对模型进行优化和改进,调整模型中的参数和初始条件,改变模型的结构和算法等,以提高结果的可靠性。将仿真结果应用于实际问题的解决过程中,可以为决策提供科学依据和参考。正是基于上述优势,仿真建模法能够实现由低到高、从宏观到微观的跨层次研究。基于此,本书选择仿真建模法作为研究方法之一。

7.1.2 建模工具选择

Matlab、Arena、AnyLogic、Simio 是主流的仿真建模工具，用于创建和模拟复杂系统中的个体行为和相互作用。以下对这四种工具进行梳理，结果见表7-1。

表7-1 主流建模工具特性

类型	Matlab	Arena	AnyLogic	Simio
应用领域	数值计算数据分析	离散事件仿真	多种仿真方法	复杂的生产和物流系统
运行速度	较慢	离散事件较快，连续系统较慢	较慢	较快
应用广度	广泛	一般	广泛	一般
维护频率	较高	较低	较高	较低
可扩展性	好	一般	较好	一般
初学者学习成本	较低	较高	高	高
编程复杂性	适中	较低	较高	低

Matlab 是美国公司出品的商业数学软件，具有完备的图形处理功能，能实现计算结果和编程的可视化，可应用于数据分析、无线通信、量化金融与风险管理等诸多领域，可扩展性好；Arena 是基于 SIMAN 模拟语言的通用仿真软件，可以模拟离散连续混合系统，相对于其他仿真软件，Arena 友好性体现在数据输入、输出以及模型调试等方面，但应用广度和可扩展性一般；AnyLogic 所有的建模技术都是以 UML-RT、Java 和微分方程（若用户想要为连续行为建模）为基础的，是设计大型复杂系统的理想工具，应用领域非常广泛；Simio 是美国 SimioLLC 公司研发的新一代基于"智能对象"技术的全3D 系统仿真模拟软件，已申请国际专利，Simio 的对象是基于可视化过程的，而非基于代码的，采用的技术较为先进，但应用广度与其他软件相比较低。

由表 7-1 可以看出,在四种主流工具中,Matlab 和 AnyLogic 运用最为广泛,且维护频率较高。其中,Matlab 结合了许多其他编程语言的特性,如 C、Fortran 和 Java,学习成本较低,虽然运行速度较慢,但可扩展性好,能够更好地适应变化,响应新的需求或情况。综合实际情况,本书选择 Matlab 作为数据资产化缓解专精特新中小企业融资约束的建模工具。

7.1.3 建模步骤设计

合理的建模步骤设计可以帮助确保仿真模型的准确性和可靠性,节约时间和成本,提高仿真的效果和应用价值。Matlab 仿真的建模步骤设计如图 7-1 所示。

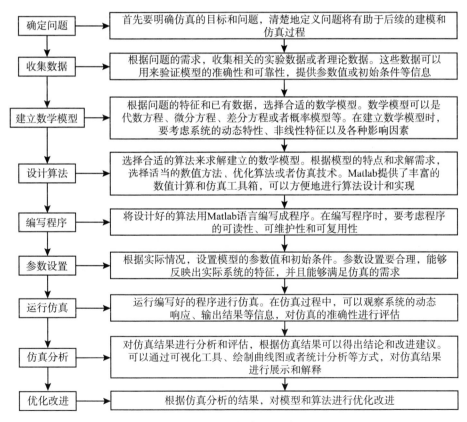

确定问题 → 首先要明确仿真的目标和问题,清楚地定义问题将有助于后续的建模和仿真过程

收集数据 → 根据问题的需求,收集相关的实验数据或者理论数据。这些数据可以用来验证模型的准确性和可靠性,提供参数值或初始条件等信息

建立数学模型 → 根据问题的特征和已有数据,选择合适的数学模型。数学模型可以是代数方程、微分方程、差分方程或者概率模型等。在建立数学模型时,要考虑系统的动态特性、非线性特征以及各种影响因素

设计算法 → 选择合适的算法来求解建立的数学模型。根据模型的特点和求解需求,选择适当的数值方法、优化算法或者仿真技术。Matlab 提供了丰富的数值计算和仿真工具箱,可以方便地进行算法设计和实现

编写程序 → 将设计好的算法用 Matlab 语言编写成程序。在编写程序时,要考虑程序的可读性、可维护性和可复用性

参数设置 → 根据实际情况,设置模型的参数值和初始条件。参数设置要合理,能够反映出实际系统的特征,并且能够满足仿真的需求

运行仿真 → 运行编写好的程序进行仿真。在仿真过程中,可以观察系统的动态响应、输出结果等信息,对仿真的准确性进行评估

仿真分析 → 对仿真结果进行分析和评估,根据仿真结果可以得出结论和改进建议。可以通过可视化工具、绘制曲线图或者统计分析等方式,对仿真结果进行展示和解释

优化改进 → 根据仿真分析的结果,对模型和算法进行优化改进

图 7-1 建模步骤设计

通过以上步骤，所建模型可以帮助设计者更好地理解和评估系统的性能、优化设计方案、降低开发成本和风险，提高系统的可靠性和效率。同时，运行得出的结果可以为决策者提供决策支持，指导系统开发和运营过程中的调整和改进。

7.2 专精特新中小企业融资约束建模概述

各项主体的属性是指被建模的实体或对象的特征和性质，识别模型中的参与主体并分析其属性是建立模型的前提。本节主要分析缓解专精特新中小企业融资约束过程中的主体及主体属性，为后续建模过程奠定基础。

7.2.1 仿真建模说明

国家一直高度重视专精特新中小企业的发展，并不断加大政策支持力度。专精特新中小企业作为引领中小企业自主创新能力和核心竞争力的先锋，致力于专业化和品质化发展。然而，技术研究和规模扩张都离不开资金的支撑。与一般的中小企业相比，专精特新的中小企业更强调创新驱动和高质量发展，在发展过程中对资金的需求更大。在这些企业中，互联网技术公司占了很大一部分。互联网技术公司通常面临着资产少、规模小、抗风险能力弱的困境，导致其在向银行申请贷款的过程中，存在着抵押、担保不足等问题。从金融机构的角度来看，由于内生动力不足和相关激励约束机制不够，金融机构在开展与专精特新中小企业相关的业务时存在风险防控的考虑。因此，它们不愿向包括专精特新中小企业在内的中小微企业提供贷款支持。上述情况导致了大多数专精特新中小企业仍然面临融资难、融资贵等问题。

数据资产化缓解专精特新中小企业融资约束的方式可以从以下几个角度展开说明。

一是增强信息透明度，专精特新中小企业往往存在信息透明度低的问题，导致金融机构难以评估其信用状况和还款能力，数据资产化可以推动企业进行数字化转型，将企业的数据转化为可比较和可评价的信息，降低金融机构的信贷风险和成本，而且信息透明度提高也可以吸引个人投资者对企业的关注，促进企业融资。

二是拓展融资渠道，数据资产化可以为专精特新中小企业提供一种新的融资渠道，即数据融资，数据融资将企业的数据资产作为担保，通过数据交易平台进行融资，这种方式可以降低传统融资方式的门槛和成本。

三是推动企业进行数字化转型，数据资产化是指将数据作为企业的重要资产，对其进行合理的配置、管理和使用，这对企业的数据处理能力提出了更高的要求，促进企业进行数字化转型，提升自身的竞争力和市场地位，增加金融机构贷款意愿。

根据上述分析，可以进一步明确建模过程中的参与主体，主要包括专精特新中小企业、金融机构、担保机构、政府有关部门等。其中，专精特新中小企业、金融机构、担保机构是融资过程中最主要的主体。数据资产化缓解专精特新中小企业融资约束的建模内容可以简要概括为以下内容：首先，在未引入数据资产化的前提下确立模型和基本假设，对专精特新中小企业融资的仿真参数进行初始化设置；其次，进行演化博弈分析和演化稳定性分析；最后，在引入数据资产化的前提下重复上述步骤，以明确数据资产化对缓解专精特新中小企业融资约束的作用。

7.2.2　主体属性分析

1. 专精特新中小企业

由于专精特新中小企业创新周期较长，研发投入大，且市场回报需要时间，所以与大型企业相比，专精特新中小企业往往更需要长期稳定的资金支持。因此，长期贷款、股权投资等融资方式更符合这类企业的需求。专精特新中小企业是融资需求方，通常具备较高的成长性，拥有创新的技术、独特的产品或服务，以及灵活的市场应对策略，使它们在市场中具有较高的竞争力和增长潜力。然而，专精特新中小企业通常缺乏足够的抵押物来支持其融资需求。由于企业资产主要集中在技术、知识产权等无形资产上，而这些资产往往难以准确估值和变现，因此在传统融资模式下，企业可能面临较大的融资障碍。

在融资过程中，专精特新中小企业面临着违约和不违约的选择。违约行为对专精特新中小企业来说具有一定的诱惑力。从短期来看，不归还借款可以为企业提供更多的现金流；这些资金可以用于拓展业务、进行创新研发、扩大市场份额等，而相比之下，归还借款会对企业的资金流动性产生一定的压力。因此，在利益的驱使下，企业可能会倾向于选择违约。

违约可能会影响企业的信用记录和声誉，企业在未来的融资过程中可能会面临更高的融资成本和更严格的条件。此外，违约行为也会伤害企业与合作伙伴、供应商以及客户之间的关系，长期来看可能会对企业的运营、发展和可持续性造成负面影响。因此，虽然选择违约可以获得短期的利益，但从长远来看，企业应该更加注重维护信用、保持良好的商业道德和合作关系。只有通过诚信守约，专精特新中小企业才能够在竞争激烈的市场中获得稳定的发展，促进各主体间的演化稳定。

2. 金融机构

金融机构是现代经济体系中的核心组成部分，它们通过为资金供需双方提供交易平台和服务，促进资金的流动和配置效率。一方面，金融机构作为资金融通的中介，为实体经济提供必要的资金支持，它们通过吸收存款、发行债券、股票等方式，将社会上分散的资金聚集起来，然后根据市场需求，将这些资金以贷款、投资等形式提供给企业和个人，这样不仅可以解决资金需求方的资金短缺问题，也实现了资金供给方的资产增值。另一方面，金融机构通过其专业的风险评估和管理能力，为投资者提供了多元化的投资选择，它们对不同的投资项目进行风险评估，然后根据风险与收益的平衡原则，为投资者提供多样化的投资产品和服务，投资者可以根据自己的风险偏好和收益期望，选择合适的投资产品，实现资产的合理配置。

此外，金融机构在促进经济发展方面也发挥了重要作用。它们为中小企业和创新型企业提供融资支持，推动这些企业的发展和创新，从而促进了经济的增长和转型升级。同时，金融机构还通过参与国际金融市场和推动金融创新，为我国经济的对外开放和国际竞争提供了有力支持。当然，金融机构在融资体系中发挥作用的同时，也面临着一些挑战和风险。例如，它们需要不断完善内部管理和风险控制机制，以应对复杂多变的市场环境和金融风险。同时，政府部门和社会各界也需要加强对金融机构的监管和支持，以确保其健康、稳定地发展。

金融机构作为金融市场的主要参与者，其行为和策略选择直接影响着市场的稳定和发展。在演化博弈的框架下，金融机构不仅要考虑自身的利益最大化，还要关注与其他参与者之间的策略互动和演化。这种互动和演化不仅体现在金融机构之间的竞争关系上，还体现在与资金需求方、担保机构等各方之间的博弈中。

3. 担保机构

在专精特新中小企业的融资生态中，担保机构作为一个不可或缺的组成部分，发挥着多重属性与作用。这些属性不仅体现了担保机构的核心功能，还反映了其在融资市场中的独特地位和价值。

（1）风险共担者。担保机构首先是一个风险共担者。由于专精特新中小企业往往面临信息不对称、抵押物不足等问题，导致银行和其他金融机构在提供贷款时存在较大的风险。担保机构通过提供第三方担保，为银行分担了部分风险，从而激发了金融机构对专精特新中小企业的贷款意愿。这种风险共担的属性，不仅降低了企业的融资门槛，也增强了金融体系的稳健性。

（2）信用增强者。担保机构还具有信用增强的属性。由于担保机构通常具备一定的资本实力和较高的信用评级，其担保行为能够显著提升被担保企业的信用水平。这种信用增强效应，使得专精特新中小企业在融资市场上更具竞争力，更容易获得银行的信任和支持。

（3）桥梁建设者。担保机构还是银企之间的桥梁建设者。它通过对专精特新中小企业的深入调查和评估，为银行提供更全面、准确的企业信息，帮助银行更好地了解企业的真实状况和风险水平。同时，担保机构还积极地促进企业与金融机构之间的沟通和合作，推动双方建立长期稳定的合作关系。

（4）创新推动者。在专精特新中小企业的融资过程中，担保机构还扮演着创新推动者的角色。随着金融科技的快速发展，担保机构不断探索和创新融资产品和服务，以满足企业多样化的融资需求。这种创新推动的属性，不仅提高了融资效率，还为企业带来了更多的融资选择。

因此，担保机构应该灵活运用不同的担保方式，如信用担保、质押担保、保证担保等，根据专精特新中小企业项目的特点和需求选择最适合的担保方式，通过提供多元化的担保方案，担保机构可以满足不同的融资需求。同时，担保机构还应建立科学、全面的风险评估模型和流程，对融资项目进行细致的风险分析。在评估中应关注专精特新中小企业的财务状况、研发水平、市场前景、管理层能力等多个方面，以准确判断项目的还款能力和风险水平，提高担保意愿，推动各主体间的演化稳定。

4. 政府相关部门

政府相关部门在专精特新中小企业融资过程中起着重要的支持和引导作用。政府通过制定一系列政策，如财政补贴、税收优惠、贷款贴息等，来支持专精特新中小企业的发展。在市场监管方面，相关部门加强了对融资市场的监管力度，制定了一系列规范企业融资行为的法律法规和监管措施，如清理整顿非法集资、规范互联网金融等。这些举措有助于减少专精特新中小企业在融资过程中遇到的不良信息、欺诈等风险，维护了市场秩序，提高投资者的信心。与此同时，相关部门还积极推进金融体系改革，提高专精特新中小企业融资的便利性和可得性，包括推动建立多层次资本市场，完善创业板、新三板等创新创业板块，加大对股权融资、债券融资等形式的支持力度，建立信用信息共享平台，提供信用评级和融资需求匹配等服务，提高专精特新中小企业融资的透明度和效率。此外，政府相关部门着力保护企业的合法权益，维护市场秩序，为专精特新中小企业的融资活动创造更加良好的环境。

7.3 传统融资约束演化博弈分析

融资中的参与主体出于自身利益的考虑，可能作出与缓解专精特新中小企业融资约束相冲突的行为决策。例如，金融机构不仅没有为专精特新中小企业融资开辟"绿色通道"，反而在开展相关业务时内生动力不足，不愿向包括专精特新中小企业在内的中小微企业发放贷款。因此本书考虑各参与主体的博弈场景，研究传统融资约束演化博弈过程。

7.3.1 模型描述与基本模型建立

1. 模型描述与基本假设

专精特新中小企业往往轻资产、缺抵押，难以向金融机构贷款，博弈主体为专精特新中小企业、金融机构、政府相关部门和担保机构，四方合作如图 7 - 2 所示。在融资体系中，专精特新中小企业作为债务人向金融机构借款，接受政府相关部门的监管和引导，并在需要时寻求担保；金融机构作为债权人，向符合条件的专精特新中小企业提供贷款，并接受政府相关部门的监管和规范；担保机构可以为专精特新中小企业提供担保，当借款人无力还款时，债权人有权向担保机构申请偿还。该贷款到期后，专精特新中小企业的选择策略性行为是"不违约"或"违约"，金融机构是"贷款"或"不贷款"，担保机构是"担保"或"不担保"，由于政府的监管具有持续性和确定性，因此暂不考虑其选择策略性行为，传统融资约束三方决策框架如图 7 - 3 所示。

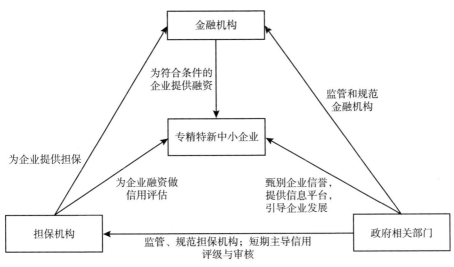

图 7 - 2 传统融资约束四方合作框架

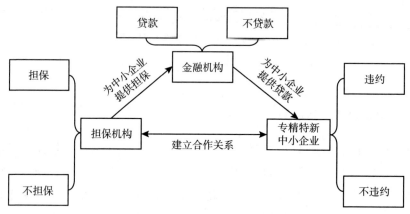

图 7 - 3 传统融资约束三方决策框架

假设 1：有专精特新中小企业、金融机构、担保机构三个有限理性的主体作为博弈的参与者，三个主体的目标都是追求自身利益最大化。随着时间的推移，三个主体的策略选择会逐渐演化，并最终稳定于最优策略。

假设 2：参与者分别拥有两个策略选择。其中，专精特新中小企业以 x 的概率选择不违约策略，金融机构以 y 的概率选择贷款策略，担保机构以 z 的概率选择担保策略，且 x，y，$z \in (0, 1)$。

假设 3：金融机构选择担保策略要承担一定的风险，当担保机构不提供担保且专精特新中小企业选择违约时，金融机构将无法按期收回本息。

假设 4：传统融资环境缺乏奖惩机制且存在信息不对称问题，担保机构出于风险规避原则往往不愿向专精特新中小企业提供贷款。

传统融资模式下所需的参数见表 7 - 2。

表 7 - 2   传统融资模式参数

参数	含义
a_1	担保机构担保，金融机构贷款，专精特新中小企业不违约的净收益
a_2	担保机构不担保，金融机构贷款，专精特新中小企业不违约的净收益
m_1	担保机构担保，金融机构贷款，专精特新中小企业违约的净收益
m_2	担保机构不担保，金融机构贷款，专精特新中小企业不违约的净收益

参数	含义
b_1	担保机构担保，金融机构贷款收取专精特新中小企业的利息
b_2	担保机构不担保，金融机构贷款收取专精特新中小企业的利息
c	担保机构不担保时金融机构的审核和监督成本
d	担保机构担保，专精特新中小企业违约受到的惩罚
a_3	担保机构自有资金盈利
e	担保机构提供担保时面临的信息不对称风险
f_1	担保机构担保时，金融机构贷款额
f_2	担保机构不担保时，金融机构贷款额

注：$m_1 = a_1 + b_1 + f_1$，$m_2 = a_2 + b_2 + f_2$。

2. 收益矩阵

根据模型描述与基本假设，可以得到三方博弈的收益矩阵，见表 7 - 3。

表 7 - 3   **博弈各方收益矩阵**

序号	策略	专精特新中小企业 x	金融机构 y	担保机构 z
①	（不违约，贷款，担保）	a_1	b_1	$a_3 - e$
②	（不违约，不贷款，担保）	$-a_1$	$-b_1$	$a_3 - e$
③	（不违约，贷款，不担保）	a_2	$b_2 - c$	a_3
④	（不违约，不贷款，不担保）	$-a_2$	$-b_2$	a_3
⑤	（违约，贷款，担保）	$m_1 - d$	b_1	$a_3 - f_1 - e - b_1 + d$
⑥	（违约，贷款，不担保）	m_2	$-f_2 - c$	a_3
⑦	（违约，不贷款，担保）	$-m_1$	$-b_1$	$a_3 - e$
⑧	（违约，不贷款，不担保）	$-m_2$	$-b_2$	a_3

注：$m_1 = a_1 + b_1 + f_1$，$m_2 = a_2 + b_2 + f_2$。

7.3.2 演化博弈分析

1. 专精特新中小企业不违约和违约的期望收益以及平均期望收益（E_{11}、E_{12}、E_1）

$$E_{11} = a_1 yz + (-a_1)(1-y)z + a_2 y(1-z) + (-a_2)(1-y)(1-z) \quad (7-1)$$

$$E_{12} = (m_1 - d)yz + m_2 y(1-z) + (-m_1)(1-y)z - m_2(1-y)(1-z) \quad (7-2)$$

$$E_1 = xE_{11} + (1-x)E_{12} \quad (7-3)$$

专精特新中小企业策略选择的复制动态方程为

$$F(x) = x(E_{11} - E_1) \quad (7-4)$$

$F(x)$ 对 x 求导，得

$$F'(x) = -(2x-1)G(y) \quad (7-5)$$

其中，

$$G(y) = (2a_2 - 2m_2 + dz - 2m_1 z + 2m_2 z + 2a_1 z - 2a_2 z)y + m_2$$
$$- a_2 + m_1 z - m_2 z - a_1 z + a_2 z \quad (7-6)$$

利用微分方程的稳定性定理得出，在给定条件下，需满足 $F(x) = 0$ 且 $F'(x) < 0$。这时可以分成两个部分进行讨论。

（1）当 $1 > y > \dfrac{-(m_2 - a_2 + m_1 z - m_2 z - a_1 z + a_2 z)}{2a_2 - 2m_2 + dz - 2m_1 z + 2m_2 z + 2a_1 z - 2a_2 z}$ 时，有 $G(y) > 0$，$F'(0) > 0$，$F'(1) < 0$，即金融机构贷款的概率大于上式时，专精特新中小企业选择不违约策略。

（2）当 $0 < y < \dfrac{-(m_2 - a_2 + m_1 z - m_2 z - a_1 z + a_2 z)}{2a_2 - 2m_2 + dz - 2m_1 z + 2m_2 z + 2a_1 z - 2a_2 z}$ 时，有 $G(y) < 0$，$F'(0) < 0$，$F'(1) > 0$，即金融机构贷款的概率小于上式时，专精特新中小企业选择违约策略。

2. 金融机构贷款或不贷款的期望收益以及平均收益（E_{21}、E_{22}、E_2）

$$E_{21} = b_1 xz + (b_2 - c)x(1-z) + b_1 z(1-x) + (-f_2 - c)(1-x)(1-z) \quad (7-7)$$

$$E_{22} = (-b_1)xz - b_2 x(1-z) - b_1 z(1-x) - b_2(1-x)(1-z) \quad (7-8)$$

$$E_2 = yE_{21} + (1-y)E_{22} \tag{7-9}$$

金融机构策略选择的复制动态方程为

$$Q(y) = y(E_{21} - E_2) \tag{7-10}$$

$Q(y)$ 对 y 求导，得

$$Q'(y) = -(2y-1)H(x) \tag{7-11}$$

其中，

$$H(x) = (b_2 + f_2 - b_2 z - f_2 z)x + b_2 - c - f_2 + cz + 2b_1 z - b_2 z + f_2 z \tag{7-12}$$

利用微分方程的稳定性定理得出，在给定条件下，需满足 $Q(y) = 0$ 且 $Q'(y) < 0$。这时可以分成两个部分进行讨论。

（1）当 $1 > x > \dfrac{-(b_2 - c - f_2 + cz + 2b_1 z - b_2 z + f_2 z)}{b_2 + f_2 - b_2 z - f_2 z}$ 时，有 $H(x) > 0$，$Q'(0) > 0$，$Q'(1) < 0$，即专精特新中小企业的不违约概率大于上式时，金融机构选择贷款策略。

（2）当 $0 < x < \dfrac{-(b_2 - c - f_2 + cz + 2b_1 z - b_2 z + f_2 z)}{b_2 + f_2 - b_2 z - f_2 z}$ 时，有 $H(x) < 0$，$Q'(0) < 0$，$Q'(1) > 0$，即专精特新中小企业的不违约概率小于上式时，金融机构选择不贷款策略。

3. 担保机构担保或不担保的预期收益和平均预期收益（E_{31}、E_{32}、E_3）

$$E_{31} = (a_3 - e)xy + (a_3 - e)x(1-y) + (a_3 - e - f_1 - b_1 + d)y(1-x) \\ + (a_3 - e)(1-x)(1-y) \tag{7-13}$$

$$E_{32} = a_3[xy + x(1-y) + (1-x)y + (1-x)(1-y)] \tag{7-14}$$

$$E_3 = zE_{31} + (1-z)E_{32} \tag{7-15}$$

担保机构策略选择的复制动态方程为

$$P(z) = z(E_{31} - E_3) \tag{7-16}$$

$P(z)$ 对 z 求导，得

$$P'(z) = -(2z-1)[-K(y)] \tag{7-17}$$

其中，

$$K(y) = e + b_1 y + f_1 y - dy - b_1 xy - f_1 xy + dxy \tag{7-18}$$

利用微分方程的稳定性定理得出，在给定条件下，需满足 $P(z) = 0$ 且

$P'(z)<0$。这时可以分成两个部分进行讨论。

（1）当 $1>y>\dfrac{-e}{b_1+f_1-d-b_1x-f_1x+dx}$ 时，有 $K(y)>0$，$P'(0)<0$，$P'(1)>0$，即金融机构选择发放贷款的概率大于上式时，担保机构选择不担保策略。

（2）当 $0<y<\dfrac{-e}{b_1+f_1-d-b_1x-f_1x+dx}$ 时，有 $K(y)<0$，$P'(0)>0$，$P'(1)<0$，即金融机构选择发放贷款的概率小于上式时，担保机构选择担保策略。

7.3.3 演化稳定性分析

本节以专精特新中小企业、金融机构和担保机构为主体，在传统融资约束下，研究三方演化博弈问题，得出系统演化稳定策略及满足条件。在此基础上，提出演化稳定模型，即在 $F(x)=0$，$Q(y)=0$，$P(z)=0$ 时，可求得系统的平衡点。在传统融资约束下的博弈系统中，我们只讨论策略 $E_1=(0,0,0)$、$E_2=(0,0,1)$、$E_3=(0,1,0)$、$E_4=(0,1,1)$、$E_5=(1,0,0)$、$E_6=(1,0,1)$、$E_7=(1,1,0)$、$E_8=(1,1,1)$ 在渐进演化中的稳定性。雅克比矩阵为

$$J=\begin{bmatrix} J_1 & J_2 & J_3 \\ J_4 & J_5 & J_6 \\ J_7 & J_8 & J_9 \end{bmatrix}=\begin{bmatrix} \dfrac{\partial F(x)}{\partial x} & \dfrac{\partial F(x)}{\partial y} & \dfrac{\partial F(x)}{\partial z} \\ \dfrac{\partial Q(y)}{\partial x} & \dfrac{\partial Q(y)}{\partial y} & \dfrac{\partial Q(y)}{\partial z} \\ \dfrac{\partial P(z)}{\partial x} & \dfrac{\partial P(z)}{\partial y} & \dfrac{\partial P(z)}{\partial z} \end{bmatrix}$$

均衡点的稳定性结论见表 7-4。

表 7-4　　　　　　　　　　　博弈均衡点

均衡点	雅克比矩阵特征值		稳定性结论	条件
	λ_1，λ_2，λ_3	实部符号		
$(0,0,0)$	m_2-a_2，$-e$，b_2-c-f_2	$(+,-,\times)$	不稳定点	\
$(0,0,1)$	e，m_1-a_1，$2b_1$	$(+,\times,+)$	不稳定点	\

均衡点	雅克比矩阵特征值		稳定性结论	条件
	λ_1，λ_2，λ_3	实部符号		
(0, 1, 0)	$d-e-f_1-b_1$，m_2-a_2，$c-b_2+f_2$	(－, ×, ×)	不确定	①
(0, 1, 1)	b_1+e+f_1，$-2b_1$，$d-m_1+a_1$	(＋, －, ×)	不稳定点	\
(1, 0, 0)	m_2-a_2，$-e$，$2b_2-c$	(＋, －, ×)	不稳定点	\
(1, 0, 1)	e，m_1-a_1，$2b_1$	(＋, ×, ＋)	不稳定点	\
(1, 1, 0)	$c-2b_2$，$-e$，a_2-m_2	(×, －, －)	不确定	②
(1, 1, 1)	e，$-2m_1$，$d-m_1+a_1$	(＋, －, ×)	不稳定点	\

注：$m_1=a_1+b_1+f_1$，$m_2=a_2+b_2+f_2$。

推论 1：当 $d-e-f_1-b_1<0$，$m_2-a_2<0$ 且 $c-b_2+f_2<0$ 时，复制动态系统存在稳定点 (0, 1, 0)。以 $a_2=8$，$m_2=2$，$d=5$，$m_1=23$，$a_1=10$，$b_2=9$，$f_2=6$，$c=2$，$b_1=4$，$e=2$，$f_1=10$ 为例进行仿真分析，如图 7 - 4 所示。

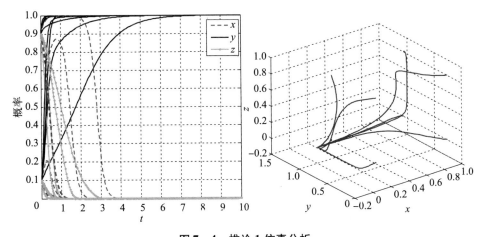

图 7 - 4　推论 1 仿真分析

推论 1 表明：当 $d-e-f_1-b_1<0$，$m_2-a_2<0$ 且 $c-b_2+f_2<0$ 时，(0, 1, 0) 是唯一的稳定点，其中专精特新中小企业选择违约，金融机构

选择贷款，担保机构选择不担保。在这种情况下，由于担保机构选择不担保，金融机构会面临更高的贷款风险而提高贷款利率，对专精特新中小企业而言，违约收益将高于不违约收益，根据利益最大化原则，专精特新中小企业会选择违约策略，金融机构无法按期收回本息，无法达成三方主体的均衡状态。

推论2：当 $c - 2b_2 < 0$，$-e < 0$ 且 $a_2 - m_2 < 0$ 时，复制动态系统存在稳定点 $(1，1，0)$。以 $a_2 = 8$，$m_2 = 20$，$d = 5$，$m_1 = 23$，$a_1 = 10$，$b_2 = 9$，$f_2 = 6$，$c = 2$，$b_1 = 4$，$e = 2$，$f_1 = 10$ 为例进行仿真分析，如图7-5所示。

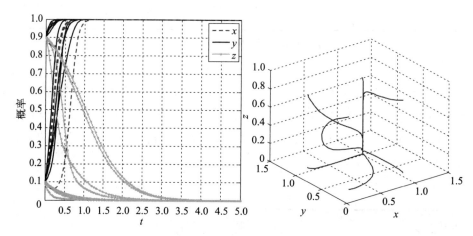

图7-5 推论2仿真分析

推论2表明：当 $c - 2b_2 < 0$，$-e < 0$ 且 $a_2 - m_2 < 0$ 时，$(1，1，0)$ 是唯一的稳定点，其中专精特新中小企业选择不违约，金融机构选择贷款，担保机构选择不担保。在传统融资约束的情景下，由于缺乏奖惩机制且面临较大的信息不对称问题，担保机构会坚持选择不担保策略。此时，专精特新中小企业的信用评级难以提升，即使金融机构提供贷款，专精特新中小企业的融资额度也会受到限制，这会对其可持续发展产生不利影响。因此，采取可行措施提高担保机构的担保意愿是缓解融资约束的前提。

本节探究了传统融资模式下的主体博弈过程，首先作出假设并进行参数设置，之后计算收益矩阵，根据收益矩阵和复制动态方程基本理论进行演化博弈分析，对可能的稳态进行赋值仿真，通过可视化模型得出稳定点。根据上述研究可以得出，传统融资环境中无法达成专精特新中小企业、金融机构、担保机构三方共赢的局面，融资约束得不到有效缓解。

7.4 数据资产化缓解融资约束的演化博弈分析

本节根据数据资产化的特点，建立演化博弈模型，探讨通过数据资产化来缓解专精特新中小企业的融资约束问题，模型的参与主体与 7.3 节相同。

7.4.1 模型描述与模型建立

1. 模型描述与基本假设

引入数据资产化后，修正了原有参数，建立了新的演化博弈模型。实际融资过程中，数据资产化的引入实现了融资效率的提高。

数据资产化可以通过多种方式提高融资效率。

（1）优化贷款审批流程。数据资产化可以通过自动化和智能化技术，优化贷款审批流程。例如，利用机器学习算法对大量数据进行分析，可以预测借款人的还款能力和风险，从而实现快速、准确的贷款审批，这不仅可以缩短审批时间，提高融资效率，还可以降低人力成本，提高金融机构的盈利能力。

（2）担保决策的智能化。通过数据资产化，担保机构可以利用大数据和人工智能技术对借款人的数据进行分析和预测，实现担保决策的智能化，这不仅可以提高决策效率，还可以减少人为干预，降低决策风险。

（3）降低融资风险。数据资产化可以通过实时监控借款人的财务状况和风险状况，降低融资风险和信息泄露风险。例如，利用大数据和人工智能技术，金融机构和担保机构可以实时监测借款人的交易数据、信用记录等信息，从而及时发现潜在风险并采取相应措施，这有助于减少坏账和违约事件的发生，增强管理能力。

本节假设融资中的三方参与主体不变，都依据自身利益最大化进行策略选择。在三方演化博弈模型中引入数据资产化后，消除了担保机构提供担保时面临的信息不对称风险 e 和担保机构不担保时金融机构的审核和监督成本 c 的影响，并增加了数据资产化激励和数据资产化惩罚系数。

对于专精特新中小企业而言，守信行为会带来一系列激励措施，包括费用优惠、金融机构利率优惠以及更高的授信额度等。这些激励措施可以通过数据资产化的方式加以实现，使得企业可以从中获得更多资金支持和市场优势。对于金融机构而言，放款的激励主要来自与专精特新中小企业合作机会的增加以及优质用户的客户来源扩宽等方面。通过利用专精特新中小企业的数据资产，金融机构能够降低风险并获得更多的市场竞争力。对于担保机构而言，担保激励包括与金融机构和企业建立更加紧密的合作关系，以及获取更多有价值的信息资源等。作为信用中介机构，担保机构在数据资产化过程中发挥着评估信用风险和提供担保服务的重要角色。然而，对于失信行为，将会带来违约惩罚。具体而言，专精特新中小企业的违约和担保机构不担保行为记录将上传至数据平台，并可能丧失与金融机构的合作机会等。由于在传统融资体系中达到稳定点时金融机构均选择提供贷款，因此不予设置引入数据资产化后金融机构不贷款的惩罚参数，变化的参数见表 7 - 5。

表 7 - 5　　　　　　　　引入数据资产化后相关参数

参数	含义
g_1	引入数据资产化后，专精特新中小企业不违约的激励
g_2	引入数据资产化后，金融机构贷款的激励
g_3	引入数据资产化后，担保机构担保的激励
v_1	引入数据资产化后，专精特新中小企业违约的惩罚
v_2	引入数据资产化后，担保机构不担保的损失
e	信息不对称风险大大降低，与传统相比忽略不计
c	审核监督成本降低，与传统相比忽略不计

2. 收益矩阵

通过问题说明和模型假定，得出三方博弈中引入数据资产后的收益矩阵，见表 7 - 6。

表 7 - 6 博弈各方收益矩阵

序号	策略	专精特新中小企业 x	金融机构 y	担保机构 z
⑨	（不违约，贷款，担保）	$a_1 + g_1$	$b_1 + g_2$	$a_3 + g_3$
⑩	（不违约，不贷款，担保）	$-a_1$	$-b_1$	$a_3 + g_3$
⑪	（不违约，贷款，不担保）	$a_2 + g_1$	$b_2 + g_2$	$a_3 - v_2$
⑫	（不违约，不贷款，不担保）	$-a_2$	$-b_2$	$a_3 - v_2$
⑬	（违约，贷款，担保）	$m_1 - v_1 - d$	b_1	$a_3 - f_1 - b_1 + g_3 + d$
⑭	（违约，贷款，不担保）	$m_2 - v_1$	$-f_2$	$a_3 - v_2$
⑮	（违约，不贷款，担保）	$-m_1$	$-b_1$	$a_3 + g_3$
⑯	（违约，不贷款，不担保）	$-m_2$	$-b_2$	$a_3 - v_2$

注：$m_1 = a_1 + b_1 + f_1$，$m_2 = a_2 + b_2 + f_2$。

7.4.2 演化博弈分析

1. 引入数据资产化后专精特新中小企业不违约和违约的期望收益以及平均期望收益（H_{11}、H_{12}、H_1）

$$H_{11} = a_1(y-1)z - a_2(y-1)(z-1) + (g_1 + a_1)yz - (g_1 + a_2)y(z-1) \tag{7-19}$$

$$H_{12} = m_1(y-1)z - (m_2 - v_1)y(z-1) - (d - m_1 + v_1)yz - m_2(y-1)(z-1) \tag{7-20}$$

$$H_1 = xH_{11} + (1-x)H_{12} \tag{7-21}$$

专精特新中小企业策略选择的复制动态方程为

$$I(x) = x(H_{11} - H_1)$$

$I(x)$ 对 x 求导，得

$$I'(x) = -(2x-1)U(y) \tag{7-22}$$

其中，

$$U(y) = (g_1 - 2m_2 + 2a_2 + v_1 + dz - 2m_1z + 2m_2z + 2a_1z - 2a_2z)y$$
$$+ m_2 - a_2 + m_1z - m_2z - a_1z + a_2z \tag{7-23}$$

利用微分方程的稳定性定理得出，在给定条件下，需满足 $I(x)=0$ 且 $I'(x)<0$。这时可以分成两个部分进行讨论。

（1）当 $1>y>\dfrac{-(m_2-a_2+m_1z-m_2z-a_1z+a_2z)}{g_1-2m_2+2a_2+v_1+dz-2m_1z+2m_2z+2a_1z-2a_2z}$ 时，有 $U(y)>0$，$I'(0)>0$，$I'(1)<0$，即金融机构选择发放贷款的概率大于上式时，专精特新中小企业选择不违约策略。

（2）当 $0<y<\dfrac{-(m_2-a_2+m_1z-m_2z-a_1z+a_2z)}{g_1-2m_2+2a_2+v_1+dz-2m_1z+2m_2z+2a_1z-2a_2z}$ 时，有 $U(y)<0$，$I'(0)<0$，$I'(1)>0$，即金融机构选择发放贷款的概率小于上式时，专精特新中小企业选择违约策略。

2. 引入数据资产化后金融机构贷款或不贷款的期望收益以及平均收益（H_{21}、H_{22}、H_2）

$$H_{21}=xz(m_1+g_2)-m_1(x-1)z-f_2(z-1)(x-1)-x(b_2+g_2)(z-1)$$
$$(7-24)$$

$$H_{22}=b_2z-b_1z-b_2 \qquad (7-25)$$

$$H_2=yH_{21}+(1-y)H_{22} \qquad (7-26)$$

金融机构策略选择的复制动态方程为

$$W(y)=y(H_{21}-H_2) \qquad (7-27)$$

$W(y)$ 对 y 求导，得

$$W'(y)=-(2y-1)E(x) \qquad (7-28)$$

其中，

$$E(x)=b_2-f_2+b_2x+2b_1z-b_2z+g_2x+f_2x+f_2z-b_2xz-f_2xz \qquad (7-29)$$

利用微分方程的稳定性定理得出，在给定条件下，需满足 $W(y)=0$ 且 $W'(y)<0$。这时可以分成两个部分进行讨论。

（1）当 $1>x>\dfrac{-(b_2-f_2+2b_1z-b_2z+f_2z)}{b_2+g_2+f_2-b_2z-f_2z}$ 时，有 $E(x)>0$，$W'(0)>0$，$W'(1)<0$，即专精特新中小企业不违约概率大于上式时，金融机构选择贷款策略。

（2）当 $0<x<\dfrac{-(b_2-f_2+2b_1z-b_2z+f_2z)}{b_2+g_2+f_2-b_2z-f_2z}$ 时，有 $E(x)<0$，$W'(0)<0$，

$W'(1) > 0$，即专精特新中小企业不违约概率小于上式时，金融机构选择不贷款策略。

3. 引入数据资产化后担保机构担保或不担保的预期收益和平均预期收益（H_{31}、H_{32}、H_3）

$$H_{31} = g_3 + a_3 - b_1 y - f_1 y + dy + b_1 xy + f_1 xy - dxy \qquad (7-30)$$

$$H_{32} = a_3 - v_2 \qquad (7-31)$$

$$H_3 = z H_{31} + (1-z) H_{32} \qquad (7-32)$$

担保机构策略选择的复制动态方程为

$$R(z) = z(H_{31} - H_3) \qquad (7-33)$$

$R(z)$ 对 z 求导，得

$$R'(z) = -(2z-1) T(z) \qquad (7-34)$$

其中，

$$T(z) = g_3 + v_2 - b_1 y - f_1 y + dy + b_1 xy + f_1 xy - dxy \qquad (7-35)$$

利用微分方程的稳定性定理得出，在给定条件下，需满足 $R(z) = 0$ 且 $R'(z) < 0$。这时可以分成两个部分进行讨论。

（1）当 $1 > x > \dfrac{-(g_3 + v_2 - b_1 y - f_1 y + dy)}{b_1 y + f_1 y - dy}$ 时，有 $T(z) > 0$，$R'(0) > 0$，$R'(1) < 0$，即金融机构放贷的概率大于上式时，担保机构选择担保。

（2）当 $0 < x < \dfrac{-(g_3 + v_2 - b_1 y - f_1 y + dy)}{b_1 y + f_1 y - dy}$ 时，有 $T(z) < 0$，$R'(0) < 0$，$R'(1) > 0$，即金融机构放贷的概率小于上式时，担保机构选择不担保。

7.4.3 演化稳定性分析

本节在引入数据资产化的基础上，研究"专精特新中小企业—金融机构—担保机构"三方演化博弈的稳定点，得出系统演化的稳定性策略及其存在的条件。与 7.3.3 节的步骤类似，首先构造雅克比矩阵，然后计算特征值并判断实部符号，在此基础上，对每一个不确定的均衡点进行求解。雅克比矩阵为

$$J = \begin{bmatrix} J_1 & J_2 & J_3 \\ J_4 & J_5 & J_6 \\ J_7 & J_8 & J_9 \end{bmatrix} = \begin{bmatrix} \dfrac{\partial I(x)}{\partial x} & \dfrac{\partial I(x)}{\partial y} & \dfrac{\partial I(x)}{\partial z} \\ \dfrac{\partial W(y)}{\partial x} & \dfrac{\partial W(y)}{\partial y} & \dfrac{\partial W(y)}{\partial z} \\ \dfrac{\partial R(z)}{\partial x} & \dfrac{\partial R(z)}{\partial y} & \dfrac{\partial R(z)}{\partial z} \end{bmatrix}$$

均衡点的稳定性结论见表 7 - 7。

表 7 - 7 博弈均衡点

均衡点	雅克比矩阵特征值		稳定性结论	条件
	λ_1，λ_2，λ_3	实部符号		
(0, 0, 0)	$g_3 + v_2$，$b_2 - f_2$，$m_2 - a_2$	(+，×，×)	不稳定点	\
(0, 0, 1)	$2b_1$，$m_1 - a_1$，$-g_3 - v_2$	(+，×，×)	不稳定点	\
(0, 1, 0)	$f_2 - b_2$，$g_3 - b_1 - f_1 + d + v_2$，$g_1 - m_2 + a_2 + v_1$	(×，×，×)	不确定	①
(0, 1, 1)	$-2b_1$，$b_1 - g_3 + f_1 - d - v_2$，$g_1 + d - m_1 + a_1 + v_1$	(-，×，×)	不确定	②
(1, 0, 0)	$g_3 + v_2$，$2b_2 + g_2$，$a_2 - m_2$	(+，+，-)	不稳定点	\
(1, 0, 1)	$2b_1 + g_2$，$a_1 - m_1$，$-g_3 - v_2$	(+，-，+)	不稳定点	\
(1, 1, 0)	$g_3 + v_2$，$-2b_2 - g_2$，$m_2 - g_1 - a_2 - v_1$	(+，-，×)	不稳定点	\
(1, 1, 1)	$-2b_1 - g_2$，$-g_3 - v_2$，$m_1 - d - g_1 - a_1 - v_1$	(-，-，×)	不确定	③

注：$m_1 = a_1 + b_1 + f_1$，$m_2 = a_2 + b_2 + f_2$。

推论 3：当 $f_2 - b_2 < 0$、$g_3 - b_1 - f_1 + d + v_2 < 0$ 且 $g_1 - m_2 + a_2 + v_1 < 0$ 时，复制动态系统存在稳定点 (0, 1, 0)。以 $a_2 = 8$，$m_2 = 20$，$d = 5$，$m_1 = 23$，$a_1 = 10$，$b_2 = 9$，$f_2 = 6$，$b_1 = 4$，$f_1 = 10$，$g_1 = 1$，$g_2 = 2$，$g_3 = 3$，$v_1 = 1$，$v_2 = 2$ 为例进行仿真分析，结果如图 7 - 6 所示。

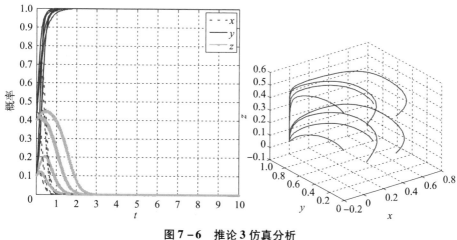

图 7-6 推论 3 仿真分析

推论 3 表明：当 $f_2 - b_2 < 0$、$g_3 - b_1 - f_1 + d + v_2 < 0$ 且 $g_1 - m_2 + a_2 + v_1 < 0$ 时，$(0，1，0)$ 是唯一的稳定点，其中专精特新中小企业选择违约，金融机构选择贷款，担保机构选择不担保。在引入数据资产化的融资环境中，如果担保机构提供担保，则金融机构提供额度大、利率高的产品的意愿会增强，此时专精特新的中小企业更容易出现违约行为，而违约成本会由担保机构来承担。如果担保机构给专精特新中小企业的惩罚或者数据资产化对担保行为的奖励幅度不大，那么担保机构会丧失担保动力，选择不担保策略。因此，这种情况下依旧无法实现二方共赢。

推论 4： 当 $-2b_1 < 0$，$b_1 - g_3 + f_1 - d - v_2 < 0$ 且 $g_1 + d - m_1 + a_1 + v_1 < 0$ 时，复制动态系统存在稳定点 $(0，1，1)$。以 $a_2 = 8$，$m_2 = 20$，$d = 5$，$m_1 = 23$，$a_1 = 10$，$b_2 = 9$，$f_2 = 6$，$b_1 = 4$，$f_1 = 1$，$g_1 = 1$，$g_2 = 1$，$g_3 = 1$，$v_1 = 1$，$v_2 = 1$ 为例进行仿真分析，结果如图 7-7 所示。

推论 4 表明：当 $-2b_1 < 0$，$b_1 - g_3 + f_1 - d - v_2 < 0$ 且 $g_1 + d - m_1 + a_1 + v_1 < 0$ 时，$(0，1，1)$ 是唯一的稳定点，其中专精特新中小企业选择违约，金融机构选择贷款，担保机构选择担保。在担保激励充足的情况下，担保机构会提供担保，但是，专精特新中小企业在违约后仍然具有较高的收益，甚至超过违约惩罚，所以专精特新中小企业仍然会采取违约策略。

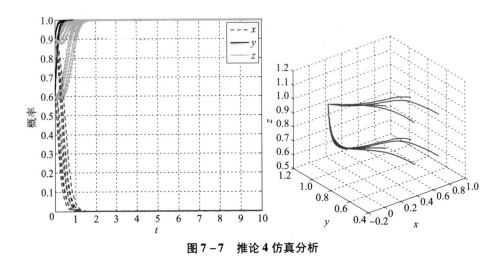

图7-7　推论4仿真分析

推论5：当 $-2b_1-g_2<0$，$-g_3-v_2<0$ 且 $m_1-d-g_1-a_1-v_1<0$ 时，系统存在唯一稳定点（1，1，1），如图7-8所示。以 $a_2=1$，$m_2=1$，$d=1$，$m_1=1$，$a_1=1$，$b_2=1$，$f_2=1$，$b_1=10$，$f_1=10$，$g_1=0$，$g_2=0$，$g_3=0$，$v_1=0$，$v_2=0$ 为例进行仿真分析，结果如图7-8所示。

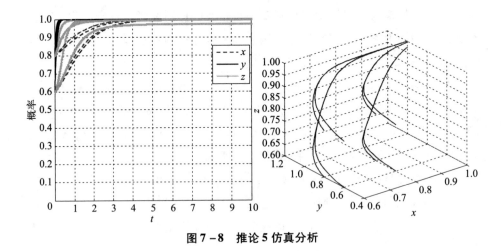

图7-8　推论5仿真分析

推论5表明：当 $-2b_1-g_2<0$，$-g_3-v_2<0$ 且 $m_1-d-g_1-a_1-v_1<0$ 时，（1，1，1）是唯一的稳定点，其中专精特新中小企业选择不违约，金

融机构选择贷款，担保机构选择担保，实现三方共赢。此时，专精特新中小企业的违约收益小于不违约的激励和担保机构惩罚，专精特新中小企业将选择不违约策略。

通过以上分析可以得出结论，（1，1，1）是引入数据资产化这一要素后系统中唯一的演化稳定点，表明此时仅存在一个稳定策略，即（不违约，贷款，担保），这与未引入数据资产化时存在区别，证明了引入数据资产化可以有效缓解专精特新中小企业融资约束。

第4篇 对 策 篇

本篇探讨数据资产化缓解专精特新中小企业融资约束"如何做"的问题，也是本书的最终落脚点。专精特新中小企业是振兴实体经济，建设制造强国的重要载体。在数字经济时代，推动我国专精特新中小企业数据资产化进程不仅是缓解其融资困境的重要途径，更是充分激活数据要素潜能、建设数据要素市场化，增强经济发展新动能的内在要求。近年来，我国先后出台了《关于进一步强化中小微企业金融服务的指导意见》《关于开展"一链一策一批"中小微企业融资促进行动的通知》等政策。然而，专精特新中小企业依然受限于"融资难、融资贵"问题，如何打通政策实施"堵点""断点"，是充分发挥和释放政策效力，实现数据资产化缓解专精特新中小企业融资约束的关键所在。基于此，本篇基于政策文本分析和政策工具方法及视角研究专精特新中小企业融资约束政策发展演变特征，深入分析政策形成背景、政策出台目的、政策之间如何实现协同，即通过政策文本解读政策意图和形成政策落实的建议，提出了数据资产化缓解专精特新中小企业融资约束的对策体系，为数据资产化助力专精特新中小企业破解融资约束困境和实现高质量发展对策的构建提供指导借鉴。

第8章 数据资产化缓解专精特新中小企业融资约束的政策实施效果分析

　　为研究缓解专精特新中小企业融资约束的政策变化和各阶段的政策特点，本章采用文本分析法，对2011年以来的相关的政策进行文本分析。首先在"北大法宝"和"北大法意"这两个数据库中检索得到83份与缓解专精特新中小企业融资约束高度相关的政策文件，并按内容将缓解专精特新中小企业融资约束的政策分为三个阶段：第一个阶段是要素扶持（2011—2013年）、第二个阶段是"互联网＋"（2014—2019年）、第三个阶段是数据资产化（2020—2024年）。① 本研究重点分析缓解专精特新中小企业融资约束政策的基本特征、缓解专精特新中小企业融资约束政策主题共词网络演变特征，以及缓解专精特新中小企业融资约束政策发文机构合作网络特征。其中，工业和信息化部、国务院、国务院办公厅是独立发文频率较高的部门；工业和信息化部、国家发展改革委、财政部、国家市场监管管理总局、国家知识产权局是联合发文比较频繁的机构。本章采用浏览编码的方式将政策文件涉及的政策工具主题提炼出来，根据主题不同将其分为17种，并总结出每个主题的主要相关内容，绘制出政策工具网络图。最后归纳出缓解专精特新中小企业融资约束的政策演变规律，以期为之后缓解融资约束的政策制定提供依据。

---

① 由于本稿于2024年7月下旬完成，故政策收集整理时间截至2024年6月底。

8.1 引　言

近年来，随着专精特新中小企业的快速发展，各大企业都在不断地提高自身的科技创新能力和产业核心竞争力，以便在市场上占领优势地位，这不仅促进了企业间的良性竞争，更为我国国民经济的发展作出了重要贡献。但融资难、融资贵这一问题严重阻碍了中小企业的发展，特别是对于专精特新中小企业。为了破解这一难题，政府和各类金融机构也一直在积极地提出各种政策措施，如融资担保、普惠金融、信贷支持等，虽然在一定程度上缓解了融资约束，但对于当前的专精特新中小企业来说，融资约束仍是制约着其健康发展的主要因素之一。已有的文献对于缓解融资约束的研究基本都是围绕政府制定的某项政策，并且主要是通过实证分析来展开，主要内容包括：一是税收优惠。理论上讲，税收优惠政策能够降低企业税收负担，节约税款流出，从而缓解企业融资约束（袁淳等，2021），并且已有研究对税收的激励效果以及如何缓解企业融资约束的研究较多（张瑞琛等，2022）。二是政府补贴。站在外界投资者角度，政府给企业提供补贴，等于向外界投资者传递一个积极的信号，从而使企业获取更多的资源，缓解了融资约束（谷佩云等，2023）。三是供应链金融。已有研究表明，供应链金融是缓解中小企业融资约束的重要手段（张伟斌等，2012）。稳定的供应链合作关系，能有效降低金融机构与中小企业间的信息不对称，提高融资可得性（Gelsomino et al.，2016；周卉等，2017）。近年来已有一些研究采用政策文本方法进行分析，但鲜有研究运用政策文本方法来分析缓解专精特新中小企业融资约束相关政策的演变过程、基本特征、实施效果等。为此，本章筛选 2011—2024 年与缓解专精特新中小企业融资约束相关的政策文本，对政策文本的基本特征、政策主题和发文机构的合作网络进行分析，归纳总结出各个阶段相关政策的特点和政策演变趋势，以便为之后出台的与缓解专精特新中小企业融资约束相关的政策提供参考。

8.2 数据来源、研究方法与文本分类

8.2.1 政策文本收集与数据来源

为了使收集到的与缓解专精特新中小企业融资约束有关的国家层面出台的政策比较精确、一致，采取以下方法来收集政策文本：一是根据以往学者对专精特新中小企业的研究找出关键词，如"中小企业融资""专精特新""融资约束"，并把这些关键词按不同的方式进行组合，然后把这些关键词及其小同组合作为检索词；二是把这些已经确定好的检索词放在比较全面、准确、一致的数据库中检索，如"北大法宝数据库""北大法意数据库"。为使所选择的政策文本准确并有代表性，需要按照以下原则来进行筛选：政策效力需要在全国范围内，选择全国性法律法规规章，去除地方法规规章；把关键词出现频率高的政策文本挑选出来，以使政策文本具有代表性；保留政策类型为法律法规、意见、办法、决议、通知、公告等的文件，删除批复、通报、有关讲话、司法解释以及工作报告等文本；"专精特新"一词最早由时任工信部总工程师朱宏任在《中国产业发展和产业政策报告（2011）》（以下简称《报告》）新闻发布会上首次提出。《报告》指出了促进中小企业健康发展，要大力推动中小企业向"专精特新"方向发展，即专业化、精细化、特色化和新颖化。因此，从 2011 年开始搜集相关政策文本，通过在以上数据库中检索，共搜集到 235 份相关的政策文本，然后将内容相关性低和内容重复的文本删除，最终保留下来 83 份，见表 8 – 1。

表 8 – 1 　　　　　2011 年以来缓解专精特新中小企业融资约束的政策

序号	年份	文件名称	发文机构	时间
1	2011	关于印发《兴边富民行动规划（2011—2015 年)》的通知	国务院办公厅	2011. 6. 5

序号	年份	文件名称	发文机构	时间
2	2012	关于进一步支持小型微型企业健康发展的意见	国务院	2012. 4. 19
3	2013	关于开展扶助小微企业专项行动的通知	工业和信息化部办公厅	2013. 3. 8
4	2014	关于多措并举着力缓解企业融资成本高的指导意见	国务院办公厅	2014. 8. 5
5	2015	关于积极推进"互联网＋"行动的指导意见	中华人民共和国国务院	2015. 7. 1
6	2016	促进中小企业发展规划（2016—2020 年）	工业和信息化部	2016. 6. 28
7	2017	中华人民共和国中小企业促进法（2018 年）	全国人民代表大会常务委员会	2017. 9. 1
⋮	⋮	⋮	⋮	⋮
79	2020	关于加强协作联动推动加大金融支持稳外贸稳外资促消费力度的工作通知	商务部办公厅	2020. 7. 8
80	2021	关于深入开展中小微企业金融服务能力提升工程的通知	中国人民银行	2021. 6. 30
81	2022	关于高质量建设区域性股权市场"专精特新"专板的指导意见	中国证券监督管理委员会、工业和信息化部	2022. 11. 15
82	2023	关于开展"一链一策一批"中小微企业融资促进行动的通知	工业和信息化部、中国人民银行、国家金融监督管理总局、中国证监会、财政部	2023. 7. 22
83	2024	关于加强科技型企业全生命周期金融服务的通知	国家金融监督管理总局	2024. 1. 5

注：限于篇幅只列示部分政策文本。

8.2.2 政策文本整理与研究方法选择

1. 政策文本整理

本章采用文献管理方法对收集到的政策文本进行清洗、整理和归纳，具体步骤如下：首先将搜索到的与本章主题相关的政策文本下载下来，并按照这些文件的发布时间进行编号；其次把政策文本的文件名称、颁发机构、颁发时间、政策文号提取出来，并在 Excel 表格中列出来；最后对政策颁布机构名称有变动的，将其修改为最新的机构名称，以免前后机构名称不同而造成失误。

2. 研究方法选择

政策文本分析法以政策文本作为研究对象，运用文献计量学、数学、统计学、网络分析等方法和工具，对政策文本的主题、颁布机构、颁布时间、数量特征进行分析。这种研究方法能够将政策文本的演进规律和路径及其发展趋势都清晰明了地展现出来，以便政策研究者和制定者快速获取客观可靠的研究结果（李江等，2015）。本章采用政策文本计量分析软件和网络分析相结合的方法，分别从政策文本基本特征、发文机构关系、政策工具主题等方面，对我国中小企业创新相关政策展开分析。具体来说，使用 Excel 制图的方式对政策文本的基本特征进行分析，如对搜集到的与缓解融资约束相关政策的类别、数量和发文机构进行描述性统计；使用共词分析法对政策工具的主题进行分析，也就是根据政策主题词在政策文本中的出现情况，构建政策主题词共现网络，把政策主题词之间的关系以图像的方式描绘出来；同样使用网络分析方法分析政策发文机构，构建政策发文机构共现网络，主要展现不同发文机构之间的协同性。

8.2.3　政策文本分类及信效度分析

1. 政策文本分类

根据收集到与缓解专精特新中小企业融资约束有关的 83 份政策文件，再结合已有的文献对相关政策的研究，本节采用浏览编码的方式归纳了这 83 份政策文件的主题；同时，依据《中华人民共和国中小企业促进法》以及《国家中小企业政策信息互联网发布平台》有关于中小企业政策的类别划分，再借鉴相关文献对政策类别的划分方式，将这些与缓解专精特

新中小企业融资约束相关的政策文件进行类别划分。具体的政策分类及主
要内容见表8-2。

表8-2 缓解专精特新中小企业融资约束相关政策及关键内容

序号	政策类别	政策内容
1	财政资金	通过发展基金、专项资金、政府采购等缓解融资约束
2	税收优惠	对中小企业提高增值税和营业税起征点，减半征收企业所得税、加快推进营改增等
3	信贷支持	通过对中小企业建立合理的贷款定价机制，提高贷款不良率的容忍度等来增加信贷资金来源，提高信贷可获得性
4	信用担保	大力推进中小企业信用担保体系建设，继续执行对符合条件的信用担保机构免征营业税政策，加大中央财政资金的引导支持力度，鼓励担保机构提高小型微型企业担保业务规模，降低对小型微型企业的担保收费等
5	直接融资	进一步促进私募股权和创投基金发展、继续扩大中小企业各类非金融企业债务融资工具及集合债、私募债发行规模等
6	融资担保	发展政府支持的融资性担保机构和再担保机构，完善风险分担机制，引导担保机构提高小微企业担保业务规模、合理确定担保费用等。继续实施小微企业融资担保降费奖补政策至2023年，引导地方继续扩大小微企业融资担保业务规模，降低担保费率
7	中间费用	完善信贷资金向实体经济融通机制，降低贷款中间环节费用。引导金融机构针对不同企业合理定价。督促银行业金融机构依法合规收费，制止不规范收费行为
8	普惠金融	鼓励大中型商业银行设立普惠金融事业部，国有大型银行要率先做到，实行差别化考核评价办法和支持政策
9	信息共享	充分发挥各级政府网站与全国信用信息共享平台作用，鼓励地方推进"银税互动"、银行业金融机构和全国信用信息共享平台之间的合作等，化解银企信息不对称问题
10	供应链金融	鼓励供应链核心企业、金融机构与人民银行征信中心建设的应收账款融资服务平台对接，发展线上应收账款融资等供应链金融模式等
11	科技赋能	加大普惠金融科技投入。创新特色信贷产品。提高融资便利度
12	产融合作	优化产融合作平台服务，完善企业信息库和产业链数字图谱，推动企业生产经营数据转化为信用，引导金融机构提供精准支持

序号	政策类别	政策内容
13	金融创新	建立完善供应链金融政策框架和基础设施，推动大型企业使用权责清晰的商业汇票替代其他形式的账款，鼓励金融机构加大供应链票据贴现和标准化票据融资等
14	资本赋能	结合中小企业数字化融资需求，联合金融机构推出数字化产品转型专项融资服务，给予更大力度的融资支持
15	知识产权融资	各地方知识产权管理部门要会同相关部门，深入实施知识产权质押融资入园惠企专项行动，充分发挥风险投资等各类投资机构作用，组织"专精特新"专场对接活动，实现专精特新中小企业知识产权投融资需求全覆盖
16	数字赋能	鼓励银行保险机构加大数字金融研发投入，依法合规运用新一代信息技术，推动科技型企业金融服务业务处理、经营管理和内部控制等关键环节向数字化、智能化转型发展，更好满足科技型企业融资需求
17	其他政策	与拓宽其他融资渠道、深化投融资体制改革、规范对小型微型企业的融资服务、开展融资培训咨询活动相关的内容

2. 编码的信效度分析

根据政策文本的类别划分标准和具体内容，将每个政策文本都标注了具体类别，即对政策文本进行了编码。为了使编码具有可靠性，需要进行编码的信度和效度分析，参考科尔比等（Kolbe et al.，1991）的研究，使用编码的一致性程度指标进行检验。本章的政策文本编码，由三名青年研究学者独立完成，编码一致性程度的一致性系数均超过 0.85，在可以接受的范围之内。另外，进一步采用 Krippendorff α 系数对政策分类的信度进行检验，根据缓解专精特新中小企业融资约束政策文本分类结果的 Krippendorff α 系数为 0.80，根据 Krippendorff α 系数的判别标准（Krippendorff，2004），说明对缓解专精特新中小企业融资约束的政策文本分类具有可信性。通常情况下，内容分析的效度用"内容效度比"来评定。根据该测度指标，邀请三名缓解专精特新中小企业融资约束研究领域的青年研究人员对编码结果进行检验，"内容效度比"的检验结果为 1，所以关于缓解专精特新中小企业融资约束政策文本的编码结果具有良好的内容效度。

8.3 缓解专精特新中小企业融资约束相关的政策文本分析结果

8.3.1 缓解专精特新中小企业融资约束相关政策的基本特征

1. 缓解专精特新中小企业融资约束相关政策的类别分布

本章在对有关政策文件进行筛选后，得到83份与缓解专精特新中小企业相关的政策文件，这些政策文件的类别分布如图8－1所示，由图可知，我国为缓解专精特新中小企业的融资约束问题在不同方面都给出了政策支持，比如：产融合作、税收优惠、信息共享、科技赋能、资本赋能等，但是主要集中在融资担保、普惠金融、信贷支持、财政资金等方面。同时也可以看出，现行政策着重强调融资担保，要想在缓解专精特新中小企业融资约束方面获取明显的成果，除了继续加强融资担保方面的政策，还要探索新的支持政策。

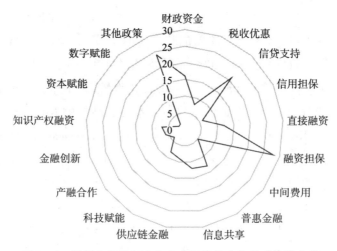

图 8－1 缓解专精特新中小企业融资约束相关政策的分类

2. 缓解专精特新中小企业融资约束相关政策的数量特征

已有文献证实，相关政策数量反映了政府对相关问题的关注程度，缓解专精特新中小企业融资约束的政策数量随着政府关注度的增加而增加，体现了政府为缓解此问题的政策供给情况。同时，政策数量的变化也能够对政策进行阶段的划分，使得不同阶段的政策具有不同的特征。对于收集到的 83 份政策文件，绘制出如图 8-2 所示包括当年发文数和累计发文数的图。

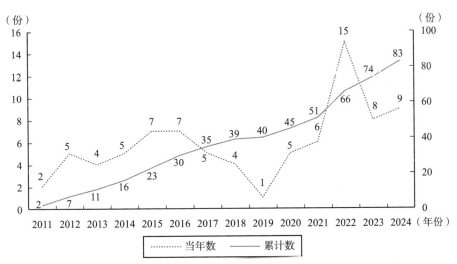

图 8-2　我国专精中小企业缓解融资约束相关政策数量的变化趋势

3. 缓解专精特新中小企业融资约束政策的发文机构特征

对搜集到的 2011 年到 2024 年的 83 份相关政策的发文机构进行归纳，得到发文机构的数量为 29 个，保留发文数量在两个及以上的发文机构及独立颁发政策文件的机构，最后剩余 20 个重要的发文机构，其数量特征见表 8-3。从发文机构分布情况来看，与缓解专精特新中小企业融资约束有关的政策发文机构是以国务院为主体的政府机构，如国务院办公厅、工业和信息化部、中国人民银行、国家知识产权总局等；从发文机构数量方面看，国务院、工业和信息化部是制定缓解专精特新中小企业融资约束相关政策的主要政府部门，累计颁发相关政策文件共 49 份；从独立颁发政策数量看，工业和信息化部、国务院和国务院办公厅独立发文频率较高，工业和信息化部独立颁发了 11 份与缓解专精特新中小企业融资约束有关的政策文件，国务院独立颁发了 27 份与缓解专精特新中小企业融资约束有关的政策文件，国务院办公厅也独立颁发了 13 份与缓解专精特新中小企业融资约束有关的政策文件。

表 8－3　　　专精特新中小企业缓解融资约束相关政策发文机构的数量特征

单位：份

发文机构	非独立颁发政策数量	独立颁发政策数量
工业和信息化部	9	11
财政部	9	1
国家发展和改革委员会	8	
中国人民银行	5	2
中国证券监督管理委员会	5	1
国家市场监管管理总局	4	
国家知识产权总局	3	
人力资源社会保障部	3	
国家税务总局	3	1
国家金融监督管理总局	3	2
国务院	2	27
国务院国有资产监督管理委员会	2	
商务部	2	
科学技术部	2	
中华全国工商业联合会	2	
全国人民代表大会常务委员会	1	3
中国银行保险监督管理委员会	1	1
国务院办公厅		13
工业和信息化部办公厅		3
全国人民代表大会		3

8.3.2 中小企业创新相关政策的阶段特征

根据相关政策的变化趋势和重要的事件，可以把缓解专精特新中小企业的政策划分为三个阶段，见表 8 - 4，并且这些政策在每一个阶段都具有鲜明的特征。对于缓解专精特新中小企业的相关政策，第一个阶段的当年数趋于稳定，第二个阶段和第三个阶段的当年数都有起有落，但从总体上看累计数都是呈现稳步上升的趋势。

表 8 - 4　　　　缓解专精特新中小企业融资约束相关政策的阶段特征

时间	政策目标	重要政策	阶段特征
2011—2013 年	"要素扶持"缓解专精特新中小企业融资约束	2012 年《关于进一步支持小型微型企业健康发展的意见》	各项政策开始被提出和落实，政策工具越来越多样化，覆盖面也越来越广
2014—2019 年	"互联网＋"缓解专精特新中小企业融资约束	2015 年《关于积极推进"互联网＋"行动的指导意见》	缓解专精特新中小企业融资约束的各项政策取得一定的成效，并开始向新的领域拓展
2020—2024 年	"数据资产化"缓解专精特新中小企业融资约束	2022 年《关于政协第十三届全国委员会第五次会议第03884 号（经济发展 272 号）提案答复的函》	支持数字经济企业做强做优，发挥数据资产化对缓解专精特新中小企业融资约束的重要作用

1. "要素扶持"缓解专精特新中小企业融资约束

2011—2013 年，缓解专精特新中小企业融资约束的各项政策开始被提出和落实，政策工具越来越多样化，覆盖面也越来越广。2011 年国务院办公厅颁发的《关于印发〈兴边富民行动规划（2011—2015 年）〉的通知》提到有关中小企业专项资金对融资性担保机构开展的符合条件的边境地区中小企业融资担保业务给予支持，并提出了贯彻落实现行税收优惠政策，鼓励边境地区的企业发展。2012 年国务院颁布了《关于进一步支持小型微型企业健康发展的意见》，从落实支持小型微型企业发展的各项金融政策、加快发展小金融机构、拓宽融资渠道、加强对小型微型企业的信用担保服务、规范对小型微型企业的融资服务等七个方面提出了缓解小微企业融资困难的对策建议。2013 年国务院办公厅颁发的《关于金融支持小微企业发展的实施意见》提及要积极搭建小微企业综合信息共享平台，拓宽小微企业直接融资渠道，监督治理各种金融机构和担保机构的不合理收费，努力营造出一个适合小微企业发展的金融环境。

2. "互联网＋"缓解专精特新中小企业融资约束

从 2014 年开始，逐渐有政策提出利用互联网金融平台来完善投融资担保机制，并鼓励互联网与银行、证券、保险、基金的融合创新，为小微企业提供多样、便捷的金融产品和服务等，这些政策措施在很大程度上缓解了专精特新中小企业的融资约束。《关于加快科技服务业发展的若干意见》《关于积极推进"互联网＋"行动的指导意见》《推进普惠金融发展规划（2016—2020 年）》《关于落实〈政府工作报告〉重点工作部门分工的意见》《关于促进平台经济规范健康发展的指导意见》都提及了要充分利用大数据、云计算等新兴信息技术，打造互联网金融服务平台，满足中小企业的融资需求，这也为下一阶段数据资产化缓解专精特新中小企业融资约束提供了前提条件。

3. "数据资产化"缓解专精特新中小企业融资约束

2020—2024 年所发布的政策文件是与数字化转型、信息化应用、大数据、人工智能等相关的内容，这些内容对缓解专精特新中小企业融资约束也具有促进作用。2020 年《关于进一步强化中小微企业金融服务的指导意见》鼓励商业银行运用大数据、云计算等技术建立风险定价和管控模型，改造信贷审批发放流程；深入挖掘整合银行内部小微企业客户信用信息，加强与征信、税务、市场监管等外部信用信息平台的对接，提高客户识别和信贷投放能力。2021 年《关于银行业保险业支持高水平科技自立自强的指导意见》支持地方政府建设科技企业信息平台，共享工商、社保、知识产权、税务、海关、水电等信息，通过搭建科技成果转移转化项目数据库等，缓解银行保险机构与科技企业之间的信息不对称。鼓励银行保险机构充分利用"信易贷"和其他政府公共数据平台，整合科技创新资源信息，创新银税互动、银商合作和银关合作等服务模式。《关于政协第十三届全国委员会第五次会议第 00791 号（财税金融类 054 号）提案答复的函》实施制造业数字化转型行动计划，开展中小企业数字化赋能专项行动，明确推动企业数字化发展的重点方向、主要路径及核心任务。推动新一代信息技术赋能产业转型升级，聚焦新型智能产品、数字化管理、智能化制造等新模式新业态的培育。《关于开展"一链一策一批"中小微企业融资促进行动的通知》把握中小微企业数字化转型新场景新业态，丰富信息化手段应用，多途径多方式归集链上中小微企业生产运行、科技研发、项目参与、技术改造等方面信息，深入了解企业发展动态，深化对链对企认识，着力缓解信息不对称问题。

8.3.3 缓解专精特新中小企业融资约束相关政策主题的共词网络

2011—2024 年，一方面，随着缓解专精特新中小企业融资约束的政策不断出台，专精特新中小企业开始迅速发展；另一方面，为了适应专精特新中小企业的发展，国家颁布的缓解专精特新中小企业融资约束的政策文件的主题覆盖面更广。其中有一些政策主题的联系比较紧密，另一些政策主题的联系比较稀疏，为了更好地掌握这些政策主题的特征，需要将政策内容与政策主题进行对应，计算政策主题共现矩阵，然后用 UCINET 软件绘制出与缓解专精特新中小企业融资约束相关政策主题的共词网络。

1. 2011—2024 年相关政策主题的共词网络

图 8-3 为 2011—2024 年国家颁布的与缓解专精特新中小企业融资约束相关的政策主题的共词网络。在所有的相关政策主题的网络关系中，信贷支持、财政资金、融资担保、直接融资、信息共享、知识产权融资、供应链金融之间的连线较粗，说明缓解专精特新中小企业融资约束的政策主题比较多样。通过 UCINET 计算出每个政策主题的程度中心性，得到融资担保这个政策主题的程度中心性最高，占比为 0.160，其他政策主题如信贷支持、直接

融资、信息共享、财政资金、普惠金融的程度中心性也相对较高。由此可以看出，我国为缓解专精特新中小企业融资约束不仅注重直接的要素供给，还致力于打造一个全面和包容的金融生态系统。

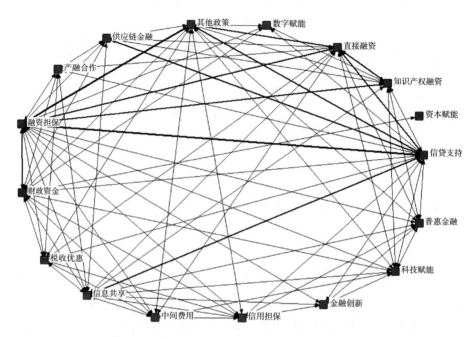

图 8 - 3　2011—2024 年相关政策主题的共词网络

2. 2011—2013 年相关政策主题的共词网络

图 8 - 4 为 2011—2013 年国家颁布的与缓解专精特新中小企业融资约束相关的政策主题的共词网络。可以看出，信贷支持、直接融资、信用担保、融资担保等政策主题的联系比较紧密，说明在初始阶段，主要是这些政策工具在缓解专精特新中小企业融资约束方面起作用。根据 UCINET 软件计算得出的各个政策主题的程度中心性，融资担保的程度中心性最高，占比为 0.170，在政策主题里面最高，另外，信贷支持、直接融资、其他政策的占比也相对较高，都为 0.132。还可以看出，在这一阶段，政策主题的类型虽然比较丰富，但不同政策主题之间的连线相对较稀疏，且还没有和税收优惠、普惠金融、供应链金融、科技赋能等政策主题建立联系。

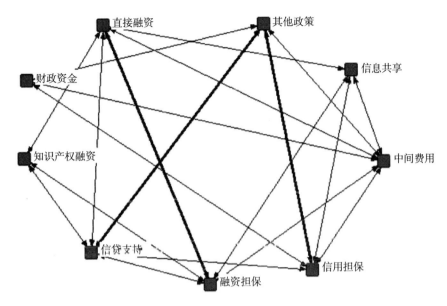

图 8 - 4   2011—2013 年相关政策主题的共词网络

3. 2014—2019 年相关政策主题的共词网络

图 8 - 5 为 2014—2019 年国家颁布的与缓解专精特新中小企业融资约束相关的政策主题的共词网络。可以看出，信贷支持、融资担保、普惠金融、税收优惠、直接融资、财政资金等政策主题之间的联系比较紧密，是这一阶段缓解专精特新中小企业融资约束的主要政策工具。运用 UCINET 软件计算出了这些政策主题的程度中心性，融资担保政策的程度中心性最高，占比为 0.155，普惠金融、信贷支持、财政资金等政策主题的程度中心性较高。这一阶段新增加的政策主题有金融创新、税收优惠、科技赋能、普惠金融、供应链金融、产融合作，在一定程度上反映了政府对缓解专精特新中小企业融资约束问题的重视程度在不断增加。政策主题为信息共享、产融合作的政策应用还不是特别广泛，与其他政策主题的联系也较少。

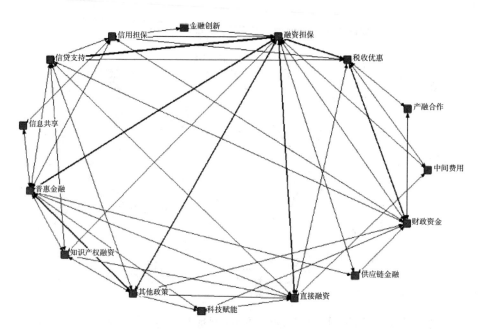

图 8-5　2014—2019 年缓解专精特新中小企业融资约束相关政策主题的共词网络

4. 2020—2024 年相关政策主题的共词网络

图 8-6 为 2020—2024 年国家颁布的与缓解专精特新中小企业融资约束相关的政策主题的共词网络。可以看出，融资担保、财政资金、科技赋能、信息共享、信贷支持等政策主题之间的关系比较紧密，是该阶段缓解专精特新中小企业融资约束的主要政策工具。根据 UCINET 软件计算的不同政策主题程度中心性显示，融资担保政策主题的程度中心性最高，占比为 0.157；信贷支持、直接融资政策主题的程度中心性较高，占比分别为 0.153 和 0.087。资本赋能、数字赋能为该阶段新增加的政策主题，反映出缓解专精特新中小企业融资约束的政策被注入了新的活力。另外，资本赋能和数字赋能对于数字化背景下缓解专精特新中小企业融资约束也具有一定的激励作用。

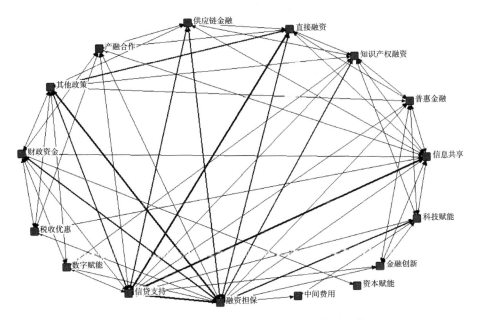

图 8 - 6　2020—2024 年相关政策主题的共词网络

8.3.4　缓解专精特新中小企业融资约束相关政策发文机构的共词网络

为了更好地分析政策发文机构之间的关系，构建发文机构的共线矩阵，并用 UCINET 软件进行可视化处理，绘制出政策发文机构的合作关系图。接下来先绘制出 2011—2024 年的政策发文机构的网络关系图，然后再分别绘制出 2011—2013 年、2014—2019 年、2020—2024 年这三个阶段的政策发文机构的网络关系图，来揭示不同发文机构之间的关系。

1. 2011—2024 年相关政策发文机构的共词网络

图 8 - 7 为 2011—2024 年缓解专精特新中小企业融资约束相关政策发文机构的共词网络。可以看出，在这一阶段涉及缓解专精特新中小企业融资约束的发文机构有 29 家，涉及的部门数量较多，另外，不同政策发文机构之间连线的数量较多，但联合发文的政策有 12 份，而独立颁发的政策数量有

71份，联合发文政策中参与部门最多的是《"十四五"促进中小企业发展规划》，由工信部等十九部门联合印发。

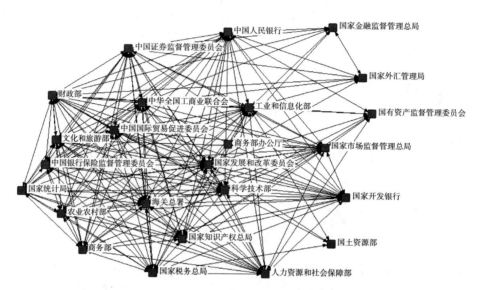

图 8 - 7　2011—2024 年相关政策发文机构的共词网络

根据 UCINET 软件计算得到合作发文机构的程度中心性，程度中心性反映的是某一发文机构在所有发文机构当中的重要性。表 8 - 5 列出了相关政策发文机构的程度中心性，其中，工业和信息化部的程度中心性最高，有66 条关系，标准化程度中心性数值为 8.429，占比为 0.096。除此之外，在2011—2024 年，发文机构的合作关系呈现出多中心化现象，工业和信息化部、财政部、国家发展和改革委员会、中国人民银行是参与联合发文数量较多的机构。

表 8 - 5　　　　　　　2011—2024 年发文机构的中心性计算结果

发文机构	关系（条）	程度中心性	占比
工业和信息化部	66	8.429	0.096
财政部	56	7.152	0.082

续表

发文机构	关系（条）	程度中心性	占比
国家发展和改革委员会	53	6.769	0.077
中国人民银行	47	6.003	0.068
国家市场监督管理总局	38	4.853	0.055
中国证券监督管理委员会	36	4.598	0.052
中华全国工商业联合会	34	4.342	0.049
人力资源和社会保障部	31	3.959	0.045
国家知识产权总局	28	3.576	0.041
国务院	27	3.448	0.039

2. 2011—2013 年相关政策发文机构的共词网络

2011—2013 年，缓解专精特新中小企业融资约束相关政策的发文机构很少，而且都是独立颁发政策，几乎没有相关政策的联合发文，在此就没有绘制相关政策发文机构的共词网络。具体来说，国务院和国务院办公厅分别独立颁发了 6 项和 4 项政策文本，属于这一期间独立颁发政策较多的机构，工业和信息化部办公厅独立颁发了 1 项政策文本。

3. 2014—2019 年相关政策发文机构的共词网络

图 8 – 8 展示了 2014—2019 年缓解专精特新中小企业融资约束相关政策文本的发文机构的共词网络。可以看出，相比于 2011—2013 年，这一阶段发文机构的种类和数量明显增多。国务院、国务院办公厅、全国人民代表大会常务委员会依然是独立发文的部门，且发文数量较多，共颁布 23 项相关政策。联合发文的机构有财政部、工业和信息化部、国家发展和改革委员会、国家税务总局、国土资源部、国有资产监督和管理委员会，共颁布 2 项相关政策。由此可见，政策发文机构更倾向于独立颁发与缓解专精特新中小企业融资约束相关的政策文本。

根据 UCINET 软件计算得到 2014—2019 年各合作发文机构的程度中心性。表 8 – 6 列出了各发文机构的程度中心性。可以看出，国务院的程度中心性最高，有 15 条关系，标准化程度中心性数值为 11. 111，占比为 0. 254。在这一阶段只有两个政策文件是联合发布的，其他都是独立颁布的。从总体上看，这一阶段的发文数量明显比上一阶段多，而且发文机构的数量和种类也在增加，机构之间的联系虽然很少，但也呈现出关系逐渐紧密的趋势。

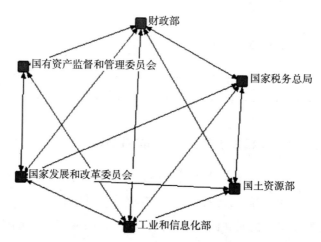

图 8 - 8   2014—2019 年相关政策发文机构的共词网络

表 8 - 6   2014—2019 年发文机构的中心性计算结果

发文机构	关系（条）	程度中心性	占比
国务院	15	11. 111	0. 254
工业和信息化部	11	8. 148	0. 186
国务院办公厅	7	5. 185	0. 119
国家发展和改革委员会	7	5. 185	0. 119
财政部	7	5. 185	0. 119
国土资源部	4	2. 963	0. 068
国家税务总局	4	2. 963	0. 068
国有资产监督和管理委员会	3	2. 222	0. 051
全国人民代表大会常务委员会	1	0. 741	0. 017

4. 2020—2024 年相关政策发文机构的共词网络

图 8 - 9 为 2020—2024 年缓解专精特新中小企业融资约束相关政策发文机构的共词网络。在此阶段，参与发文的机构共有 28 个，共发文 43 份。工业和信息化部办公厅、国务院、国务院办公厅、商务部办公厅等部门独立颁发了 33 份有关政策文本，《"十四五"促进中小企业发展规划》政策文本的参与发文机构最多，共有工信部等十九个机构，其次是《关于开展"携手行动"促进大中小企业融通创新（2022—2025 年）的通知》，共有工业和信息化部、国家发展和改革委员会等十个机构参与联合发文。

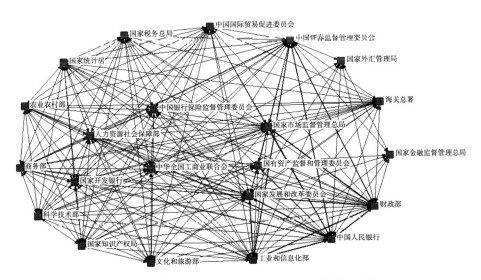

图 8 - 9 2020—2024 年相关政策发文机构的共词网络

根据 UCINET 软件计算得到 2020—2024 年合作发文机构的程度中心性。表 8 - 7 列出了程度中心性前十的联合发文机构，其中，工业和信息化部的程度中心性最高，共有 55 条关系，标准化程度中心性数值为 28.061，占比为 0.089。2020—2024 年，机构联合发文的政策共有 10 份，并且发文机构合作关系也出现了多中心化现象，工业和信息化部、国家发展和改革委员会等都是参与联合发文数量较多的机构。

表 8-7   2020—2024 年发文机构的中心性计算结果

发文机构	关系（条）	程度中心性	占比
工业和信息化部	55	28.061	0.089
财政部	50	25.510	0.081
中国人民银行	48	24.490	0.077
国家发展和改革委员会	46	23.469	0.074
中国证券监督管理委员会	37	18.878	0.060
国家市场监督管理总局	37	18.878	0.060
中华全国工商业联合会	34	17.347	0.055
人力资源和社会保障部	31	15.816	0.050
科学技术部	28	14.286	0.045
国家知识产权局	28	14.286	0.045

8.4 研究结论

缓解专精特新中小企业融资约束可以帮助这些企业进行转型升级，激发创新活力，而且它们的发展还能增强产业链稳定性，提升金融服务效能，最终推动整个制造业的升级，促进国家经济的高质量发展。我国也制定了很多政策来达到缓解融资约束这一目的，本章基于筛选得到的政策文本结合文本分析的方法，把 2011—2024 年这一时期分为三个阶段，分别在政策基本特征、政策主题网络关系、发文机构网络关系方面进行研究，得到以下研究结论。

1. 政策基本特征

一是从政策主题的类型来看，与缓解专精特新中小企业融资约束有关的政策类型非常全面。其中，融资担保、财政资金、税收优惠、普惠金融等政策类型比较多，可见这些政策类型对于缓解融资约束起到了重要的作用。另外，供应链金融、科技赋能、产融合作等政策也在不断地推出，这也在政策层面上反映出我国为缓解专精特新中小企业融资约束一直在推陈出新。总之，缓解专精特新中小企业融资约束的政策需要不断地结合时代发展的特征，如结合中小企业数字化融资需求，联合金融机构推出数字化转型专项融资服务，给予更大力度的融资支持。

二是从政策数量来看，2011—2024 年，颁布政策的累计数总体上呈现出逐年增长的趋势。尤其在 2022 年政策发文数达到最多，共计 15 份，这也反映出政府对缓解专精特新中小企业融资约束问题的关注度持续增加，专精特新中小企业的高质量发展对我国的经济发展具有重要作用。

三是从政策发文机构来看，工业和信息化部、国务院、财政部、国家发展和改革委员会是发布与缓解专精特新中小企业融资约束问题有关政策最多的机构。其中，工业和信息化部、国务院是独立颁布相关政策最多的机构，工业和信息化部、国家发展和改革委员会、财政部是联合发文最多的机构，各大机构合力推出缓解专精特新中小企业融资约束的政策文件不仅能使政策制定得更加全面，而且还有助于政策更好地实施。

2. 政策主题方面

一是 2011—2024 年，在缓解专精特新中小企业融资约束政策主题的共词网络中，涉及融资担保、普惠金融、信用担保、信息共享、信贷支持等 17 个主题内容，彼此之间的连线较粗，反映了我国在缓解专精特新中小企业融资约束方面的政策十分多样，既有要素供给方面的政策主题，又有关于融资的大环境方面的主题，对缓解专精特新中小企业融资约束具有重要作用。

二是通过 UCINET 软件计算出 2011—2024 年的各政策主题的程度中心性，其中融资担保政策主题的程度中心性最高，且连线最多，由此可判定融资担保是缓解专精特新中小企业融资约束的主要政策工具类型。另外，信贷支持、普惠金融、财政资金的程度中心性也较高，所以，除了主要政策工具，还要辅以其他政策工具，才能更有效地缓解专精特新中小企业融资约束。

三是从要素扶持阶段到数据资产化阶段，随着环境的变化和相关政策的不断推出，前面阶段一些程度中心性较低的政策主题到后面阶段程度中心性开始有所增加，这反映出政策主题在随着金融环境和时代特征的变化而变化。

3. 政策发文机构

一是 2011—2024 年，缓解专精特新中小企业融资约束相关政策的发文机构不断增多，主要发文机构包括工业和信息化部、财政部、国家发展和改革委员会、中国人民银行等，这些机构既有独立发文，也有联合发文，但独立发文的情况明显要多于联合发文的机构。并且，随着时间的推移，联合发文机构之间的关系也是逐渐紧密。

二是通过对比这三个阶段的程度中心性的计算结果，可以看出不同阶段的程度中心性排名有所变化，说明在不同的阶段参与联合发文的核心机构在不断地变化，还没有形成稳定的合作网络。

三是从政策发文机构的变化来看，政策发文机构也在适应时代的发展而不断变化。例如，第一阶段主要是以国务院、工业和信息化部为主，第二阶段和第三阶段出现了科学技术部、证监会等机构，反映了我国对缓解专精特新中小企业融资约束方面的问题越来越关注。

第9章 数据资产化缓解专精特新中小企业融资约束的策略体系

数据是重要的生产要素，也是国家基础性战略资源，数据资产化缓解专精特新中小企业融资约束离不开政策引导和政策保障，而这必然需要完整的策略体系。策略体系的设计不是各类具体措施的简单罗列，而是不同策略之间的有机连接，能够保证对策主题和对策措施实现协同效应。由此，需要充分考虑各策略间的协同作用，构建数据资产化缓解专精特新中小企业融资约束的策略体系。本章基于政策工具和政策网络研究方法，从对策设计主体与工具相结合角度，将政策工具使用和执行主体建立合理关联，构建数据资产化缓解专精特新中小企业融资约束的策略体系，可为数据资源充分释放潜在价值，实现专精特新中小企业高质量发展提供参考借鉴。

9.1 数据资产化缓解专精特新中小企业融资约束策略体系的分析框架

政策工具和政策网络研究法应用于信息资源、生态环境、科技等多个领域（吴杨，2020）。本书运用政策工具和政策网络研究方法，提出数据资产化缓解专精特新中小企业融资约束策略体系的分析框架，为策略体系构建提供方法论基础。

9.1.1 工具分类

政策工具通常是政府或组织在政策制定和执行过程中的重要手段，通过调整资源配置、规范行为、促进发展等方式来实现政策目标。政策工具的选择和运用通常取决于政策目标、实施环境、资源条件等因素（卫武和徐和衍，2024）。政策工具的有效运用是确保政策措施落地实施的重要基础，而政策工具有效利用前提是合理分类，通过一系列基本单元工具的合理组合可以实现政策构建（黄萃等，2011）。本章的政策工具维度借鉴罗斯威尔和泽格菲尔德（Rothwell & Zegveld，1985）的经典分类维度，将数据资产化缓解专精特新中小企业融资约束政策体系涉及的政策工具分为供给型政策工具、需求型政策工具和环境型政策工具三类。其中，供给型政策工具是指政府及相关部门为缓解专精特新中小企业融资约束提供直接的要素供给，即从要素供给角度缓解专精特新中小企业融资约束，如资金投入、科技赋能等，直接推动中小企业的稳健发展；需求型政策工具是指政府通过主动影响市场来缓解专精特新中小企业融资约束，强调政府通过对中小企业融资约束的持续支持和关注，如信贷支持、产融结合、供应链金融等，来实现其良性发展；环境型政策工具强调政府通过创造适宜专精特新中小企业发展的良好外部环境，以降低不确定性对数据资产化缓解专精特新中小企业融资约束的影响，如总体目标规划、良好的融资环境、税收优惠、数据治理等。在对数据资产化、专精特新中小企业融资约束政策文本分析的基础上，结合数据资产化相关研究文献、政策工具文本分析结果，梳理数据资产化缓解专精特新中小企业融资约束的政策工具，见表9-1。

表9-1　　　　　　　　　　　政策工具

类型	政策工具	定义
供给型	数字人才	为专精特新中小企业数字人才建设提供政策支持
	数字基础设施	持续推进与深化创新数字基础设施建设
	数据资产化示范	部署开展专精特新中小企业数据资产化示范活动
需求型	信用担保	政府部门优化相关政策，支持担保机构为专精特新中小企业提供担保
	政府采购	政府采购数据资产化相关产品或服务，引导专精特新中小企业推进数据资产化，激发第三方机构参与动力
	简化监管程序	政府部门简化金融市场的监管程序，有利于节约专精特新中小企业的时间和资本成本

类型	政策工具	定义
需求型	供应链金融	鼓励供应链核心企业、金融机构与人民银行征信中心建设应收账款融资服务平台对接,发展线上应收账款融资等供应链金融模式
环境型	目标规划	形成与专精特新中小企业数字化发展相关的政策目标、发展规划等
	配套政策	完善专精特新中小企业融资的配套支持政策
	融资需求	深入挖掘专精特新中小企业的有效融资需求,完善融资配套支持政策
	税收优惠	给予专精特新中小企业缓解融资约束方面的相应税收减免
	数据服务	为数据进入市场交易,从数据资源向资产转化创造环境基础

9.1.2 主体分类

在政策制定、政策实施过程中,政策主体是关键因素,也是政策发挥效用的基础。同时,主体之间的互动协同关系也成为影响政策执行效果的关键因素。在对策设计过程中,需要充分考虑主体行为及其交互作用,才能有助于打通政策的断点、堵点,从而充分释放政策效力和取得更好的政策作用效果。根据马什和罗兹(Marsh & Rhodes,1992)的研究,政策网络方法实际上反映出不同参与主体的资源交互过程,体现了政策主体的互动关系,这也是政策网络的关键环节。政策网络方法更关注多元化的参与主体,更加适用于复杂的政策环境。目前,我国专精特新中小企业的政策涉及多元主体,存在比较复杂的交互作用关系。在缓解专精特新中小企业融资约束的进程中,参与主体并不是孤立的或割裂的关系。因此,在研究数据资产化缓解专精特新中小企业融资约束的策略体系时,将政策网络作为一个维度纳入策略体系的设计框架。国内利用政策网络方法的文献研究通常都是按照政策社群、府际网络、专业网络、议题网络和生产者网络进行分类,不同类型政策网络与政策行动者相对应(章昌平和钱杨杨,2020)。为此,借鉴政策网络理论中有关网络类型与政策行动者对应的划分方法,对政策网络类型及其行动者主体进行界定,以此作为策略框架体系模型的一个重要维度。具体分类及其对应主体见表9-2。

表9-2   策略体系构建中的政策网络类型及其对应主体

网络类型	对应主体	功能定位
政策社群	国务院及其各部委等职能部门	国家政策的主要制定者
府际网络	地方政府及其与专精特新中小企业相关职能部门	政策的主要执行者，地方政策制定
专业网络	数据资产化领域的专业机构、专家等	相关政策实施的主要辅助者
议题网络	社会公众、媒体机构等	政策倡议、反馈、监督者
生产者网络	专精特新中小企业	政策的主要响应者

9.1.3 模型构建

大数据时代背景下，策略设计模型能有效整合各行动者的职能和资源，充分考虑所有参与主体的利益诉求。在提出的策略工具、策略主体分类的基础上，以政策工具与政策网络为理论依据，构建二维分析框架如图9-1所示。其实际上反映了策略实施主体与策略工具之间的交互关系，策略实施主体类型用 X 维度表示，策略工具类型用 Y 维度表示。

图9-1 数据资产化缓解专精特新中小企业融资约束二维分析框架

9.2 政府层面的政策建议

从宏观层面建立科学完善的政策体系，对优化专精特新中小企业融资环境，推动数据资产化缓解专精特新中小企业融资约束具有重要的实践价值。为此，根据理论分析与实证检验结果，以及本章所构建的策略二维分析框架，提出政府层面的政策建议。

9.2.1 提供推动专精特新中小企业数据资产化的支持要素

1. 大力加强数字人才建设

加快专精特新中小企业数据资产化进程的关键在于企业拥有的数字人才。目前，我国专精特新中小企业数字人才主要集中于技术工程、产品研发等单一领域，同时具备创新应用能力和数字战略思维的复合型人才仍存在较大缺口。为推动专精特新中小企业数字化转型、数据资产化进程，亟须大量数字化、智能化人才，相关政府要加强顶层设计和规划引领。

（1）鼓励专精特新中小企业持续性引进专业化数字人才。基于专精特新中小企业行业分布、资产规模、数字化转型等情况，相关部门应有针对性地帮助专精特新中小企业引进专业化数字人才。第一，从行业特点、人才功能等多角度匹配，实行"因企制宜""因才制宜"的人才引进战略，提高专精特新中小企业引进数字人才的精准度。第二，各地政府要充分落实数字人才引进政策，善用诚用，细化数字人才引进的补贴、培育等相关政策，满足人才发展的合理需求。第三，引进人才只是第一步，要全方位培养人才、用好人才、留下人才。

（2）健全常态化数字人才的培养机制。一是加大高校对数字人才培养力度，鼓励各地高校在学生和师资培养、专业设置、招生规模等方面向数字人才倾斜，持续加强高校计算机科学、人工智能、数据科学与大数据技术等新时代基础学科与应用经济学、金融学等传统基础学科相融合。二是加大科研基金投入，引导各类资源向数智化研究倾斜，不断拓宽综合型数字人才的学习平台和提高综合型数字人才的培育水平，为专精特新中小企业数字化发展提供足够的人才资源。三是打造一支有数字化战略和科学思维的国家公职人员队伍，形成全社会立体化培育新模式。

（3）强化产学研协作培养顶尖数字人才。顶尖的数字人才不仅要具有深厚的专业知识，更要具备广阔的国际视野。因此，各省市政府要建立产学研联合培养机制，可重点在当地的"985""211""双一流"高校、科研机构和专精特新"小巨人"等示范企业中的高层次数字人才中优中选优，培养一批顶尖数字人才。同时依托顶尖的数字理论、先进的科研设施以及配套的技术转化资源，通过产学研紧密合作、联合攻关协同培养，为顶尖数字人才提供学习的平台与机会，力争助力专精特新中小企业数字化创新发展，突破国内重点技术的"卡脖子"难题，以有效支撑专精特新中小企业的高质量发展，对冲融资约束给专精特新中小企业带来的创新阻碍。

2. 推进数字基础设施建设，开展数据资产化示范活动

专精特新中小企业数据资产化离不开数字化转型，专精特新中小企业数字化转型的推进依托于大数据中心、云平台、物联网等数字基础设施。但是社会资本往往缺乏对具有准公共产品性质的数字基础设施投资的积极性，需要从政府层面推动数字基础设施建设，为专精特新中小企业数据资产化提供技术与设施设备支撑，也为数据资产化缓解专精特新中小企业融资约束提供铺垫。

（1）加强创新数字基础设施建设。政府部门应引导和联合高校、科研机构以及数字化转型程度高的示范企业，打造"互联网＋研学产用"一体化数字发展体系，以此快速突破数字基础设施的关键核心技术，提高数字新基建研发水平，为推动专精特新中小企业数据资产化进程注入技术动能。

（2）优化数字基础设施布局。研究表明，东部地区的专精特新中小企业数字化程度更高，融资约束更低，这主要归因于东部地区数字基础设施更完善，数字资产化应用程度更高。我国目前东西部地区数字基础设施分布失衡，西部地区数字基础设施建设明显不足，这是导致西部地区专精特新中小企业数据资产化程度明显偏低的原因之一。政府部门应充分利用"东数西算"工程，统筹东西部地区的联动发展，即不断将东部地区的数字基础设施、数字技术引入西部地区。西部地区也要做好相应的对接政策和数字基础设施建设规划，因地制宜，积极改进数字化建设不足的现状，实现东西部地区的协同发展。

（3）加快部署开展专精特新中小企业数据资产化示范活动。专精特新中小企业受限于自身存在的资金、技术、人才等多方面因素，加之缺少可参考、可借鉴的示范企业，导致多数专精特新中小企业面临无法"走数据资产化之路"的困境。建议政府部门开展专精特新中小企业数据资产化示范学习行动，比如学习浙江省温州市大数据运营有限公司的数据产品"信贷数据宝"的数据资产登记过程中所应用的数字技术和决策方法；学习成都数据集团基于公共数据运营服务平台运行产生的数据入账过程。

9.2.2 健全满足专精特新中小企业融资需求的服务体系

专精特新中小企业融资水平受多方面影响，政府部门应重点关注以下几个方面，助力专精特新中小企业融资水平的提升。

（1）扶持发展中小金融机构。首先，政府部门应给予中小金融机构适当的资金支持和政策倾斜。专精特新中小企业是中小金融机构重点扶持对象之一，一方面，中小金融机构能为专精特新中小企业融资提供更多的选择，拓宽专精特新中小企业融资渠道；另一方面，中小金融机构更有了解专精特新中小企业的运营模式的意愿，并尽可能满足企业的资金需求。其次，鉴于中小金融机构化解自身风险的能力远不如大型金融机构，政府部门及监管机构在完善宏观审慎监管体系的过程中，应更关注中小金融机构风险化解，确保金融体系的稳定性。

（2）完善担保体系，降低融资的风险。首先，政府部门可优化担保相关政策，鼓励担保机构参与担保，提高各类金融机构为专精特新中小企业提供贷款的意愿，减轻企业担保负担。其次，鼓励金融机构和专精特新中小企业之间的合作，建立风险共担和信贷联盟模式，凡是参与其中的金融机构，政府部门可为这些合作机构出台提供适当的奖励、补贴等优惠政策。在这种风险同担和信贷联盟的模式下，既降低了金融机构的信用风险，又降低了专精特新中小企业的融资成本。

（3）加强对专精特新中小企业数据资产化相关产品或服务的政府采购。首先，政府采购一直是政府支持企业发展的重要政策工具，其所具有的信号和资源双重属性有助于专精特新中小企业分散和降低数据资产化过程中的融资风险。其次，政府采购直接资源效应的释放，能够有效降低专精特新中小企业数据资产化进程的边际成本；同时政府采购的信号传递效应，能够促进社会资本向企业数据资产化的方向聚集，从而提高专精特新中小企业的融资效率。

（4）简化金融市场的监管程序，提高监管方式的灵活性。目前，我国金融市场的监管程序尚未完善，监管流程烦琐，尚未形成一套完整流畅的监管体系。繁冗的监管程序增加了专精特新中小企业的融资成本和时间成本，相关部门应尽快出台政策完善金融市场的监管体系，简化监管流程。政府政务平台可提供在线申请和报告服务，简化程序并提高效率。另外，也可以提高监管方式的灵活性，采用大数据技术对异常行为进行实时监管监测。

9.2.3　优化专精特新中小企业融资约束的环境

1. 加快塑造统一的数据交易市场环境

（1）解决政府数据开放难题。政府数据开放能够为数据市场环境统一释放良好的信号。首先，以"责任清单"带动激励相容，通过"责任清单"明确数据分类、分级标准、数据来源以及数据开放共享的方式等，提升数据质量和可信度的同时也能满足不同行业和领域的需求。其次，建立激励相容的政府数据开放制度，破解多部门协同困境，重构服务范式，将多部门数据统一到一个出口，进行"一站式"服务。

（2）解决数据权属关系不明确的障碍。首先，政府部门要分离数据的"所有权"和"使用权"，界定数据权力主体，合理引进包括 AI、云计算、大模型等创新技术，实现数据可用不可见，有效分离数据的"所有权"与"使用权"。其次，政府部门应加强监管角色，制定相关法规，明确数据要素资产化市场的规范和流程，保障市场秩序和数据安全。在确保数据所有权有序界定的同时也要制定完善的法律法规有效保护数据，明确数据使用的范围边界，确保数据使用的合法性。

2. 挖掘企业有效融资需求，完善融资配套支持政策

（1）深入挖掘专精特新中小企业有效融资需求。政府精准获取专精特新中小企业的融资需求，可有效缓解银企融资之间的信息不对称，优化融资环境。具体包括以下措施。首先，政府可以出台针对专精特新中小企业的融资需求征集系统。通过政策发布、宣讲、培训等方式，利用政府公信力来提升融资需求征集系统在企业市场的影响力，引导专精特新中小企业以"微信小程序""公众号""网页"等方式，主动填报融资需求。其次，要完善专精特新中小企业"潜在首贷户"名单批量筛选机制。运用人工智能技术，整合各部门数据形成科学筛选机制。通过银企对接系统不断拓展首贷户，充分发挥银行的金融供给能力。

（2）完善专精特新中小企业融资配套支持政策。首先，政府融资平台定期汇编相关融资扶持政策，不仅可以"引流"融资对接平台，扩大其影响力，还可以持续优化企业的融资体验。其次，出台相关政策，加强涉企信用信息归集共享和有效传递。政府和金融机构打好数据底座，并在保证信息安全性和隐私性的前提下，鼓励金融机构使用数据、开发模型；同时，积极探索"多方安全计算""隐私计算"等数据挖掘技术，在保证原始数据不出仓库的情况下，高效地传输高价值信息，帮助金融机构更准确地刻画专精特新中小企业的融资风险，并优化其融资环境。最后，对供应链金融数据收集与使用的相关标准和流程进行规范，保证数据在流通过程中的安全性、合规性，进一步促进人工智能、大数据、物联网等技术的运用，为供应链金融的线上化、场景化和风险管理模式的转型提供技术支持；强化供应链票据平台的功能，促进其在市场上的推广和应用，并积极推进与政府采购等相关的业务。

9.3 第三方参与的对策建议

工信部在介绍"金融支持科技创新　做强做优实体经济"有关情况时

提到，引导金融资源加大对专精特新中小企业的支持力度，要坚持部门联动、政策协同。这表明，推动数据资产化来缓解专精特新中小企业融资约束，既需要宏观政策层面的支持，也需要第三方金融科技提供方的作用。本节针对第三方参与者如何缓解专精特新中小企业融资，实现数据资产化缓解专精特新中小企业融资约束的目标提出具体对策建议。

9.3.1 拓展多元融资渠道，降低融资成本

（1）大力推广"数易贷"等数据资产融资产品，开拓融资新渠道。"数易贷"产品以数据资产作为银行授信企业贷款的一个重要维度，不再局限于企业的财务状况、资产规模等评估要素。然而专精特新中小企业的融资痛点之一就在于资产规模、历史业绩等传统指标，但"数易贷"等数据资产融资产品的推出，为专精特新中小企业融资开发新的路径，使其可以有效利用知识产权等无形资产所产生的数据价值获得来自"数易贷"的融资。

（2）利用数字普惠金融，开拓创投租赁新模式。传统融资模式下，金融机构和资本不了解专精特新中小企业真实状况，很难授信。数字普惠金融可以运用数字技术，掌握丰富的信息资源，精准识别和匹配企业成长阶段和融资需求。此外，创投租赁是以融资租赁方式进行的创业投资活动，不仅能使企业获得所需资金，还能获得管理、技术及市场等多方面的支持。

9.3.2 推出支持专精特新中小企业数据资产化进程的数字化工具

在现有的资源要素的情况下，专精特新中小企业如何"买的到""养的起""用的好"各种类型的数字化工具是推动专精特新中小企业数据资产化进程的关键。为此，提出以下建议。

（1）解决"买的到"的问题，持续增强专精特新中小企业数字化工具的供给能力。积极提升针对专精特新中小企业数据资产化的供给能力，开发满足切合"数字化程度低的专精特新中小企业"的数字化工具。多数专精特新中小企业尚处于低水平的数字化程度阶段，往往难以实现全流程数字

化。研究发现，有效利用数据要素是缓解专精特新中小企业融资约束的重要途径。基于此，应当围绕如何支持专精特新中小企业获取全业务流程的数据、整合数据资源，打造开发一批低成本数字化工具，围绕专精特新中小企业的紧迫需求提供能够整合数据资源的数字化产品，让数字化工具贴合专精特新中小企业数据资产化进程。

（2）解决"养的起"的问题，持续降低专精特新中小企业数字化工具的使用"门槛"。与资金链完整，资源要素充足的大型企业相比，专精特新中小企业在资金、技术、人才等方面的积累明显更弱，难以维护成本较高的数字化工具的应用，同时也难以支付高昂的数字化工具更新迭代的费用，从源头上阻碍了专精特新中小企业的数据资产化进程。因此要采取以下措施，解决"养得起"的问题，一是确保服务的第三方提供的数字化工具能够满足"程序简单、成本较低、操作方便"三大要求，满足数字化程度较低的专精特新中小企业的实际需求，从而推动后续的数据资产化进程；二是专精特新中小企业数字化工具的供给者，需要持续或服务创新，不断地降低数字化工具的使用成本，使专精特新中小企业"养的起"，支持专精特新中小企业实现低成本、高效率的数字化转型，加快推进数据资产化进程。

（3）提升专精特新中小企业数字化工具的应用品质，解决"用的好"的问题。快速实现降本增效是推动专精特新中小企业完成数据资产化进程的关键，但专精特新中小企业受限于可支配的资源要素，利润空间并不充足。这就需要数字化工具的提供方能推出高效的数字化工具，帮助专精特新中小企业尽可能每个业务环节都能有效使用数字化工具，并且可以便捷获取每个业务流程中的详细数据，方便后期数据资源的整合利用，发挥数据的价值。

9.3.3 优化专精特新中小企业数据资产化生态环境

我国专精特新中小企业数字化整体水平不高，基本处在利用信息技术手段或管理工具实现单一数字化管理阶段，尚未实现全部主营业务数字化管控，数据在其中的作用也没有充分释放出来。数据资产化是一项复杂的系统工程，需要多方主体参与，必须加快完善转型生态，依靠生态的力量带动专精特新中小企业数据资产化。根据第 4 章的实证研究，数据资产化通过降低供应链集中度缓解融资约束。因此，对服务专精特新中小企业数据资产化的第三方机构而言，应加快构建专精特新中小企业数据资产化服务生态模式，即供应链、金融服务链和数据链的数字化解决方案，支持专精特新中小企业全流程数字贯通，从而实现数据价值的价值化，缓解专精特新中小企业融资约束，具体包括以下对策建议。

（1）为专精特新中小企业融入供应链提供全过程数字化服务。供应链金融在供应链生态系统的支持下，通过链主企业将上下游企业连接起来，有利于外界金融机构的信息获取，降低了金融机构和企业间的信息不对称，从而帮助专精特新中小企业减轻融资约束。由于供应链融资链条的封闭性，只能为供应链上的企业提供价值。目前，大多专精特新中小企业限于数字化转型程度较低等因素尚未开拓供应链上下游边界，无法开展供应链金融服务。首先，中小企业数字化服务机构要为专精特新中小企业开拓融入供应链提供全流程数字化服务，拓宽专精特新中小企业的融资渠道；其次，要丰富供应链金融产品，支持专精特新中小企业通过"中征应收账款融资服务平台"进行确权，积极与平台对接；最后，提供更加便利的供应链票据贴现融资，丰富多种保险服务供给。

（2）为专精特新中小企业提供全过程金融服务链。金融服务链是涵盖所有金融模块，细分普惠金融领域的集成化机制。它可细分为供应链金融、互联网金融、绿色金融三个领域。金融服务链发展程度越高，提供的服务越全面，越有利于为专精特新中小企业成长提供融资保障，降低融资成本。

（3）为专精特新中小企业打通全流程的数据链。目前，专精特新中小企业大多缺乏对数据价值的挖掘与应用，仍停留在业务监控等初级数字化阶段，不同部门之间的数据共享程度较低，"数据孤岛"现象普遍存在。数据间的互不相通不仅影响了专精特新中小企业数据的整合和利用，还限制了企业的协同合作与融资发展。应打通专精特新中小企业发展过程中数据链与产业链之间的堵点，以特色数据要素产业园区为载体、以产业链为抓手，发挥"产业大脑"角色，梳理、采集、收集专精特新企业数据，并接入全国一体化大数据平台，以产业链协同促进数据链建设。真正发挥数据作为新质生产力的作用，缓解专精特新中小企业的融资困境。

9.4 专精特新中小企业应对策略

随着数字化时代的不断推进，数字技术的应用成为专精特新中小企业快速成长与发展的重要因素，企业数据资产化已经成为现代企业共同关注的焦点。专精特新中小企业的数字化转型升级是落实国家数字经济和实体经济融合战略的客观要求。根据二维分析框架，结合数据资产化与专精特新中小企业融资约束关系的理论分析和实证检验结果，从以下方面提出专精特新中小企业应对的策略建议。

9.4.1 加强专精特新中小企业数据资产化的基础建设

1. 积极推动数字人才体系建设

（1）建立科学的人才引进和培育体系。数字人才是专精特新中小企业数字化转型的支撑，也为缓解企业融资约束奠定要素基础。在人才引进方面，要持续引进数据分析、数字化技术开发、数字化技术应用等领域的专业人才，建立高层次数字人才的招募绿色通道；同时要加强与职业技术学院、高等院校、科研机构等就不同层次的外部专业人才建立合作关系，引进先进的数字化理念和技能，由此形成内外互补的数字化人才体系。在人才培育方面，企业内部可搭建数字化学习平台，采取线上、线下相结合的方式，不仅提高了自主学习的灵活性，还能够保证各部门员工的全覆盖学习。在该平台上可为不同部门员工量身定制数字人才培训方案，既能提高基层员工的数字意识，又能为数字人才提供实训场景和学习平台。另外，企业内部还要加强对复合型人才的培育，比如大数据会计人才、互联网金融人才等，由此能加强跨部门之间的合作和数据资源共享，提高企业运营效率。

（2）完善人才激励措施，增强数字人才团队黏性。"留得住"数字人才，是人才体系建设中的关键。专精特新中小企业要完善人才激励措施和绩效管理制度，避免出现数字人才水土不服、人才流失的情况。具体来说，除了给予数字人才与岗位、能力相符的薪酬福利待遇之外，还要进行远景规划，为数字人才提供长远的发展空间和完善的晋升机制，在企业内部组建一支稳固的、具备数字化技能和数字思维的团队。

2. 提升企业财务管理数智化水平

数字化转型深刻影响企业内部流程和数据管理，专精特新中小企业财务管理体系需要积极对接数据资源入表的现实需求，积极应对企业数据资产化进程中带来的数据资源管理、智能财务等新的挑战。

（1）基于数据资源管理需求重塑财务管理体系。首先，提升财务管理基本资料的数智化水平，采用智能化手段对财务、税务及决策等业务进行优化。其次，加强与企业数据管理部门及其他部门的信息共享，构建企业级的集中数据仓库，在此基础上共同挖掘企业的数据资源和价值，归集到相应科目。最后，加强对财务人员的数智化培训。既要引进能够准确把握数据资源的认定与分类的智能会计人员，又要加强对现有会计人员的数智化培训，使得企业财务团队具备实时处理数据并识别整合不一致数据的能力，确保企业财务状况的准确性和真实性。

（2）细化数据粒度，丰富信用信息的柔性资料。首先，维护好传统的信息记录，包括基本财务信息、按时还款、稳定信用评级及与供应链上下游合作情况等信息，增强企业在融资市场上的可信度，降低融资成本；其次，加强对过程数据的记录和挖掘，在保证数据安全的前提下对企业日常维护、生产经营等信息进行更加细化准确的记录，为经营决策和融资决策提供过程数据支持。

9.4.2 优化专精特新中小企业数据要素化的内部建设

1. 加强企业内部数字技术应用和数字基础设施建设

专精特新中小企业从"资产驱动型"转向"数据驱动型"，需要加强企业内部数字技术应用并完善数字化基础设施建设，促使数据在企业内有效流转。而数字基础设施的完善能够持续推动专精特新中小企业数字化转型和加速数据资产化进程。对此，专精特新中小企业需要做到以下三点。一是数字化转型程度低的专精特新中小企业应当积极引进智能工位、智能制造产线等数字基础设施入驻企业，充分利用这类数字化设施能够帮助企业降本增效，激活其数字化转型的动力，从而在一定程度上释放数据价值，推动数字经济与实体经济的深度融合。二是数字化转型程度较高的专精特新中小企业要完善企业内部的数字基础设施建设，一方面能促进技术改造和设备更新，加大对新旧动能转换的支撑；另一方面能支持企业上云，打破"信息孤岛"、实现智能营销、智能决策等，从而提升专精特新中小企业各环节的效率。三是加大数字技术应用和数字基础设施建设的人力、财力、物力支持。数字化基础设施建设是一个系统性工程，需要专精特新中小企业通过联合多方力量加强人力、物力、财力的投入力度，也可通过引入第三方渠道进行技术联合开发和设施建设。

2. 建立健全专精特新中小企业内部数据治理制度

良好的内部数据治理是专精特新中小企业作出融资决策的关键驱动力。首先，专精特新中小企业要建立完善的数据治理体系，包括明确数据的来源、定义数据的标准、制定数据的存储和处理流程以及确保数据的合规性和安全性等方面的内容；其次，专精特新中小企业要提高数据处理和分析的能力，可以通过引入先进的数据分析工具和技术来实现，例如大数据分析、人工智能和机器学习等技术；再次，专精特新中小企业要培养一支具备数据处理和分析能力的专业团队，以确保数据的准确性和可靠性；最后，专精特新中小企业还需要加强各业务部门的沟通和协作，数据资产管理并不仅仅是技术部门的工作，更是需要全企业的共同努力。

3. 充分挖掘数据资产的潜在价值

财政部印发《关于加强数据资产管理的指导意见》，为专精特新中小企业加强数据资产全过程管理、充分挖掘数据资产的潜在价值提供了方向。具体来说，专精特新中小企业应该采取以下措施。

（1）全生命周期数据管理，深度挖掘数据价值。开发覆盖数据集成、开发、治理、分析与服务的一站式大数据管理平台，有效识别和利用多源异构数据，推动数据共享、复用和价值创造。嵌入人工智能，根据管理需要自动扩展功能。例如，构建数据标准体系，对数据质量和异常进行实时监控和预警，保证数据的完整度和准确度，提高数据质量。

（2）全场景数据资产运营。数据具有场景依赖性，只有与场景深度融合才能激发数据价值。专精特新中小企业要主动寻求智能算法模型解决具体业务问题，将数据资产转化为可应用于实际场景的数据服务，构建面向研发生产、营销运营、供应链管理、经营分析等多领域的数据应用体系，充分释放数据价值。尤其是借助大模型在快速知识学习、海量数据处理、大规模算力等方面的优势，更好地理解、分析和应用行业数据，实现数据价值的最大化变现。

（3）丰富数据资产产品，拓宽数据资产的使用边界。专精特新中小企业要以数据价值为导向，进一步推进数据资产化。首先，专精特新中小企业可以在产品研发、用户反馈等多个环节开展数据资产定价、交易等数据金融化的实践，发挥数据资产在不同行业的业务与金融价值。其次，专精特新中小企业可以利用数据资产化开发出数据驱动的产品、服务或者解决方案，使专精特新中小企业在市场上更有吸引力，将企业的数据资产化为有形价值以提高企业的估值，充分展示企业数据价值的创造力。

9.4.3　打造专精特新中小企业数据资产化的过程体系

数据资源是促进专精特新中小企业缓解融资约束的关键要素，有必要落实全方位获取数据的制度、积极促进数据资源化、加强数据效果评估和持续改进，推动专精特新中小企业数据资产化顺利开展。结合理论分析和实证研究，从以下四个方面提出对策建议。

（1）全方位获取数据资源。数据资源缓解专精特新中小企业融资约束的前提就是全流程多维度采集数据。在数据采集层面，专精特新中小企业可以在生产经营的整个过程中，通过物联网等技术采集信息，打通不同媒体渠道的数据触点，实现动态全域数据采集和统一管理。在数据来源层面，一方面，专精特新企业要注重企业内部数据的获取，主要包括研发阶段、生产销售阶段、售后服务阶段等，以及多流程融合生成数据，确保覆盖企业内部的全部业务流程；另一方面，是利益关联方的数据，涉及下游企业、上游供应商等多方数据。

（2）积极促进数据资源化。专精特新中小企业应积极促进原始数据向数据资源的过程转变，缓解专精特新中小企业的融资约束。但目前我国只有少部分企业重视大数据在决策方面的应用，多数企业管理人员还未真正认识到大数据的价值。首先，专精特新中小企业管理人员要主动了解大数据，认识大数据的价值，重视大数据在决策方面的应用；其次，企业管理者要提高数据意识能力和具有敏锐的洞察力，在海量的数据中挖掘出具有可实用价值的数据，就可能为企业成长提供有效的战略支持。企业要从贯彻管理者数据意识、建立数据管理部门做起，将数据管理融入企业文化，从而达到提升数据意识能力的效果。具体来说，企业可以加强平台建设，将平台建设的重点着眼于数据资源治理和业务化转换数据开发与治理。

（3）建立数据资产价值评估体系。数据资产化是一个持续化的过程，专精特新中小企业需要定期评估其效果，并根据评估结果进行持续改进，专精特新中小企业应持续收集关键数据衡量数据资产价值，建立一套全企业统一的数据资产价值衡量机制。首先，要对企业内部数字化转型、数据应用建设领域投入与回报进行客观衡量，同时要深入生产环节、售后服务、客户反馈等全方位的数据收集，为数据资产价值评估做好前期准备；其次，实时跟进业界对数据资产价值的探索，使用一致的、公允的估值方法去评估数据资产价值，为数据资产价值评估提供可靠依据；再次，完善数据资产价值评价体系，搭建成熟的数据管理架构和数据应用场景；最后，加强跨业务单元、跨部门、跨组织层级甚至跨企业和行业的协作和沟通。

（4）强化数据风险管理。数据资产化虽然带来了巨大的机遇，但也存在一些风险和挑战，专精特新中小企业应强化数据风险管理。首先，做好数据风险管理的顶层设计。从制度层面确定数据风险管理的战略，确定需要解决的风险问题，制定相应目标和管理策略，对现有数据资源进行梳理。其次，优化数据处理和风险识别。结合企业数据应用场景，优化数据处理流程，明确数据处理的方法，充分识别不同业务条线和场景中的数据处理风险。再次，数据安全风险评估。主要是获得管理层对数据安全风险管理的支持、明确数据安全风险管理的内在需求和外在合规要求，对风险处置结果进行确认。最后，将数据安全风险监督贯穿数据安全风险管理始终。采取一定管理手段、技术手段、运营手段，对数据安全风险进行安全监督和监测，监测数据安全风险的状况，并可以通过进行外部第三方认证的形式，来获得对数据安全风险管理工作的认可，以保证风险识别和风险处置的准确性和有效性。

参 考 文 献

［1］白钦先．金融结构、金融功能演进与金融发展理论的研究历程［J］．经济评论，2005（3）：39－45．

［2］鲍长生．供应链金融对中小企业融资的缓解效应研究［J］．华东经济管理，2020，34（12）：91－98．

［3］曹虹剑，等．创新政策与"专精特新"中小企业创新质量［J］．中国工业经济，2022（11）：135－154．

［4］曹硕，等．数据要素证券化路径研究——基于DAITs模式的探讨［J］．证券市场导报，2021（10）：44－51．

［5］陈德球，胡晴．数字经济时代下的公司治理研究：范式创新与实践前沿［J］．管理世界，2022，38（6）：213－240．

［6］陈国青，等．数智赋能：信息系统研究的新跃迁［J］．管理世界，2022，38（1）：180－196．

［7］陈慧芳．基于交易成本理论探讨供应链企业间的信息共享问题［J］．科技信息（学术研究），2007（31）：411－412．

［8］陈剑，等．从赋能到使能——数字化环境下的企业运营管理［J］．管理世界，2020，36（2）：117－128，222．

［9］陈金勇，等．"专精特新"认定政策与中小企业技术创新［J］．科研管理，2024，45（3）：20－30．

［10］陈书晴，等．数据要素与多元市场主体融合机制研究［J］．信息通信技术与政策，2022（1）：2－10．

［11］陈天祥，等．双向激活：基层治理中的数字赋能——"越秀越有数"数字政府建设的经验启示［J］．华南师范大学学报（社会科学版），2021（4）：87－100，206－207．

[12] 陈万钦. 数字经济理论和政策体系研究 [J]. 经济与管理, 2020, 34 (6): 6-13.

[13] 陈晓红, 等. 数字经济理论体系与研究展望 [J]. 管理世界, 2022, 38 (2): 208-224, 13-16.

[14] 陈悦, 等. CiteSpace 知识图谱的方法论功能 [J]. 科学学研究, 2015, 33 (2): 242-253.

[15] 池昭梅. 我国中小企业成长周期融资结构分析 [J]. 财会研究, 2007 (7): 42-43.

[16] 邓可斌, 曾海舰. 中国企业的融资约束: 特征现象与成因检验 [J]. 经济研究, 2014, 49 (2): 47-60, 140.

[17] 翟玲玲, 吴育辉. 信用评级的融资与监督效应——来自企业并购的证据 [J]. 南开管理评论, 2021, 24 (1): 27-38, 45-47.

[18] 翟运开, 等. 医疗健康大数据资产价值实现路径分析——基于信息生态系统理论 [J]. 技术经济, 2023, 42 (11): 178-190.

[19] 董志勇, 等. 乡村振兴背景下数字金融发展的关键问题与路径选择 [J]. 农村金融研究, 2021 (11): 38-43.

[20] 董志勇, 李成明. "专精特新" 中小企业高质量发展态势与路径选择 [J]. 改革, 2021 (10): 1-11.

[21] 房国忠, 等. 供应链集中度对企业违约风险的影响研究 [J]. 工业技术经济, 2023, 42 (9): 102-110.

[22] 高怀, 徐二明. 企业演化理论及其启示 [J]. 东北大学学报 (社会科学版), 2004 (4): 270-272.

[23] 高瑜, 等. 金融科技与技术创新路径——基于绿色转型的视角 [J]. 中国工业经济, 2024 (2): 80-98.

[24] 龚明华. 当代金融发展理论: 演进及前沿 [J]. 国际金融研究, 2004 (4): 4-11.

[25] 谷佩云, 何海蓉. 政府补贴、融资约束与绿色创新 [J]. 现代商业, 2023 (23): 116-119.

[26] 顾雷雷, 等. 企业社会责任、融资约束与企业金融化 [J]. 金融研究, 2020 (2): 109-127.

［27］管考磊，张蕊. 企业声誉与盈余管理：有效契约观还是寻租观
［J］. 会计研究，2019（1）：59 – 64.

［28］郭景先. 基于交易成本理论的企业纵向并购行为研究［J］. 财会
通讯，2010（2）：11 – 12.

［29］郭明军，等. 协同创新视角下数据价值的构建及量化分析［J］.
情报理论与实践，2020，43（7）：63 – 68，87.

［30］韩洪灵，等. 技术进步与就业增长并存？——基于专精特新"小
巨人"企业认定政策的研究［J］. 科学学研究，2024（1）：1 – 19.

［31］韩晶，等. 数字经济赋能绿色发展的现实挑战与路径选择［J］.
改革，2022（9）：11 – 23.

［32］何伟. 激发数据要素价值的机制、问题和对策［J］. 信息通信技
术与政策，2020（6）：4 – 7.

［33］侯彦英. 数据资产会计确认与要素市场化配置［J］. 会计之友，
2021（17）：2 – 8.

［34］胡山，余泳泽. 数字经济与企业创新：突破性创新还是渐进性创
新？［J］. 财经问题研究，2022（1）：42 – 51.

［35］胡伟. 企业数据资源资产化：理论机制、实践基础与政策选择
［J］. 财会通讯，2024（3）：13 – 19，157.

［36］黄萃，等. 政策工具视角的中国风能政策文本量化研究［J］. 科
学学研究，2011，29（6）：876 – 882，889.

［37］黄凯南. 演化博弈与演化经济学［J］. 经济研究，2009，44
（2）：132 – 145.

［38］黄乐，等. 大数据时代下平台数据资产价值研究［J］. 福州大学
学报（哲学社会科学版），2018，32（4）：50 – 54.

［39］黄丽华，等. 关于构建全国统一的数据资产登记体系的思考［J］.
中国科学院院刊，2022，37（10）：1426 – 1434.

［40］黄丽华，等. 企业数字化转型和管理：研究框架与展望［J］. 管
理科学学报，2021，24（8）：26 – 35.

［41］黄倩倩，等. 超大规模数据要素市场体系下数据价格生成机制研
究［J］. 电子政务，2022（2）：21 – 30.

［42］黄哲，等．中国资本市场开放与机构投资者羊群行为［J］．投资研究，2023，42（8）：4－29.

［43］吉利，陶存杰．供应链合作伙伴可以提高企业创新业绩吗？——基于供应商、客户集中度的分析［J］．中南财经政法大学学报，2019（1）：38－46，65，159.

［44］贾洪文，程星．政府税收优惠对企业创新的影响研究——基于融资约束视角［J］．税务与经济，2022（4）：10－18.

［45］简帅，等．草原数据资产管理的内在机理与路径研究［J］．草地学报，2023，31（12）：3569－3574.

［46］姜忠辉，等．跨组织协同如何影响专精特新企业成长？——基于资源依赖理论的案例研究［J］．经济管理，2024（2）：1－19.

［47］蒋园园，吴琰琰．审计质量、企业声誉与企业高质量发展［J］．科学决策，2023（8）：98－112.

［48］鞠晓生，等．融资约束、营运资本管理与企业创新可持续性［J］．经济研究，2013，48（1）：4－16.

［49］雷小乔，张芳．基于收益现值法的数据资产估价问题研究［J］．统计与信息论坛，2023，38（5）：3－13.

［50］李宾，等．数字金融、融资约束与企业对外直接投资［J］．财务研究，2023（1）：85－97.

［51］李波，程悦．实际控制人市场声誉能否成为融资约束的缓解器？——来自民营中小企业上市公司的经验证据［J］．管理评论，2021，33（2）：55－67.

［52］李春秋，李然辉．基于业务计划和收益的数据资产价值评估研究——以某独角兽公司数据资产价值评估为例［J］．中国资产评估，2020（10）：18－23.

［53］李国良，等．NFT在城市政务数据确权中的应用［J］．微型电脑应用，2023，39（3）：186－189.

［54］李海舰，赵丽．数据成为生产要素：特征、机制与价值形态演进［J］．上海经济研究，2021（8）：48－59.

［55］李红祥，吴佳坤．数据技术、数据资产与数据价值——大数据时

代传统出版业的三重变奏 [J]. 科技与出版, 2016 (8): 111 - 114.

[56] 李宏寅. 企业数字化转型能抑制股价崩盘风险吗? [J]. 财经论丛, 2023 (7): 58 - 67.

[57] 李健, 等. 数据资产对企业创新投入的影响研究 [J]. 外国经济与管理, 2023, 45 (12): 18 - 33.

[58] 李健, 等. 数字化转型能破解企业融资约束吗? ——商业信用融资视角 [J]. 现代财经 (天津财经大学学报), 2023, 43 (7): 21 - 37.

[59] 李江, 等. 用文献计量研究重塑政策文本数据分析——政策文献计量的起源、迁移与方法创新 [J]. 公共管理学报, 2015, 12 (2): 138 - 144.

[60] 李静萍. 数据资产核算研究 [J]. 统计研究, 2020, 37 (11): 3 - 14.

[61] 李琳, 等. 会计演化逻辑与发展趋势探究——基于数据、算法与算力的解析 [J]. 会计研究, 2021 (7): 3 - 16.

[62] 李巧莎. 基于金融成长周期理论的科技型中小企业融资问题研究 [J]. 科技管理研究, 2013, 33 (10): 243 - 245, 250.

[63] 李晓华, 王怡帆. 数据价值链与价值创造机制研究 [J]. 经济纵横, 2020 (11): 54 - 62, 2.

[64] 李晓华. 制造业数字化转型与价值创造能力提升 [J]. 改革, 2022 (11): 24 - 36.

[65] 李新, 程会强. 基于交易成本理论的森林碳汇交易研究 [J]. 林业经济问题, 2009, 29 (3): 269 - 273.

[66] 李雅雄, 倪杉. 数据资产的会计确认与计量研究 [J]. 湖南财政经济学院学报, 2017, 33 (4): 82 - 90.

[67] 李志赟. 银行结构与中小企业融资 [J]. 经济研究, 2002 (6): 38 - 45, 94.

[68] 梁榜, 张建华. 中国普惠金融创新能否缓解中小企业的融资约束 [J]. 中国科技论坛, 2018 (11): 94 - 105.

[69] 梁微, 葛宏翔. 员工福利、融资约束与现金持有——基于中国资本市场的经验证据 [J]. 管理现代化, 2023, 43 (4): 91 - 103.

[70] 廖红伟，杨良平．国有企业改革中的员工持股制度分析——基于交易成本理论的视角 [J]．江汉论坛，2017 (9)：24 – 29.

[71] 林毅夫，李永军．中小金融机构发展与中小企业融资 [J]．经济研究，2001 (1)：57 – 66.

[72] 刘冲，郭峰．官员任期、中央金融监管与地方银行信贷风险 [J]．财贸经济，2017，38 (4)：86 – 100.

[73] 刘传明，等．数据要素集聚对科技创新的影响研究——基于大数据综合试验区的准自然实验 [J]．上海财经大学学报，2023，25 (5)：107 – 121.

[74] 刘德胜，等．数据赋能中小企业创新：理论机理与效应测度 [M]．北京：中国经济出版社，2024.

[75] 刘莉，杨宏睿．数字金融、融资约束与中小企业科技创新——基于新三板数据的实证研究 [J]．华东经济管理，2022，36 (5)：15 – 23.

[76] 刘小元，李永壮．董事会、资源约束与创新环境影响下的创业企业研发强度——来自创业板企业的证据 [J]．软科学，2012 (6)：99 – 104.

[77] 刘笑，等．专精特新中小企业投资吸引力的研究——基于 fsQCA 方法的组态效应研究 [J]．中国集体经济，2023 (23)：75 – 81.

[78] 刘战伟，张世新．基于交易成本理论的企业营销渠道优化 [J]．商业时代，2007 (32)：23 – 24.

[79] 龙卫球．数据新型财产权构建及其体系研究 [J]．政法论坛，2017，35 (4)：63 – 77.

[80] 陆岷峰，欧阳文杰．关于新时期数据资产要素市场化的目标、原则及路径的研究——以商业银行数据资产为例 [J]．新疆社会科学，2023 (5)：43 – 56.

[81] 陆岷峰．数字人民币在数据要素市场化配置中的作用与前景 [J]．西南金融，2024 (2)：16 – 26.

[82] 陆蓉，孙欣钰．机构投资者概念股偏好与股市泡沫骑乘 [J]．中国工业经济，2021 (3)：174 – 192.

[83] 路征，等．数据资产与企业发展——来自中国上市公司的经验证据 [J]．产业经济研究，2023 (4)：128 – 142.

［84］陆兴凤，曹翠珍．利益相关者视角下的企业财务大数据治理［J］．财会月刊，2022（1）：39－47．

［85］逯东，等．会计信息与资源配置效率研究述评［J］．会计研究，2012（6）：19－24，92．

［86］罗斌元，陈艳霞．数智化如何赋能经济高质量发展——兼论营商环境的调节作用［J］．科技进步与对策，2022，39（5）：61－71．

［87］罗斌元，王芳铃．减税降费驱动经济高质量发展的机理和路径研究［J］．财政监督，2021（20）：72－78．

［88］罗福凯，等．"专精特新"战略、家族涉入与技术创新［J］．科技进步与对策，2023，40（16）：130－141．

［89］罗玫，等．企业数据资产化：会计确认与价值评估［J］．清华大学学报（哲学社会科学版），2023，38（5）：195－209，226．

［90］罗兴，等．中小企业数字化转型、供应链金融发展与融资约束缓解［J］．武汉金融，2023（11）：54－62．

［91］马如飞．企业研发组织模式选择——基于交易成本理论和资源基础理论的实证检验［J］．科学学与科学技术管理，2011，32（1）：152－158．

［92］马治国，张楠．区块链赋能数据资产证券化及其法律治理［J］．深圳大学学报（人文社会科学版），2023，40（3）：114－124．

［93］毛基业，陈诚．案例研究的理论构建：艾森哈特的新洞见——第十届"中国企业管理案例与质性研究论坛（2016）"会议综述［J］．管理世界，2017（2）：135－141．

［94］毛锐，等．地方政府债务扩张与系统性金融风险的触发机制［J］．中国工业经济，2018（4）：19－38．

［95］米军，等．金融发展理论研究进展述评［J］．国外社会科学，2012（6）：94－100．

［96］穆勇，等．我国数据资源资产化管理现状、问题及对策研究［J］．电子政务，2017（2）：66－74．

［97］聂秀华，吴青．数字金融对中小企业技术创新的驱动效应研究［J］．华东经济管理，2021，35（3）：42－53．

[98] 欧阳日辉，杜青青. 数据估值定价的方法与评估指标 [J]. 数字图书馆论坛，2022 (10)：21-27.

[99] 欧阳日辉. 数据资产的金融属性及其实现路径 [J]. 科技中国，2023 (11)：32-36.

[100] 潘红波，杨海霞. 竞争者融资约束对企业并购行为的影响研究 [J]. 中国工业经济，2022 (7)：159-177.

[101] 潘家栋，肖文. 新型生产要素：数据的生成条件及运行机制研究 [J]. 浙江大学学报 (人文社会科学版)，2022，52 (7)：5-15.

[102] 裴长洪，等. 数字经济的政治经济学分析 [J]. 财贸经济，2018，39 (9)：5-22.

[103] 彭桃英，谭雪. 信息披露、审计意见与上市公司融资约束——来自深圳 A 股市场的经验证据 [J]. 系统工程，2013，31 (3)：34-40.

[104] 彭真善，宋德勇. 交易成本理论的现实意义 [J]. 财经理论与实践，2006 (4)：15-18.

[105] 齐亚博. 供应链金融缓解中小企业融资约束问题研究 [J]. 商展经济，2024 (1)：170-173.

[106] 乔小明. 中小企业融资约束分析——以东西部中小企业为分析样本 [J]. 中国商论，2016 (17)：70-73，75.

[107] 秦文晋，刘鑫鹏. 网络基础设施建设对数字经济发展的影响研究——基于"宽带中国"试点政策的准自然实验 [J]. 经济问题探索，2022 (3)：15-30.

[108] 任缙，等. 数字普惠金融与中小企业"专精特新"发展——效应分析及机制检验 [J]. 软科学，2024，38 (4)：22-29.

[109] 沈小波，等. 技术进步和产业结构扭曲对中国能源强度的影响 [J]. 经济研究，2021，56 (2)：157-173.

[110] 盛虎，等. 地方政府债务、银行业结构与中小企业融资约束 [J]. 金融与经济，2020 (4)：4-10.

[111] 帅萍，葛莉萍. 交易成本理论下的企业文化模型分析 [J]. 中国工业经济，2004 (8)：68-74.

[112] 苏亚民，毕妍. 数字普惠金融、债务融资与中小企业融资约束

[J].财会通讯，2023（1）：81-86.

[113] 孙佳，吴小萌.专精特新政策对企业绩效的微观影响机理——基于资金支持和创新激励的双重作用 [J].中国科技论坛，2024（2）：71-81.

[114] 孙俐丽，袁勤俭.数据资产管理视域下电子商务数据质量评价指标体系研究 [J].现代情报，2019，39（11）：90-97.

[115] 孙颖，陈思霞.数据资产与科技服务企业高质量发展——基于"宽带中国"准自然实验的研究 [J].武汉大学学报（哲学社会科学版），2021，74（5）：132-147.

[116] 汤谷良.财务管理如何赋能企业数字化转型——基于国家电网财务部推出的十大数字化应用场景案例的思考 [J].财务与会计，2021（20）：7-12.

[117] 唐松，等.金融科技与企业数字化转型——基于企业生命周期视角 [J].财经科学，2022（2）：17-32.

[118] 唐艳.交易成本理论在价值链成本管理中的应用 [J].财会月刊，2015（34）：7-9.

[119] 唐跃军.供应商、经销商议价能力与公司业绩——来自2005—2007年中国制造业上市公司的经验证据 [J].中国工业经济，2009（10）：67-76.

[120] 田国强，赵旭霞.金融体系效率与地方政府债务的联动影响——民企融资难融资贵的一个双重分析视角 [J].经济研究，2019，54（8）：4-20.

[121] 涂子沛.大数据 [M].桂林：广西师范大学出版社，2012.

[122] 汪文张，李筱涵.数据资产化的理论基础及实现形式研究 [J].当代经济研究，2022（12）：40-50.

[123] 汪旭晖，张其林.平台型网络市场中的"柠檬问题"形成机理与治理机制——基于阿里巴巴的案例研究 [J].中国软科学，2017（10）：31-52.

[124] 王海花，等.我国国家级专精特新"小巨人"企业科技创新效率评价及其分五大城市群的创新效率对比 [J].科技管理研究，2023，43

(20)：65－74.

[125] 王敬勇，等．数字化转型与企业融资约束——基于中小企业上市公司的经验证据 [J].科学决策，2022（11）：1－23.

[126] 王立明．价值链数字化、创新资源配置与企业融资约束 [J].经济问题，2023（4）：45－52.

[127] 王睿，等．高管金融背景、融资约束与企业创新 [J].统计与决策，2023，39（16）：184－188.

[128] 王维安．金融结构：理论与实证 [J].浙江大学学报（人文社会科学版），2000（1）：135－142.

[129] 王卫，等．国内外大数据交易平台调研分析 [J].情报杂志，2019，38（2）：181－186，194.

[130] 王勇，等．数据资产赋能统计现代化研究 [J].统计与信息论坛，2023，38（6）：3－18.

[131] 王雨平．"专精特新"上市公司融资扶持政策及优化建议 [J].会计之友，2023（14）：60－67.

[132] 王正文，等．全面风险管理与企业融资约束 [J].经济评论，2023（5）：144－164.

[133] 王志涛．虚拟企业：一种基于交易成本理论的分析 [J].南开管理评论，2004（6）：84－88.

[134] 卫世如，等．数字经济、信息不对称与融资约束——基于数字型中小企业的实证研究 [J].江苏商论，2023（12）：86－91，102.

[135] 卫武，徐和衍．政策工具视角下我国众创空间政策文本分析 [J].科研管理，2024，45（2）：39－49.

[136] 魏志华，等．金融生态环境与企业融资约束——基于中国上市公司的实证研究 [J].会计研究，2014（5）：73－80，95.

[137] 温忠麟，等．中介效应检验程序及其应用 [J].心理学报，2004（5）：614－620.

[138] 巫强，姚雨秀．企业数字化转型与供应链配置：集中化还是多元化 [J].中国工业经济，2023（8）：99－117.

[139] 吴非，等．企业数字化转型与资本市场表现——来自股票流动

性的经验证据［J］. 管理世界，2021，37（7）：130 - 144，10.

［140］吴杨. 大数据政策文本与现实的偏差及完善路径研究［J］. 公共管理学报，2020，17（1）：31 - 46，169 - 170.

［141］伍中信，等. 专精特新政策会促进中小企业高质量发展吗？——来自全要素生产率的证据［J］. 中南大学学报（社会科学版），2023，29（3）：129 - 140.

［142］夏诗园，尹振涛. 数字经济下金融数据风险及治理研究［J］. 电子政务，2022（7）：57 - 66.

［143］向书坚，等. 政府数据资产核算若干理论问题研究［J］. 统计研究，2023，40（8）：18 - 31.

［144］肖昂，邬瑜骏. 数据资产与企业全要素生产率［J］. 金融与经济，2024（8）：37 - 47，72.

［145］肖枫，任驰. 基于区块链技术的交通大数据供应链体系［J］. 中国交通信息化，2023（1）：79 - 82.

［146］谢赤，李蔚莹. 企业改善 ESG 表现能降低财务风险吗？——来自中国上市公司的经验证据［J］. 湖南大学学报（社会科学版），2023，37（2）：51 - 58.

［147］谢康，等. 大数据成为现实生产要素的企业实现机制：产品创新视角［J］. 中国工业经济，2020（5）：42 - 60.

［148］辛清泉，等. 公司透明度与股价波动性［J］. 金融研究，2014（10）：193 - 206.

［149］徐涛，等. 企业数据资产化实践探索与理论模型构建［J］. 外国经济与管理，2022，44（6）：3 - 17.

［150］徐翔，赵墨非. 数据资本与经济增长路径［J］. 经济研究，2020，55（10）：38 - 54.

［151］徐宗本，等. 大数据驱动的管理与决策前沿课题［J］. 管理世界，2014（11）：158 - 163.

［152］徐宗本，等. "数据科学与大数据的科学原理及发展前景"——香山科学会议第 462 次学术讨论会专家发言摘登香山科学会议第次学术讨论会专家发言摘登［J］. 科技促进发展，2014（1）：66 - 75.

[153] 许端端, 罗焰. 融资约束、管理层能力与盈余管理的关系研究 [J]. 投资与合作, 2023 (11): 130 – 132.

[154] 许宪春, 等. 数据资产统计与核算问题研究 [J]. 管理世界, 2022, 38 (2): 16 – 30, 2.

[155] 严鸿雁, 等. 知识产权融资政策量化分析及效应评价 [J]. 中国软科学, 2024 (S1): 309 – 317.

[156] 严鹏, 等. 我国数据要素资产化价值评估研究——基于机器学习的探索性分析 [J]. 价格理论与实践, 2023 (10): 26 – 31.

[157] 姚耀军, 董钢锋. 中小企业融资约束缓解: 金融发展水平重要抑或金融结构重要? ——来自中小企业板上市公司的经验证据 [J]. 金融研究, 2015 (4): 148 – 161.

[158] 叶秀敏, 姜奇平. 生产要素供给新方式: 数据资产有偿共享机理研究 [J]. 财经问题研究, 2021 (12): 29 – 38.

[159] 衣昭颖, 等. 高质量客户信息能够缓解企业融资约束吗? ——基于供应链信息传递的视角 [J]. 世界经济文汇, 2023 (5): 68 – 85.

[160] 尹传儒, 等. 数据资产价值评估与定价: 研究综述和展望 [J]. 大数据, 2021, 7 (4): 14 – 27.

[161] 尹美群, 等. 高管激励、创新投入与公司绩效——基于内生性视角的分行业实证研究 [J]. 南开管理评论, 2018, 21 (1): 109 – 117.

[162] 于蔚, 等. 政治关联和融资约束: 信息效应与资源效应 [J]. 经济研究, 2012, 47 (9): 125 – 139.

[163] 于欣晔, 冯永琦. 货币政策、融资约束与实体企业融资 [J]. 国际金融研究, 2023 (12): 83 – 93.

[164] 于英香, 等. 大数据时代档案数据生态运行探析 [J]. 情报科学, 2024 (4) 1 – 16.

[165] 余泳泽, 胡山. 中国经济高质量发展的现实困境与基本路径: 文献综述 [J]. 宏观质量研究, 2018, 6 (4): 1 – 17.

[166] 俞林, 等. 推进数据要素市场化配置促进经济高质量发展 [J]. 宏观经济管理, 2021 (10): 48 – 54.

[167] 袁淳, 盛誉. 税收优惠政策与企业纵向一体化——来自 "加速

折旧政策"的准自然实验证据［J］. 吉林大学社会科学学报，2021，61
（6）：116－126，233.

［168］苑秀娥，尚静静. 价值创造视角下互联网企业数据资产估值研
究［J］. 会计之友，2024（6）：59－67.

［169］苑泽明，等. 数据资产信息披露、机构投资者异质性与企业价
值［J］. 现代财经（天津财经大学学报），2022，42（11）：32－47.

［170］张丰合，吴铁. 共同体视域下 NFT 数字藏品本土化发展的价值
探讨［J］. 东南传播，2022（12）：124－126.

［171］张红伟，等. 数字经济与中小企业生存：促进或抑制？［J］. 证
券市场导报，2024（1）：3－15.

［172］张嘉伟，等. 数字经济能否缓解管理层短视行为？——来自真
实盈余管理的经验证据［J］. 经济管理，2022，44（1）：122－139.

［173］张建伟. 非效率投资与企业违约风险［J］. 投资研究，2023，42
（9）：130－144.

［174］张军红，马明. "配套专家"要名副其实［J］. 经济，2023（4）：
82－85.

［175］张俊瑞，等. 企业数据资产的会计处理及信息列报研究［J］. 会
计与经济研究，2020，34（3）：3－15.

［176］张俊瑞，李文婷. 客户集中度与数据资产信息披露——基于文
本分析的经验证据［J］. 财会月刊，2023，44（7）：3－10.

［177］张矿伟，等. 数字化转型对高技术产业创新的影响机制与效应
研究［J］. 统计研究，2023，40（10）：96－108.

［178］张雷，盛天翔. 小微企业数字化转型与融资约束：理论机制与
经验事实［J］. 兰州学刊，2022（11）：142－160.

［179］张瑞琛，等. 税收优惠对高新技术企业融资约束的影响研究
［J］. 税务研究，2022（6）：102－110.

［180］张伟斌，刘可. 供应链金融发展能降低中小企业融资约束
吗？——基于中小上市公司的实证分析［J］. 经济科学，2012（3）：108－
118.

［181］张夏恒，刘彩霞. 数据要素推进新质生产力实现的内在机制与

路径研究 [J]. 产业经济评论, 2024 (3): 171-184.

[182] 张璇, 等. 信贷寻租、融资约束与企业创新 [J]. 经济研究, 2017, 52 (5): 161-174.

[183] 章昌平, 钱杨杨. 中国科技政策网络分析: 行动者、网络结构与网络互动 [J]. 社会科学, 2020 (2): 3-17.

[184] 赵宸宇, 等. 数字化转型如何影响企业全要素生产率 [J]. 财贸经济, 2021 (7): 114-129.

[185] 赵丽, 李杰. 大数据资产定价研究——基于讨价还价模型的分析 [J]. 价格理论与实践, 2020 (8): 124-127, 178.

[186] 赵丽芳, 等. 企业数据资产创造价值的底层逻辑问题研究 [J]. 会计之友, 2024 (6): 51-58.

[187] 甄红线, 王谨乐. 机构投资者能够缓解融资约束吗?——基于现金价值的视角 [J]. 会计研究, 2016 (12): 51-57, 96.

[188] 郑超愚, 孟祥慧. 企业声誉、市场竞争与商业信用融资——基于中国上市公司的经验考察 [J]. 东岳论丛, 2021, 42 (1): 98-106, 191-192.

[189] 郑国强, 等. 数据要素市场化如何驱动企业数字化转型? [J]. 产业经济研究, 2023 (2): 56-68.

[190] 郑磊. 通证数字经济实现路径: 产业数字化与数据资产化 [J]. 财经问题研究, 2020 (5): 48-55.

[191] 郑世林, 杨梦俊. 中国省际无形资本存量估算: 2000~2016 年 [J]. 管理世界, 2020, 36 (9): 67-81, 110, 82.

[192] 中国人民银行2023年党校秋季班课题组, 黄涛. 金融支持"专精特新"企业发展调查 [J]. 中国金融, 2024 (2): 94-96.

[193] 周卉, 等. 供应链金融与企业融资约束: 效果、作用机理及调节因素 [J]. 商业研究, 2017 (9): 163-169.

[194] 周立华, 等. 演化与企业演化机制的探析 [J]. 长春工业大学学报 (社会科学版), 2013, 25 (6): 23-26.

[195] 周莉萍. 金融结构理论: 演变与述评 [J]. 经济学家, 2017 (3): 79-89.

［196］周鹏，等．数字技术创新的价值——基于并购视角和机器学习方法的分析［J］．中国工业经济，2024（2）：137－154.

［197］周炜．大数据视域下高校数据治理优化路径研究［J］．教育发展研究，2021，41（9）：78－84.

［198］周先平，等．集团财务公司对企业融资约束的影响研究［J］．当代财经，2023（8）：70－82.

［199］周羽中，王黎明．数字时代商业银行对科创型企业全生命周期金融服务创新研究［J］．当代经济管理，2022，44（9）：91－96.

［200］朱武祥，等．疫情冲击下中小微企业困境与政策效率提升——基于两次全国问卷调查的分析［J］．管理世界，2020，36（4）：13－26.

［201］朱娆琴，王宣童．数字经济背景下数据资产评估研究述评与展望［J］．财会月刊，2023，44（6）：78－84.

［202］朱秀梅，等．数据价值化：研究评述与展望［J］．外国经济与管理，2023，45（12）：3－17.

［203］朱扬勇，叶雅珍．从数据的属性看数据资产［J］．大数据，2018，4（6）：65－76.

［204］邹颖，等．大数据应用与实体企业金融化困境：基于双重委托代理理论［J］．金融评论，2023，15（3）：47－78，125－126.

［205］颜军梅，等．基于生命周期的科技型中小企业金融支持研究［J］．财会通讯，2019（17）：14－16.

［206］Ackoff R L. From data to wisdom［J］. *Journal of Applied Systems Analysis*，1989，16（1）：3－9.

［207］Becchetti L，et al. Investment-cash flow sensitivities，credit rationing and financing constraints in small and medium-sized firms［J］. *Small Business Economics*，2010（35）：467－497.

［208］Begenau J，et al. Big data in finance and the growth of large firms［J］. *Journal of Monetary Economics*，2018（97）：71－87.

［209］Berger A N，Udell G F. The economics of small business finance：The roles of private equity and debt markets in the financial growth cycle［J］. *Journal of Banking & Finance*，1998，22（6－8）：613－673.

［210］Bester H. The role of collateral in credit markets with imperfect information ［J］. *European Economic Review*, 1987, 31 (4): 887 – 899.

［211］Chen H, Yoon S S. Does technology innovation in finance alleviate financing constraints and reduce debt-financing costs? Evidence from China ［J］. *Asia Pacific Business Review*, 2022, 28 (4): 467 – 492.

［212］Claessens S, et al. The separation of ownership and control in East Asian corporations ［J］. *Journal of Financial Economics*, 2000, 58 (1 – 2): 81 – 112.

［213］Coase R H. The nature of the firm ［J］. *Economica*, 1937, 4 (16): 386 – 405.

［214］Eisenhardt K M. Building theories from case study research ［J］. *Academy of Management review*, 1989, 14 (4): 532 – 550.

［215］Farahani R Z, et al. Competitive supply chain network design: An overview of classifications, models, solution techniques and applications ［J］. *Omega*, 2014 (45): 92 – 118.

［216］Fazzari S M, et al. Financing constraints and corporate investment ［J］. *Brookings Papers on Economic Activity*, 1988 (1): 141 – 195.

［217］GanL, Xia X. SME financing with a combination contract of investment and guarantee ［J］. *Finance Research Letters*, 2022, 50: 103320.

［218］Gelsomino L M, et al. Supply chain finance: a literature review ［J］. *International Journal of Physical Distribution & Logistics Management*, 2016, 46 (4): 348 – 366.

［219］George A Akerlof. The market for lemons: Quality uncertainty and the market mechanism ［J］. *The Quarterly Journal of Economics*, 1970, 84 (3): 488 – 500.

［220］Gertler M, Kiyotaki N. Banking, liquidity, and bank runs in an infinite horizon economy ［J］. *American Economic Review*, 2015, 105 (7): 2011 – 2043.

［221］Goldsmith R W. *Comparative National Balance Sheets: A Study of Twenty Countries* ［M］. Chicago: University of Chicago Press, 1985.

[222] Gryglewicz S, et al. Optimal financing with tokens [J]. *Journal of Financial Economics*, 2021, 142 (3): 1038 – 1067.

[223] Gulati R, Higgins M C. Which ties matter when? The contingent effects of interorganizational partnerships on IPO success [J]. *Strategic Management Journal*, 2003, 24 (2): 127 – 144.

[224] Guo L, et al. Incentives, penalties, and digital transformation of enterprises: evidence from China [J]. *Environmental Science and Pollution Research*, 2023, 30 (43): 97426 – 97446.

[225] Gurley J G, Shaw E S. Financial structure and economic development [J]. *Economic Development and Cultural Change*, 1967, 15 (3): 257 – 268.

[226] Guzman M G. Bank structure, capital accumulation and growth: a simple macroeconomic model [J]. *Economic Theory*, 2000 (16): 421 – 455.

[227] Hadlock C J, Pierce J R. New evidence on measuring financial constraints: Moving beyond the KZ index [J]. *The Review of Financial Studies*, 2010, 23 (5): 1909 – 1940.

[228] Hausman J A. Specification Tests in Econometrics [J]. *Econometrica*, 1978 (46): 1251 – 1271.

[229] Hyytinen A, Pajarinen M. Is the cost of debt capital higher for younger firms? [J]. *Scottish Journal of Political Economy*, 2007, 54 (1): 55 – 71.

[230] Innes, R. Financial Contracting under Risk Neutrality, Limited Liability and Ex Ante Asymmetric Information [J]. *Economica*, 1993, 60 (237): 27 – 40.

[231] Jin M, et al. Financial constraints and firm productivity: Evidence from Chinese manufacturing [J]. *European Journal of Operational Research*, 2019, 275 (3): 1139 – 1156.

[232] Kauffman S A. *Investigations* [M]. Oxford: Oxford University Press, 2000.

[233] Kolbe R H, Burnett M S. Content – Analysis Research: An Examination of Applications with Directives for Improving Research Reliability and Objectivity [J]. *Journal of Consumer Research*, 1991, 18 (2): 243 – 250.

[234] Krippendorff K. *Content analysis*: *An Introduction to its Methodology* [M]. Thousand Oaks, CA: Sage, 2004.

[235] Lakdawala L. From loans to labor: Access to credit, entrepreneurship, and child labor [J]. *Entrepreneurship*, *and Child Labor*, 2018, 7.

[236] Lewin A Y, Volberda H W. Prolegomena on coevolution: A framework for research on strategy and new organizational forms [J]. *Organization Science*, 1999, 10 (5): 519 – 534.

[237] Liang Y, et al. A co-opetitive game analysis of platform compatibility strategies under add-on services [J]. *Production and Operations Management*, 2023, 32 (11): 3541 – 3558.

[238] Liao Y. The effect of fit between organizational life cycle and human resource management control on firm performance [J]. *Journal of American Academy of Business*, 2006, 8 (1): 192 – 196.

[239] Malerba F, Cantner U. Innovation, industrial dynamics and structural transformation: Schumpeterian legacies [J]. *Journal of Evolutionary Economics*, 2006 (16): 1 – 2.

[240] Marsh D, Rhodes R A W. *Policy Networks in British Government* [M]. Oxford: Oxford University Press, 1992.

[241] McKinnon R I. The value-added tax and the liberalization of foreign trade in developed economies: a comment [J]. *Journal of Economic Literature*, 1973, 11 (2), 520 – 524.

[242] Meng F, Zhao Y. How does digital economy affect green total factor productivity at the industry level in China: From a perspective of global value chain [J]. *Environmental Science and Pollution Research*, 2022, 29 (52): 79497 – 79515.

[243] Meuleman M, De Maeseneire W. Do R&D subsidies affect SMEs' access to external financing? [J]. *Research Policy*, 2012, 41 (3): 580 – 591.

[244] Mittal V, Raman T V. The mediating role of financial bootstrapping: Linking MSMEs' business growth to financial health and institutional debt accessibility [J]. *South Asian Journal of Management*, 2021, 28 (2): 100 – 136.

［245］ Norgaard R B. Coevolutionary agricultural development ［J］. *Economic Development and Cultural Change*, 1984, 32 (3): 525 – 546.

［246］ Opler T, et al. The determinants and implications of corporate cash holdings ［J］. *Journal of Financial Economics*, 1999, 52 (1): 3 – 46.

［247］ Pagano M. Financial Markets and Growth: An Overview ［J］. *European Economic Review*, 1993 (37): 613 – 622.

［248］ Petersen M A, Rajan R G. Does distance still matter? The information revolution in small business lending ［J］. *The Journal of Finance*, 2002, 57 (6): 2533 – 2570.

［249］ Peterson R E. A cross section study of the demand for money: the United States, 1960 – 1962 ［J］. *The Journal of Finance*, 1974, 29 (1): 73 – 88.

［250］ Rassier DG, et al.. Treatment of Data in National Accounts ［J］. *BEA Advisory Committee. Burau of Economic Analysis*, 2019.

［251］ Rothwell R, Zegveld W. *Reindustrialization and Technology* ［M］. London: Longman Group Limited, 1985.

［252］ Shakil M H, et al. Do environmental, social and governance performance affect the financial performance of banks? A cross-country study of emerging market banks ［J］. *Management of Environmental Quality: An International Journal*, 2019, 30 (6): 1331 – 1344.

［253］ Stiglitz J E, Weiss A. Credit rationing in markets with imperfect information ［J］. *The American Economic Review*, 1981, 71 (3): 393 – 410.

［254］ Strahan P E, Weston J P. Small business lending and the changing structure of the banking industry ［J］. *Journal of Banking & Finance*, 1998, 22 (6 – 8): 821 – 845.

［255］ Sun X, Tang J, Li S. Promote green innovation in manufacturing enterprises in the aspect of government subsidies in China ［J］. *International Journal of Environmental Research and Public Health*, 2022, 19 (13): 7864.

［256］ Tang S Y, et al. Managing disruptions in decentralized supply chains with endogenous supply process reliability ［J］. *Production and Operations Man-*

agement，2014，23（7）：1198 – 1211.

［257］Tian G，et al. Executive financial literacy and firm innovation in China ［J］. *Pacific – Basin Finance Journal*，2020（62）：101348.

［258］Varian H R. *Artificial Intelligence*，*Economics*，*and Industrial Organization* ［M］. Cambridge，MA，USA：National Bureau of Economic Research，2018.

［259］Wang Y，et al. Big data analytics：Understanding its capabilities and potential benefits for healthcare organizations ［J］. *Technological Forecasting and Social Change*，2018，126（1）：3 – 13.

［260］Westhead P，Storey D J. Financial constraints on the growth of high technology small firms in the United Kingdom ［J］. *Applied Financial Economics*，1997，7（2）：197 – 201.

［261］Weston J F，Brigham E F. *Managerial Finance* ［M］. 4th ed. New York：Holt，Rinehart and Winston，1972.

［262］Williamson O E. The modern corporation：origins，evolution，attributes ［J］. *Journal of Economic Literature*，1981，19（4）：1537 – 1568.

［263］Wu Y，Huang S. The effects of digital finance and financial constraint on financial performance：firm-level evidence from China's new energy enterprises ［J］. *Energy Economics*，2022（112）：106158.

［264］Yu J，et al. Impact of credit guarantee on firm performance：Evidence from China's SMEs ［J］. *Economic Analysis and Policy*，2022（75）：624 – 636.